T&P BOOKS

KIRGHIZE

VOCABULAIRE

POUR L'AUTOFORMATION

FRANÇAIS
KIRGHIZE

Les mots les plus utiles
Pour enrichir votre vocabulaire et aiguiser
vos compétences linguistiques

9000 mots

Vocabulaire Français-Kirghize pour l'autoformation - 9000 mots
Par Andrey Taranov

Les dictionnaires T&P Books ont pour but de vous aider à apprendre, à mémoriser et à réviser votre vocabulaire en langue étrangère. Ce dictionnaire thématique couvre tous les grands domaines du quotidien: l'économie, les sciences, la culture, etc ...

Acquérir du vocabulaire avec les dictionnaires thématiques T&P Books vous offre les avantages suivants:

- Les données d'origine sont regroupées de manière cohérente, ce qui vous permet une mémorisation lexicale optimale
- La présentation conjointe de mots ayant la même racine vous permet de mémoriser des groupes sémantiques entiers (plutôt que des mots isolés)
- Les sous-groupes sémantiques vous permettent d'associer les mots entre eux de manière logique, ce qui facilite votre consolidation du vocabulaire
- Votre maîtrise de la langue peut être évaluée en fonction du nombre de mots acquis

T&P Books Publishing
www.tpbooks.com

ISBN: 978-1-78716-998-2

Ce livre existe également en format électronique.
Pour plus d'informations, veuillez consulter notre site: www.tpbooks.com ou rendez-vous sur ceux des grandes librairies en ligne.

VOCABULAIRE KIRGHIZE POUR L'AUTOFORMATION
Dictionnaire thématique

Les dictionnaires T&P Books ont pour but de vous aider à apprendre, à mémoriser et à réviser votre vocabulaire en langue étrangère. Ce lexique présente, de façon thématique, plus de 9000 mots les plus fréquents de la langue.

- Ce livre comporte les mots les plus couramment utilisés
- Son usage est recommandé en complément de l'étude de toute autre méthode de langue
- Il répond à la fois aux besoins des débutants et à ceux des étudiants en langues étrangères de niveau avancé
- Il est idéal pour un usage quotidien, des séances de révision ponctuelles et des tests d'auto-évaluation
- Il vous permet de tester votre niveau de vocabulaire

Spécificités de ce dictionnaire thématique:

- Les mots sont présentés de manière sémantique, et non alphabétique
- Ils sont répartis en trois colonnes pour faciliter la révision et l'auto-évaluation
- Les groupes sémantiques sont divisés en sous-groupes pour favoriser l'apprentissage
- Ce lexique donne une transcription simple et pratique de chaque mot en langue étrangère

Ce dictionnaire comporte 256 thèmes, dont:

les notions fondamentales, les nombres, les couleurs, les mois et les saisons, les unités de mesure, les vêtements et les accessoires, les aliments et la nutrition, le restaurant, la famille et les liens de parenté, le caractère et la personnalité, les sentiments et les émotions, les maladies, la ville et la cité, le tourisme, le shopping, l'argent, la maison, le foyer, le bureau, la vie de bureau, l'import-export, le marketing, la recherche d'emploi, les sports, l'éducation, l'informatique, l'Internet, les outils, la nature, les différents pays du monde, les nationalités, et bien d'autres encore ...

TABLE DES MATIÈRES

GUIDE DE PRONONCIATION

Alphabet phonétique T&P	Exemple en kirghize	Exemple en français
[a]	манжа [mandʒa]	classe
[e]	келечек [keletʃek]	équipe
[i]	жигит [dʒigit]	stylo
[ɪ]	кубаныч [kubanɪtʃ]	le "i dur"
[o]	мактоо [maktoo]	normal
[u]	узундук [uzunduk]	boulevard
[ʉ]	алюминий [alʉminij]	voyou
[y]	түнкү [tynky]	Portugal
[b]	ашкабак [aʃkabak]	bureau
[d]	адам [adam]	document
[dʒ]	жыгач [dʒɪgatʃ]	adjoint
[f]	флейта [flejta]	formule
[g]	тегерек [tegerek]	gris
[j]	бөйрөк [bøjrøk]	maillot
[k]	карапа [karapa]	bocal
[l]	алтын [altɪn]	vélo
[m]	бешмант [beʃmant]	minéral
[n]	найза [najza]	ananas
[ŋ]	булуң [buluŋ]	parking
[p]	пайдубал [pajdubal]	panama
[r]	рахмат [raxmat]	racine, rouge
[s]	сагызган [sagɪzgan]	syndicat
[ʃ]	бурулуш [buruluʃ]	chariot
[t]	түтүн [tytyn]	tennis
[x]	пахтадан [paxtadan]	ha! hop!
[ts]	шприц [ʃprits]	gratte-ciel
[tʃ]	биринчи [birintʃi]	match
[v]	квартал [kvartal]	rivière
[z]	казуу [kazuu]	gazeuse
[']	руль, актёр [rulʲ, aktʲor]	signe de palatalisation
[ʰ]	объектив [obʰjektiv]	signe dur

ABRÉVIATIONS
employées dans ce livre

Abréviations en français

adj	-	adjective
adv	-	adverbe
anim.	-	animé
conj	-	conjonction
dénombr.	-	dénombrable
etc.	-	et cetera
f	-	nom féminin
f pl	-	féminin pluriel
fam.	-	familiar
fem.	-	féminin
form.	-	formal
inanim.	-	inanimé
indénombr.	-	indénombrable
m	-	nom masculin
m pl	-	masculin pluriel
m, f	-	masculin, féminin
masc.	-	masculin
math	-	mathematics
mil.	-	militaire
pl	-	pluriel
prep	-	préposition
pron	-	pronom
qch	-	quelque chose
qn	-	quelqu'un
sing.	-	singulier
v aux	-	verbe auxiliaire
v imp	-	verbe impersonnel
vi	-	verbe intransitif
vi, vt	-	verbe intransitif, transitif
vp	-	verbe pronominal
vt	-	verbe transitif

CONCEPTS DE BASE

Concepts de base. Partie 1

1. Les pronoms

je	мен, мага	men, maga
tu	сен	sen
il, elle, ça	ал	al
ils, elles	алар	alar

2. Adresser des vœux. Se dire bonjour. Se dire au revoir

Bonjour! (fam.)	Салам!	salam!
Bonjour! (form.)	Саламатсызбы!	salamatsızbı!
Bonjour! (le matin)	Кутман таңыңыз менен!	kutman taŋıŋız menen!
Bonjour! (après-midi)	Кутман күнүңүз менен!	kutman kynyŋyz menen!
Bonsoir!	Кутман кечиңиз менен!	kutman ketʃiŋiz menen!

dire bonjour	учурашуу	utʃuraʃuu
Salut!	Кандай!	kandaj!
salut (m)	салам	salam
saluer (vt)	саламдашуу	salamdaʃuu
Comment ça va?	Иштериң кандай?	iʃteriŋ kandaj?
Comment allez-vous?	Иштериңиз кандай?	iʃteriŋiz kandaj?
Comment ça va?	Иштер кандай?	iʃter kandaj?
Quoi de neuf?	Эмне жаңылык?	emne dʒaŋılık?

Au revoir!	Көрүшкөнчө!	køryʃkøntʃø!
À bientôt!	Эмки жолукканга чейин!	emki dʒolukkanga tʃejin!
Adieu! (fam.)	Кош бол!	koʃ bol!
Adieu! (form.)	Кош болуңуз!	koʃ boluŋuz!
dire au revoir	коштошуу	koʃtoʃuu
Salut! (À bientôt!)	Жакшы кал!	dʒakʃı kal!

Merci!	Рахмат!	raxmat!
Merci beaucoup!	Чоң рахмат!	tʃoŋ raxmat!
Je vous en prie	Эч нерсе эмес	etʃ nerse emes
Il n'y a pas de quoi	Алкышка арзыбайт	alkıʃka arzıbajt
Pas de quoi	Эчтеке эмес.	etʃteke emes

Excuse-moi!	Кечир!	ketʃir!
Excusez-moi!	Кечирип коюңузчу!	ketʃirip kojuŋuztʃu!
excuser (vt)	кечирүү	ketʃiryy
s'excuser (vp)	кечирим суроо	ketʃirim suroo
Mes excuses	Кечирим сурайм.	ketʃirim surajm

Pardonnez-moi!	Кечиресиз!	ketʃiresiz!
pardonner (vt)	кечирүү	ketʃiryy
C'est pas grave	Эч капачылык жок.	etʃ kapatʃılık dʒok
s'il vous plaît	суранам	suranam

N'oubliez pas!	Унутуп калбаңыз!	unutup kalbaŋız!
Bien sûr!	Албетте!	albette!
Bien sûr que non!	Албетте жок!	albette dʒok!
D'accord!	Макул!	makul!
Ça suffit!	Жетишет!	dʒetiʃet!

3. Comment s'adresser à quelqu'un

Excusez-moi!	Кечиресиз!	ketʃiresiz!
monsieur	мырза	mırza
madame	айым	ajım
madame (mademoiselle)	чоң кыз	tʃoŋ kız
jeune homme	чоң жигит	tʃoŋ dʒigit
petit garçon	жаш бала	dʒaʃ bala
petite fille	кызым	kızım

4. Les nombres cardinaux. Partie 1

zéro	нөл	nøl
un	бир	bir
deux	эки	eki
trois	үч	ytʃ
quatre	төрт	tørt

cinq	беш	beʃ
six	алты	altı
sept	жети	dʒeti
huit	сегиз	segiz
neuf	тогуз	toguz

dix	он	on
onze	он бир	on bir
douze	он эки	on eki
treize	он үч	on ytʃ
quatorze	он төрт	on tørt

quinze	он беш	on beʃ
seize	он алты	on altı
dix-sept	он жети	on dʒeti
dix-huit	он сегиз	on segiz
dix-neuf	он тогуз	on toguz

vingt	жыйырма	dʒıjırma
vingt et un	жыйырма бир	dʒıjırma bir
vingt-deux	жыйырма эки	dʒıjırma eki
vingt-trois	жыйырма үч	dʒıjırma ytʃ
trente	отуз	otuz

trente et un	отуз бир	otuz bir
trente-deux	отуз эки	otuz eki
trente-trois	отуз үч	otuz ytʃ
quarante	кырк	kırk
quarante-deux	кырк эки	kırk eki
quarante-trois	кырк үч	kırk ytʃ
cinquante	элүү	elyy
cinquante et un	элүү бир	elyy bir
cinquante-deux	элүү эки	elyy eki
cinquante-trois	элүү үч	elyy ytʃ
soixante	алтымыш	altımıʃ
soixante et un	алтымыш бир	altımıʃ bir
soixante-deux	алтымыш эки	altımıʃ eki
soixante-trois	алтымыш үч	altımıʃ ytʃ
soixante-dix	жетимиш	dʒetimiʃ
soixante et onze	жетимиш бир	dʒetimiʃ bir
soixante-douze	жетимиш эки	dʒetimiʃ eki
soixante-treize	жетимиш үч	dʒetimiʃ ytʃ
quatre-vingts	сексен	seksen
quatre-vingt et un	сексен бир	seksen bir
quatre-vingt deux	сексен эки	seksen eki
quatre-vingt trois	сексен үч	seksen ytʃ
quatre-vingt-dix	токсон	tokson
quatre-vingt et onze	токсон бир	tokson bir
quatre-vingt-douze	токсон эки	tokson eki
quatre-vingt-treize	токсон үч	tokson ytʃ

5. Les nombres cardinaux. Partie 2

cent	бир жүз	bir dʒyz
deux cents	эки жүз	eki dʒyz
trois cents	үч жүз	ytʃ dʒyz
quatre cents	төрт жүз	tørt dʒyz
cinq cents	беш жүз	beʃ dʒyz
six cents	алты жүз	altı dʒyz
sept cents	жети жүз	dʒeti dʒyz
huit cents	сегиз жүз	segiz dʒyz
neuf cents	тогуз жүз	toguz dʒyz
mille	бир миң	bir miŋ
deux mille	эки миң	eki miŋ
trois mille	үч миң	ytʃ miŋ
dix mille	он миң	on miŋ
cent mille	жүз миң	dʒyz miŋ
million (m)	миллион	million
milliard (m)	миллиард	milliard

6. Les nombres ordinaux

premier (adj)	биринчи	birintʃi
deuxième (adj)	экинчи	ekintʃi
troisième (adj)	үчүнчү	ytʃyntʃy
quatrième (adj)	төртүнчү	tørtyntʃy
cinquième (adj)	бешинчи	beʃintʃi
sixième (adj)	алтынчы	altıntʃı
septième (adj)	жетинчи	dʒetintʃi
huitième (adj)	сегизинчи	segizintʃi
neuvième (adj)	тогузунчу	toguzuntʃu
dixième (adj)	онунчу	onuntʃu

7. Nombres. Fractions

fraction (f)	бөлчөк	bøltʃøk
un demi	экиден бир	ekiden bir
un tiers	үчтөн бир	ytʃtøn bir
un quart	төрттөн бир	tørttøn bir
un huitième	сегизден бир	segizden bir
un dixième	тогуздан бир	toguzdan bir
deux tiers	үчтөн эки	ytʃtøn eki
trois quarts	төрттөн үч	tørttøn ytʃ

8. Les nombres. Opérations mathématiques

soustraction (f)	кемитүү	kemityy
soustraire (vt)	кемитүү	kemityy
division (f)	бөлүү	bølyy
diviser (vt)	бөлүү	bølyy
addition (f)	кошуу	koʃuu
additionner (vt)	кошуу	koʃuu
ajouter (vt)	кошуу	koʃuu
multiplication (f)	көбөйтүү	købøjtyy
multiplier (vt)	көбөйтүү	købøjtyy

9. Les nombres. Divers

chiffre (m)	санарип	sanarip
nombre (m)	сан	san
adjectif (m) numéral	сан атооч	san atootʃ
moins (m)	кемитүү	kemityy
plus (m)	плюс	plus
formule (f)	формула	formula
calcul (m)	эсептөө	eseptøø
compter (vt)	саноо	sanoo

calculer (vt)	эсептөө	eseptøø
comparer (vt)	салыштыруу	salıʃtıruu

Combien?	Канча?	kantʃa?
somme (f)	жыйынтык	dʒıjıntık
résultat (m)	натыйжа	natıjdʒa
reste (m)	калдык	kaldık

quelques ...	бир нече	bir netʃe
peu de ...	биртике	bir az
peu de ... (dénombr.)	бир аз	bir az
peu de ... (indénombr.)	кичине	kitʃine
reste (m)	калганы	kalganı
un et demi	бир жарым	bir dʒarım
douzaine (f)	он эки даана	on eki daana

en deux (adv)	тең экиге	teŋ ekige
en parties égales	тең	teŋ
moitié (f)	жарым	dʒarım
fois (f)	бир жолу	bir dʒolu

10. Les verbes les plus importants. Partie 1

aider (vt)	жардам берүү	dʒardam beryy
aimer (qn)	сүйүү	syjyy
aller (à pied)	жөө басуу	dʒøø basuu
apercevoir (vt)	байкоо	bajkoo
appartenir à ...	таандык болуу	taandık boluu

appeler (au secours)	чакыруу	tʃakıruu
attendre (vt)	күтүү	kytyy
attraper (vt)	кармоо	karmoo
avertir (vt)	эскертүү	eskertyy

avoir (vt)	бар болуу	bar boluu
avoir confiance	ишенүү	iʃenyy
avoir faim	ачка болуу	atʃka boluu

avoir peur	жазкануу	dʒazkanuu
avoir soif	суусап калуу	suusap kaluu
cacher (vt)	жашыруу	dʒaʃıruu
casser (briser)	сындыруу	sındıruu
cesser (vt)	токтотуу	toktotuu

changer (vt)	өзгөртүү	øzgørtyy
chasser (animaux)	аңчылык кылуу	aŋtʃılık kıluu
chercher (vt)	... издөө	... izdøø
choisir (vt)	тандоо	tandoo
commander (~ le menu)	буйрутма кылуу	bujrutma kıluu

commencer (vt)	баштоо	baʃtoo
comparer (vt)	салыштыруу	salıʃtıruu
comprendre (vt)	түшүнүү	tyʃynyy
compter (dénombrer)	саноо	sanoo

compter sur ...	... ишенүү	... iʃenyy
confondre (vt)	адаштыруу	adaʃtıruu
connaître (qn)	таануу	taanuu
conseiller (vt)	кеңеш берүү	keŋeʃ beryy
continuer (vt)	улантуу	ulantuu
contrôler (vt)	башкаруу	baʃkaruu

courir (vi)	чуркоо	tʃurkoo
coûter (vt)	туруу	turuu
créer (vt)	жаратуу	dʒaratuu
creuser (vt)	казуу	kazuu
crier (vi)	кыйкыруу	kıjkıruu

11. Les verbes les plus importants. Partie 2

décorer (~ la maison)	кооздоо	koozdoo
défendre (vt)	коргоо	korgoo
déjeuner (vi)	түштөнүү	tyʃtønyy
demander (~ l'heure)	суроо	suroo
demander (de faire qch)	суроо	suroo

descendre (vi)	ылдый түшүү	ıldıj tyʃyy
deviner (vt)	жандырмагын табуу	dʒandırmagın tabuu
dîner (vi)	кечки тамакты ичүү	ketʃki tamaktı itʃyy
dire (vt)	айтуу	ajtuu
diriger (~ une usine)	башкаруу	baʃkaruu
discuter (vt)	талкуулоо	talkuuloo

donner (vt)	берүү	beryy
donner un indice	четин чыгаруу	tʃetin tʃıgaruu
douter (vt)	күмөн саноо	kymøn sanoo
écrire (vt)	жазуу	dʒazuu
entendre (bruit, etc.)	угуу	uguu

entrer (vi)	кирүү	kiryy
envoyer (vt)	жөнөтүү	dʒønøtyy
espérer (vi)	үмүттөнүү	ymyttønyy
essayer (vt)	аракет кылуу	araket kıluu

être (vi)	болуу	boluu
être d'accord	макул болуу	makul boluu
être nécessaire	керек болуу	kerek boluu
être pressé	шашуу	ʃaʃuu

étudier (vt)	окуу	okuu
excuser (vt)	кечирүү	ketʃiryy
exiger (vt)	талап кылуу	talap kıluu
exister (vi)	чыгуу	tʃıguu
expliquer (vt)	түшүндүрүү	tyʃyndyryy

faire (vt)	кылуу	kıluu
faire tomber	түшүрүп алуу	tyʃyryp aluu
finir (vt)	бүтүрүү	bytyryy
garder (conserver)	сактоо	saktoo

gronder, réprimander (vt)	урушуу	uruʃuu
informer (vt)	маалымат берүү	maalımat beryy
insister (vi)	көшөрүү	køʃøryy
insulter (vt)	кемсинтүү	kemsintyy
inviter (vt)	чакыруу	ʧakıruu
jouer (s'amuser)	ойноо	ojnoo

12. Les verbes les plus importants. Partie 3

libérer (ville, etc.)	бошотуу	boʃotuu
lire (vi, vt)	окуу	okuu
louer (prendre en location)	батирге алуу	batirge aluu
manquer (l'école)	калтыруу	kaltıruu
menacer (vt)	коркутуу	korkutuu

mentionner (vt)	айтып өтүү	ajtıp øtyy
montrer (vt)	көрсөтүү	kørsøtyy
nager (vi)	сүзүү	syzyy
objecter (vt)	каршы болуу	karʃı boluu
observer (vt)	байкоо салуу	bajkoo

ordonner (mil.)	буйрук кылуу	bujruk kıluu
oublier (vt)	унутуу	unutuu
ouvrir (vt)	ачуу	aʧuu
pardonner (vt)	кечирүү	keʧiryy
parler (vi, vt)	сүйлөө	syjløø

participer à …	катышуу	katıʃuu
payer (régler)	төлөө	tøløø
penser (vi, vt)	ойлоо	ojloo

permettre (vt)	уруксат берүү	uruksat beryy
plaire (être apprécié)	жактыруу	dʒaktıruu

plaisanter (vi)	тамашалоо	tamaʃaloo
planifier (vt)	пландаштыруу	plandaʃtıruu
pleurer (vi)	ыйлоо	ıjloo
posséder (vt)	ээ болуу	ee boluu

pouvoir (v aux)	жасай алуу	dʒasaj aluu
préférer (vt)	артык көрүү	artık køryy

prendre (vt)	алуу	aluu
prendre en note	кагазга түшүрүү	kagazga tyʃyryy
prendre le petit déjeuner	эртең менен тамактануу	erteŋ menen tamaktanuu

préparer (le dîner)	тамак бышыруу	tamak bıʃıruu
prévoir (vt)	күтүү	kytyy

prier (~ Dieu)	дуба кылуу	duba kıluu
promettre (vt)	убада берүү	ubada beryy
prononcer (vt)	айтуу	ajtuu
proposer (vt)	сунуштоо	sunuʃtoo
punir (vt)	жазалоо	dʒazaloo

13. Les verbes les plus importants. Partie 4

recommander (vt)	сунуштоо	sunuʃtoo
regretter (vt)	өкүнүү	økynyy
répéter (dire encore)	кайталоо	kajtaloo
répondre (vi, vt)	жооп берүү	dʒoop beryy
réserver (une chambre)	камдык буйрутмалоо	kamdık bujrutmaloo
rester silencieux	унчукпоо	untʃukpoo
réunir (regrouper)	бириктирүү	biriktiryy
rire (vi)	күлүү	kylyy
s'arrêter (vp)	токтоо	toktoo
s'asseoir (vp)	отуруу	oturuu
sauver (la vie à qn)	куткаруу	kutkaruu
savoir (qch)	билүү	bilyy
se baigner (vp)	сууга түшүү	suuga tyʃyy
se plaindre (vp)	арыздануу	arızdanuu
se refuser (vp)	баш тартуу	baʃ tartuu
se tromper (vp)	ката кетирүү	kata ketiryy
se vanter (vp)	мактануу	maktanuu
s'étonner (vp)	таң калуу	taŋ kaluu
s'excuser (vp)	кечирим суроо	ketʃirim suroo
signer (vt)	кол коюу	kol kojʉu
signifier (vt)	билдирүү	bildiryy
s'intéresser (vp)	... кызыгуу	... kızıguu
sortir (aller dehors)	чыгуу	tʃıguu
sourire (vi)	жылмаюу	dʒılmadʒʉu
sous-estimer (vt)	баалабоо	baalaboo
suivre ... (suivez-moi)	... ээрчүү	... eertʃyy
tirer (vi)	атуу	atuu
tomber (vi)	жыгылуу	dʒıgıluu
toucher (avec les mains)	тийүү	tijyy
tourner (~ à gauche)	бурулуу	buruluu
traduire (vt)	которуу	kotoruu
travailler (vi)	иштөө	iʃtøø
tromper (vt)	алдоо	aldoo
trouver (vt)	таап алуу	taap aluu
tuer (vt)	өлтүрүү	øltyryy
vendre (vt)	сатуу	satuu
venir (vi)	келүү	kelyy
voir (vt)	көрүү	køryy
voler (avion, oiseau)	учуу	utʃuu
voler (qch à qn)	уурдоо	uurdoo
vouloir (vt)	каалоо	kaaloo

14. Les couleurs

couleur (f)	түс	tys
teinte (f)	кошумча түс	koʃumtʃa tys

ton (m)	кубулуу	kubuluu
arc-en-ciel (m)	күндүн кулагы	kyndyn kulagı
blanc (adj)	ак	ak
noir (adj)	кара	kara
gris (adj)	боз	boz
vert (adj)	жашыл	dʒaʃıl
jaune (adj)	сары	sarı
rouge (adj)	кызыл	kızıl
bleu (adj)	көк	køk
bleu clair (adj)	көгүлтүр	køgyltyr
rose (adj)	мала	mala
orange (adj)	кызгылт сары	kızgılt sarı
violet (adj)	сыя көк	sıja køk
brun (adj)	күрөң	kyrøŋ
d'or (adj)	алтын түстүү	altın tystyy
argenté (adj)	күмүш өңдүү	kymyʃ øŋdyy
beige (adj)	сары боз	sarı boz
crème (adj)	саргылт	sargılt
turquoise (adj)	бирюза	birʉza
rouge cerise (adj)	көчкул кызыл	kotʃkul kızıl
lilas (adj)	кызгылт көгүш	kızgılt køgyʃ
framboise (adj)	ачык кызыл	atʃık kızıl
clair (adj)	ачык	atʃık
foncé (adj)	күңүрт	kyŋyrt
vif (adj)	ачык	atʃık
de couleur (adj)	түстүү	tystyy
en couleurs (adj)	түстүү	tystyy
noir et blanc (adj)	ак-кара	ak-kara
unicolore (adj)	бир өңчөй түстө	bir øŋtʃøj tystø
multicolore (adj)	ар түрдүү түстө	ar tyrdyy tystø

15. Les questions

Qui?	Ким?	kim?
Quoi?	Эмне?	emne?
Où? (~ es-tu?)	Каерде?	kaerde?
Où? (~ vas-tu?)	Каяка?	kajaka?
D'où?	Каяктан?	kajaktan?
Quand?	Качан?	katʃan?
Pourquoi? (~ es-tu venu?)	Эмне үчүн?	emne ytʃyn?
Pourquoi? (~ t'es pâle?)	Эмнеге?	emnege?
À quoi bon?	Кайсы керекке?	kajsı kerekke?
Comment?	Кандай?	kandaj?
Quel? (à ~ prix?)	Кайсы?	kajsı?
Lequel?	Кайсынысы?	kajsınısı?
À qui? (pour qui?)	Кимге?	kimge?

De qui?	Ким жөнүндө?	kim dʒønyndø?
De quoi?	Эмне жөнүндө?	emne dʒønyndø?
Avec qui?	Ким менен?	kim menen?

Combien?	Канча?	kantʃa?
À qui? (~ est ce livre?)	Кимдики?	kimdiki?
À qui? (objet, fem.)	Кимдики?	kimdiki?
À qui? (objets, pl)	Кимдердики?	kimderdiki?

16. Les prépositions

avec (~ toi)	менен	menen
sans (~ sucre)	-сыз, -сиз	-sız, -siz
à (aller ~ ...)	... көздөй	... køzdøj
de (au sujet de)	... жөнүндө	... dʒønyndø
avant (~ midi)	... астында	... astında
devant (~ la maison)	... алдында	... aldında

sous (~ la commode)	... астында	... astında
au-dessus de ...	... өйдө	... øjdø
sur (dessus)	... үстүндө	... ystyndø
de (venir ~ Paris)	-дан	-dan
en (en bois, etc.)	-дан	-dan

| dans (~ deux heures) | ... ичинде | ... itʃinde |
| par dessus | ... үстүнөн | ... ystynøn |

17. Les mots-outils. Les adverbes. Partie 1

Où? (~ es-tu?)	Каерде?	kaerde?
ici (c'est ~)	бул жерде	bul dʒerde
là-bas (c'est ~)	тээтигил жакта	teetigil dʒakta

| quelque part (être) | бир жерде | bir dʒerde |
| nulle part (adv) | эч жакта | etʃ dʒakta |

| près de ... | ... жанында | ... dʒanında |
| près de la fenêtre | терезенин жанында | terezenin dʒanında |

Où? (~ vas-tu?)	Каяка?	kajaka?
ici (Venez ~)	бери	beri
là-bas (j'irai ~)	нары	narı
d'ici (adv)	бул жерден	bul dʒerden
de là-bas (adv)	тигил жерден	tigil dʒerden

| près (pas loin) | жакын | dʒakın |
| loin (adv) | алыс | alıs |

près de (~ Paris)	... тегерегинде	... tegereginde
tout près (adv)	жакын арада	dʒakın arada
pas loin (adv)	алыс эмес	alıs emes
gauche (adj)	сол	sol

à gauche (être ~)	сол жакта	sol dʒakta
à gauche (tournez ~)	солго	solgo
droit (adj)	оң	oŋ
à droite (être ~)	оң жакта	oŋ dʒakta
à droite (tournez ~)	оңго	oŋgo
devant (adv)	астыда	astıda
de devant (adj)	алдыңкы	aldıŋkı
en avant (adv)	алдыга	aldıga
derrière (adv)	артында	artında
par derrière (adv)	артынан	artınan
en arrière (regarder ~)	артка	artka
milieu (m)	ортосу	ortosu
au milieu (adv)	ортосунда	ortosunda
de côté (vue ~)	капталында	kaptalında
partout (adv)	бүт жерде	byt dʒerde
autour (adv)	айланасында	ajlanasında
de l'intérieur	ичинде	itʃinde
quelque part (aller)	бир жерде	bir dʒerde
tout droit (adv)	түз	tyz
en arrière (revenir ~)	кайра	kajra
de quelque part (n'import d'où)	бир жерден	bir dʒerden
de quelque part (on ne sait pas d'où)	бир жактан	bir dʒaktan
premièrement (adv)	биринчиден	birintʃiden
deuxièmement (adv)	экинчиден	ekintʃiden
troisièmement (adv)	үчүнчүдөн	ytʃyntʃydøn
soudain (adv)	күтпөгөн жерден	kytpøgøn dʒerden
au début (adv)	башында	baʃinda
pour la première fois	биринчи жолу	birintʃi dʒolu
bien avant …	… алдында	… aldında
de nouveau (adv)	башынан	baʃinan
pour toujours (adv)	түбөлүккө	tybølykkø
jamais (adv)	эч качан	etʃ katʃan
de nouveau, encore (adv)	кайра	kajra
maintenant (adv)	эми	emi
souvent (adv)	көпчүлүк учурда	køptʃylyk utʃurda
alors (adv)	анда	anda
d'urgence (adv)	тезинен	tezinen
d'habitude (adv)	көбүнчө	købyntʃø
à propos, …	баса, …	basa, …
c'est possible	мүмкүн	mymkyn
probablement (adv)	балким	balkim
peut-être (adv)	ыктымал	ıktımal
en plus, …	андан тышкары, …	andan tıʃkarı, …

c'est pourquoi ...	ошондуктан ...	oʃonduktan ...
malgré ...	... карабастан	... karabastan
grâce à ...	... күчү менен	... kytʃy menen
quoi (pron)	эмне	emne
que (conj)	эмне	emne
quelque chose (Il m'est arrivé ~)	бир нерсе	bir nerse
quelque chose (peut-on faire ~)	бир нерсе	bir nerse
rien (m)	эч нерсе	etʃ nerse
qui (pron)	ким	kim
quelqu'un (on ne sait pas qui)	кимдир бирөө	kimdir birøø
quelqu'un (n'importe qui)	бирөө жарым	birøø dʒarım
personne (pron)	эч ким	etʃ kim
nulle part (aller ~)	эч жака	etʃ dʒaka
de personne	эч кимдики	etʃ kimdiki
de n'importe qui	бирөөнүкү	birøønyky
comme ça (adv)	эми	emi
également (adv)	ошондой эле	oʃondoj ele
aussi (adv)	дагы	dagı

18. Les mots-outils. Les adverbes. Partie 2

Pourquoi?	Эмнеге?	emnege?
pour une certaine raison	эмнегедир	emnegedir
parce que ...	... себептен	... sebepten
pour une raison quelconque	эмне үчүндүр	emne ytʃyndyr
et (conj)	жана	dʒana
ou (conj)	же	dʒe
mais (conj)	бирок	birok
pour ... (prep)	үчүн	ytʃyn
trop (adv)	өтө эле	øtø ele
seulement (adv)	азыр эле	azır ele
précisément (adv)	так	tak
près de ... (prep)	болжол менен	boldʒol menen
approximativement	болжол менен	boldʒol menen
approximatif (adj)	болжолдуу	boldʒolduu
presque (adv)	дээрлик	deerlik
reste (m)	калганы	kalganı
l'autre (adj)	башка	baʃka
autre (adj)	башка бөлөк	baʃka bøløk
chaque (adj)	ар бири	ar biri
n'importe quel (adj)	баардык	baardık
beaucoup (adv)	көп	køp
plusieurs (pron)	көбү	køby
tous	баары	baarı

en échange de ...	... алмашуу	... almaʃuu
en échange (adv)	ордуна	orduna
à la main (adv)	колго	kolgo
peu probable (adj)	ишенүүгө болбойт	iʃenyygø bolbojt

probablement (adv)	балким	balkim
exprès (adv)	атайын	atajın
par accident (adv)	кокустан	kokustan

très (adv)	аябай	ajabaj
par exemple (adv)	мисалы	misalı
entre (prep)	ортосунда	ortosunda
parmi (prep)	арасында	arasında
autant (adv)	ошончо	oʃontʃo
surtout (adv)	өзгөчө	øzgøtʃø

Concepts de base. Partie 2

19. Les jours de la semaine

lundi (m)	дүйшөмбү	dyjʃømby
mardi (m)	шейшемби	ʃejʃembi
mercredi (m)	шаршемби	ʃarʃembi
jeudi (m)	бейшемби	bejʃembi
vendredi (m)	жума	dʒuma
samedi (m)	ишенби	iʃenbi
dimanche (m)	жекшемби	dʒekʃembi

aujourd'hui (adv)	бүгүн	bygyn
demain (adv)	эртең	erteŋ
après-demain (adv)	бирсүгүнү	birsygyny
hier (adv)	кечээ	ketʃee
avant-hier (adv)	мурда күнү	murda kyny

jour (m)	күн	kyn
jour (m) ouvrable	иш күнү	iʃ kyny
jour (m) férié	майрам күнү	majram kyny
jour (m) de repos	дем алыш күн	dem alıʃ kyn
week-end (m)	дем алыш күндөр	dem alıʃ kyndør

toute la journée	күнү бою	kyny bojʉ
le lendemain	кийинки күнү	kijinki kyny
il y a 2 jours	эки күн мурун	eki kyn murun
la veille	жакында	dʒakında
quotidien (adj)	күндө	kyndø
tous les jours	күн сайын	kyn sajın

semaine (f)	жума	dʒuma
la semaine dernière	өткөн жумада	øtkøn dʒumada
la semaine prochaine	келаткан жумада	kelatkan dʒumada
hebdomadaire (adj)	жума сайын	dʒuma sajın
chaque semaine	жума сайын	dʒuma sajın
2 fois par semaine	жумасына эки жолу	dʒumasına eki dʒolu
tous les mardis	ар шейшемби	ar ʃejʃembi

20. Les heures. Le jour et la nuit

matin (m)	таң	taŋ
le matin	эртең менен	erteŋ menen
midi (m)	жарым күн	dʒarım kyn
dans l'après-midi	түштөн кийин	tyʃtøn kijin

soir (m)	кеч	ketʃ
le soir	кечинде	ketʃinde

nuit (f)	түн	tyn
la nuit	түндө	tyndø
minuit (f)	жарым түн	dʒarım tyn
seconde (f)	секунда	sekunda
minute (f)	мүнөт	mynøt
heure (f)	саат	saat
demi-heure (f)	жарым саат	dʒarım saat
un quart d'heure	чейрек саат	tʃejrek saat
quinze minutes	он беш мүнөт	on beʃ mynøt
vingt-quatre heures	сутка	sutka
lever (m) du soleil	күндүн чыгышы	kyndyn tʃɪgɪʃɪ
aube (f)	таң агаруу	taŋ agaruu
point (m) du jour	таң эрте	taŋ erte
coucher (m) du soleil	күн батуу	kyn batuu
tôt le matin	таң эрте	taŋ erte
ce matin	бүгүн эртең менен	bygyn erteŋ menen
demain matin	эртең эртең менен	erteŋ erteŋ menen
cet après-midi	күндүзү	kyndyzy
dans l'après-midi	түштөн кийин	tyʃtøn kijin
demain après-midi	эртең түштөн кийин	erteŋ tyʃtøn kijin
ce soir	бүгүн кечинде	bygyn ketʃinde
demain soir	эртең кечинде	erteŋ ketʃinde
à 3 heures précises	туура саат үчтө	tuura saat ytʃtø
autour de 4 heures	болжол менен төрт саат	boldʒol menen tørt saat
vers midi	саат он экиде	saat on ekide
dans 20 minutes	жыйырма мүнөттөн кийин	dʒıjırma mynøttøn kijin
dans une heure	бир сааттан кийин	bir saattan kijin
à temps	өз убагында	øz ubagında
… moins le quart	… он беш мүнөт калды	… on beʃ mynøt kaldı
en une heure	бир сааттын ичинде	bir saattın itʃinde
tous les quarts d'heure	он беш мүнөт сайын	on beʃ mynøt sajın
24 heures sur 24	бир сутка бою	bir sutka bojʉ

21. Les mois. Les saisons

janvier (m)	январь	janvarʲ
février (m)	февраль	fevralʲ
mars (m)	март	mart
avril (m)	апрель	aprelʲ
mai (m)	май	maj
juin (m)	июнь	ijʉnʲ
juillet (m)	июль	ijʉlʲ
août (m)	август	avgust
septembre (m)	сентябрь	sentʲabrʲ
octobre (m)	октябрь	oktʲabrʲ
novembre (m)	ноябрь	nojabrʲ
décembre (m)	декабрь	dekabrʲ

printemps (m)	жаз	dʒaz
au printemps	жазында	dʒazında
de printemps (adj)	жазгы	dʒazgı
été (m)	жай	dʒaj
en été	жайында	dʒajında
d'été (adj)	жайкы	dʒajkı
automne (m)	күз	kyz
en automne	күзүндө	kyzyndø
d'automne (adj)	күздүк	kyzdyk
hiver (m)	кыш	kıʃ
en hiver	кышында	kıʃında
d'hiver (adj)	кышкы	kıʃkı
mois (m)	ай	aj
ce mois	ушул айда	uʃul ajda
le mois prochain	кийинки айда	kijinki ajda
le mois dernier	өткөн айда	øtkøn ajda
il y a un mois	бир ай мурун	bir aj murun
dans un mois	бир айдан кийин	bir ajdan kijin
dans 2 mois	эки айдан кийин	eki ajdan kijin
tout le mois	ай бою	aj bojʉ
tout un mois	толук бир ай	toluk bir aj
mensuel (adj)	ай сайын	aj sajın
mensuellement	ай сайын	aj sajın
chaque mois	ар бир айда	ar bir ajda
2 fois par mois	айына эки жолу	ajına eki dʒolu
année (f)	жыл	dʒıl
cette année	бул жылы	bul dʒılı
l'année prochaine	келаткан жылы	kelatkan dʒılı
l'année dernière	өткөн жылы	øtkøn dʒılı
il y a un an	бир жыл мурун	bir dʒıl murun
dans un an	бир жылдан кийин	bir dʒıldan kijin
dans 2 ans	эки жылдан кийин	eki dʒıldan kijin
toute l'année	жыл бою	dʒıl bodʒʉ
toute une année	толук бир жыл	toluk bir dʒıl
chaque année	ар жыл сайын	ar dʒıl sajın
annuel (adj)	жыл сайын	dʒıl sajın
annuellement	жыл сайын	dʒıl sajın
4 fois par an	жылына төрт жолу	dʒılına tørt dʒolu
date (f) (jour du mois)	число	tʃislo
date (f) (~ mémorable)	күн	kyn
calendrier (m)	календарь	kalendarʲ
six mois	жарым жыл	dʒarım dʒıl
semestre (m)	жарым чейрек	dʒarım tʃejrek
saison (f)	мезгил	mezgil
siècle (m)	кылым	kılım

22. La notion de temps. Divers

temps (m)	убакыт	ubakıt
moment (m)	учур	utʃur
instant (m)	кез ирмемде	køz irmemde
instantané (adj)	кез ирмемде	køz irmemde
laps (m) de temps	убакыттын бир белугу	ubakıttın bir bølygy
vie (f)	жашоо	dʒaʃoo
éternité (f)	тубелук	tybølyk

époque (f)	доор	door
ère (f)	заман	zaman
cycle (m)	мерчим	mertʃim
période (f)	мезгил	mezgil
délai (m)	мееенет	møønøt

avenir (m)	келечек	keletʃek
prochain (adj)	келечек	keletʃek
la fois prochaine	кийинки жолу	kijinki dʒolu
passé (m)	еткен	øtkøn
passé (adj)	еткен	øtkøn
la fois passée	еткенде	øtkøndø

plus tard (adv)	кийнчерээк	kijntʃereek
après (prep)	кийин	kijin
à présent (adv)	азыр, учурда	azır, utʃurda
maintenant (adv)	азыр	azır
immédiatement	тез арада	tez arada
bientôt (adv)	жакында	dʒakında
d'avance (adv)	алдын ала	aldın ala

il y a longtemps	кеп убакыт мурун	køp ubakıt murun
récemment (adv)	жакындан бери	dʒakından beri
destin (m)	тагдыр	tagdır
souvenirs (m pl)	эсте калганы	este kalganı
archives (f pl)	архив	arχiv

pendant ... (prep)	... убагында	... ubagında
longtemps (adv)	узак	uzak
pas longtemps (adv)	узак эмес	uzak emes
tôt (adv)	эрте	erte
tard (adv)	кеч	ketʃ

pour toujours (adv)	тубелук	tybølyk
commencer (vt)	баштоо	baʃtoo
reporter (retarder)	жылдыруу	dʒıldıruu

en même temps (adv)	бир учурда	bir utʃurda
en permanence (adv)	узгултуксуз	yzgyltyksyz
constant (bruit, etc.)	узгултуксуз	yzgyltyksyz
temporaire (adj)	убактылуу	ubaktıluu

parfois (adv)	кедээ	kedee
rarement (adv)	чанда	tʃanda
souvent (adv)	кепчулук учурда	køptʃylyk utʃurda

23. Les contraires

riche (adj)	бай	baj
pauvre (adj)	кедей	kedej
malade (adj)	оорулуу	ooruluu
en bonne santé	дени сак	deni sak
grand (adj)	чоң	ʧoŋ
petit (adj)	кичине	kiʧine
vite (adv)	тез	tez
lentement (adv)	жай	dʒaj
rapide (adj)	тез	tez
lent (adj)	жай	dʒaj
joyeux (adj)	шайыр	ʃajır
triste (adj)	муңдуу	muŋduu
ensemble (adv)	бирге	birge
séparément (adv)	өзүнчө	øzynʧø
à haute voix	үн чыгарып	yn ʧıgarıp
en silence	үн чыгарбай	yn ʧıgarbaj
haut (adj)	бийик	bijik
bas (adj)	жапыз	dʒapız
profond (adj)	терең	tereŋ
peu profond (adj)	тайыз	tajız
oui (adv)	ооба	ooba
non (adv)	жок	dʒok
lointain (adj)	алыс	alıs
proche (adj)	жакын	dʒakın
loin (adv)	алыс	alıs
près (adv)	жакын арада	dʒakın arada
long (adj)	узун	uzun
court (adj)	кыска	kıska
bon (au bon cœur)	кайрымдуу	kajrımduu
méchant (adj)	каардуу	kaarduu
marié (adj)	аялы бар	ajalı bar
célibataire (adj)	бойдок	bojdok
interdire (vt)	тыюу салуу	tıjuu saluu
permettre (vt)	уруксат берүү	uruksat beryy
fin (f)	аягы	ajagı
début (m)	башталыш	baʃtalıʃ

| gauche (adj) | сол | sol |
| droit (adj) | оң | oŋ |

| premier (adj) | биринчи | birintʃi |
| dernier (adj) | акыркы | akırkı |

| crime (m) | кылмыш | kılmıʃ |
| punition (f) | жаза | dʒaza |

| ordonner (vt) | буйрук кылуу | bujruk kıluu |
| obéir (vt) | баш ийүү | baʃ ijyy |

| droit (adj) | түз | tyz |
| courbé (adj) | кыйшак | kıjʃak |

| paradis (m) | бейиш | bejiʃ |
| enfer (m) | тозок | tozok |

| naître (vi) | төрөлүү | tørølyy |
| mourir (vi) | өлүү | ølyy |

| fort (adj) | күчтүү | kytʃtyy |
| faible (adj) | алсыз | alsız |

| vieux (adj) | эски | eski |
| jeune (adj) | жаш | dʒaʃ |

| vieux (adj) | эски | eski |
| neuf (adj) | жаңы | dʒaŋı |

| dur (adj) | катуу | katuu |
| mou (adj) | жумшак | dʒumʃak |

| chaud (tiède) | жылуу | dʒıluu |
| froid (adj) | муздак | muzdak |

| gros (adj) | семиз | semiz |
| maigre (adj) | арык | arık |

| étroit (adj) | тар | tar |
| large (adj) | кең | keŋ |

| bon (adj) | жакшы | dʒakʃı |
| mauvais (adj) | жаман | dʒaman |

| vaillant (adj) | кайраттуу | kajrattuu |
| peureux (adj) | суу жүрөк | suu dʒyrøk |

24. Les lignes et les formes

carré (m)	чарчы	tʃartʃı
carré (adj)	чарчы	tʃartʃı
cercle (m)	тегерек	tegerek
rond (adj)	тегерек	tegerek

| triangle (m) | үч бурчтук | ytʃ burtʃtuk |
| triangulaire (adj) | үч бурчтуу | ytʃ burtʃtuu |

ovale (m)	жумуру	dʒumuru
ovale (adj)	жумуру	dʒumuru
rectangle (m)	тик бурчтук	tik burtʃtuk
rectangulaire (adj)	тик бурчтуу	tik burtʃtuu

pyramide (f)	пирамида	piramida
losange (m)	ромб	romb
trapèze (m)	трапеция	trapetsija
cube (m)	куб	kub
prisme (m)	призма	prizma

circonférence (f)	айлана	ajlana
sphère (f)	сфера	sfera
globe (m)	шар	ʃar

diamètre (m)	диаметр	diametr
rayon (m)	радиус	radius
périmètre (m)	периметр	perimetr
centre (m)	борбор	borbor

horizontal (adj)	туурасынан	tuurasınan
vertical (adj)	тикесинен	tikesinen
parallèle (f)	параллель	parallelʲ
parallèle (adj)	параллель	parallelʲ

ligne (f)	сызык	sızık
trait (m)	сызык	sızık
ligne (f) droite	түз сызык	tyz sızık
courbe (f)	кыйшык сызык	kıjʃık sızık
fin (une ~ ligne)	ичке	itʃke
contour (m)	караан	karaan

intersection (f)	кесилиш	kesiliʃ
angle (m) droit	тик бурч	tik burtʃ
segment (m)	сегмент	segment
secteur (m)	сектор	sektor
côté (m)	каптал	kaptal
angle (m)	бурч	burtʃ

25. Les unités de mesure

poids (m)	салмак	salmak
longueur (f)	узундук	uzunduk
largeur (f)	жазылык	dʒazılık
hauteur (f)	бийиктик	bijiktik
profondeur (f)	терендик	terendik
volume (m)	келем	køløm
aire (f)	аянт	ajant

| gramme (m) | грамм | gramm |
| milligramme (m) | миллиграмм | milligramm |

kilogramme (m)	килограмм	kilogramm
tonne (f)	тонна	tonna
livre (f)	фунт	funt
once (f)	унция	untsija

mètre (m)	метр	metr
millimètre (m)	миллиметр	millimetr
centimètre (m)	сантиметр	santimetr
kilomètre (m)	километр	kilometr
mille (m)	миля	milʲa

pouce (m)	дюйм	dʉjm
pied (m)	фут	fut
yard (m)	ярд	jard

| mètre (m) carré | квадраттык метр | kvadrattık metr |
| hectare (m) | гектар | gektar |

litre (m)	литр	litr
degré (m)	градус	gradus
volt (m)	вольт	volʲt
ampère (m)	ампер	amper
cheval-vapeur (m)	ат күчү	at kytʃy

quantité (f)	саны	sanı
un peu de ...	... бир аз	... bir az
moitié (f)	жарым	dʒarım
douzaine (f)	он эки даана	on eki daana
pièce (f)	даана	daana

| dimension (f) | чоңдук | tʃoŋduk |
| échelle (f) (de la carte) | өлчөмчен | øltʃømtʃen |

minimal (adj)	минималдуу	minimalduu
le plus petit (adj)	эң кичинекей	eŋ kitʃinekej
moyen (adj)	орточо	ortotʃo
maximal (adj)	максималдуу	maksimalduu
le plus grand (adj)	эң чоң	eŋ tʃoŋ

26. Les récipients

bocal (m) en verre	банка	banka
boîte, canette (f)	банка	banka
seau (m)	чака	tʃaka
tonneau (m)	бочка	botʃka

bassine, cuvette (f)	дагара	dagara
cuve (f)	бак	bak
flasque (f)	фляжка	flʲadʒka
jerrican (m)	канистра	kanistra
citerne (f)	цистерна	tsısterna

| tasse (f), mug (m) | кружка | krudʒka |
| tasse (f) | чөйчөк | tʃøjtʃøk |

soucoupe (f)	табак	tabak
verre (m) (~ d'eau)	ыстакан	ıstakan
verre (m) à vin	бокал	bokal
faitout (m)	мискей	miskej
bouteille (f)	бөтөлкө	bøtølkø
goulot (m)	оозу	oozu
carafe (f)	графин	grafin
pichet (m)	кумура	kumura
récipient (m)	идиш	idiʃ
pot (m)	карапа	karapa
vase (m)	ваза	vaza
flacon (m)	флакон	flakon
fiole (f)	кичине бөтөлкө	kitʃine bøtølkø
tube (m)	тюбик	tubik
sac (m) (grand ~)	кап	kap
sac (m) (~ en plastique)	пакет	paket
paquet (m) (~ de cigarettes)	пачке	patʃke
boîte (f)	куту	kutu
caisse (f)	үкөк	ykøk
panier (m)	себет	sebet

27. Les matériaux

matériau (m)	материал	material
bois (m)	жыгач	dʒɪgatʃ
en bois (adj)	жыгач	dʒɪgatʃ
verre (m)	айнек	ajnek
en verre (adj)	айнек	ajnek
pierre (f)	таш	taʃ
en pierre (adj)	таш	taʃ
plastique (m)	пластик	plastik
en plastique (adj)	пластик	plastik
caoutchouc (m)	резина	rezina
en caoutchouc (adj)	резина	rezina
tissu (m)	кездеме	kezdeme
en tissu (adj)	кездеме	kezdeme
papier (m)	кагаз	kagaz
de papier (adj)	кагаз	kagaz
carton (m)	картон	karton
en carton (adj)	картон	karton
polyéthylène (m)	полиэтилен	polietilen
cellophane (f)	целлофан	tsellofan

| linoléum (m) | линолеум | linoleum |
| contreplaqué (m) | фанера | fanera |

porcelaine (f)	фарфор	farfor
de porcelaine (adj)	фарфор	farfor
argile (f)	чопо	tʃopo
de terre cuite (adj)	чопо	tʃopo
céramique (f)	карапа	karapa
en céramique (adj)	карапа	karapa

28. Les métaux

métal (m)	металл	metall
métallique (adj)	металл	metall
alliage (m)	эритме	eritme

or (m)	алтын	altın
en or (adj)	алтын	altın
argent (m)	күмүш	kymyʃ
en argent (adj)	күмүш	kymyʃ

fer (m)	темир	temir
en fer (adj)	темир	temir
acier (m)	болот	bolot
en acier (adj)	болот	bolot
cuivre (m)	жез	dʒez
en cuivre (adj)	жез	dʒez

aluminium (m)	алюминий	alʉminij
en aluminium (adj)	алюминий	alʉminij
bronze (m)	коло	kolo
en bronze (adj)	коло	kolo

laiton (m)	латунь	latunʲ
nickel (m)	никель	nikelʲ
platine (f)	платина	platina
mercure (m)	сымап	sımap
étain (m)	калай	kalaj
plomb (m)	коргошун	korgoʃun
zinc (m)	цинк	tsınk

L'HOMME

L'homme. Le corps humain

29. L'homme. Notions fondamentales

être (m) humain	адам	adam
homme (m)	эркек	erkek
femme (f)	аял	ajal
enfant (m, f)	бала	bala
fille (f)	кыз бала	kız bala
garçon (m)	бала	bala
adolescent (m)	өспүрүм	øspyrym
vieillard (m)	абышка	abıʃka
vieille femme (f)	кемпир	kempir

30. L'anatomie humaine

organisme (m)	организм	organizm
cœur (m)	жүрөк	ʤyrøk
sang (m)	кан	kan
artère (f)	артерия	arterija
veine (f)	вена	vena
cerveau (m)	мээ	mee
nerf (m)	нерв	nerv
nerfs (m pl)	нервдер	nervder
vertèbre (f)	омуртка	omurtka
colonne (f) vertébrale	кыр арка	kır arka
estomac (m)	ашказан	aʃkazan
intestins (m pl)	ичеги-карын	itʃegi-karın
intestin (m)	ичеги	itʃegi
foie (m)	боор	boor
rein (m)	бөйрөк	bøjrøk
os (m)	сөөк	søøk
squelette (f)	скелет	skelet
côte (f)	кабырга	kabırga
crâne (m)	баш сөөгү	baʃ søøgy
muscle (m)	булчуң	bultʃuŋ
biceps (m)	бицепс	bitseps
triceps (m)	трицепс	tritseps
tendon (m)	тарамыш	taramıʃ
articulation (f)	муундар	muundar

poumons (m pl)	өпкө	øpkø
organes (m pl) génitaux	жан жер	dʒan dʒer
peau (f)	тери	teri

31. La tête

tête (f)	баш	baʃ
visage (m)	бет	bet
nez (m)	мурун	murun
bouche (f)	ооз	ooz

œil (m)	көз	køz
les yeux	көздөр	køzdør
pupille (f)	карек	karek
sourcil (m)	каш	kaʃ
cil (m)	кирпик	kirpik
paupière (f)	кабак	kabak

langue (f)	тил	til
dent (f)	тиш	tiʃ
lèvres (f pl)	эриндер	erinder
pommettes (f pl)	бет сөөгү	bet søøgy
gencive (f)	тиш эти	tiʃ eti
palais (m)	таңдай	taŋdaj

narines (f pl)	мурун тешиги	murun teʃigi
menton (m)	ээк	eek
mâchoire (f)	жаак	dʒaak
joue (f)	бет	bet

front (m)	чеке	tʃeke
tempe (f)	чыкый	tʃɪkɪj
oreille (f)	кулак	kulak
nuque (f)	желке	dʒelke
cou (m)	моюн	mojun
gorge (f)	тамак	tamak

cheveux (m pl)	чач	tʃatʃ
coiffure (f)	чач жасоо	tʃatʃ dʒasoo
coupe (f)	чач кыркуу	tʃatʃ kɪrkuu
perruque (f)	парик	parik

moustache (f)	мурут	murut
barbe (f)	сакал	sakal
porter (~ la barbe)	мурут коюу	murut kojuu
tresse (f)	өрүм чач	ørym tʃatʃ
favoris (m pl)	бакенбарда	bakenbarda

roux (adj)	сары	sarɪ
gris, grisonnant (adj)	ак чачтуу	ak tʃatʃtuu
chauve (adj)	таз	taz
calvitie (f)	кашка	kaʃka
queue (f) de cheval	куйрук	kujruk
frange (f)	көкүл	køkyl

37

32. Le corps humain

main (f)	беш манжа	beʃ mandʒa
bras (m)	кол	kol

doigt (m)	манжа	mandʒa
orteil (m)	манжа	mandʒa
pouce (m)	бармак	barmak
petit doigt (m)	чыпалак	tʃɪpalak
ongle (m)	тырмак	tɪrmak

poing (m)	муштум	muʃtum
paume (f)	алакан	alakan
poignet (m)	билек	bilek
avant-bras (m)	каруу	karuu
coude (m)	чыканак	tʃɪkanak
épaule (f)	ийин	ijin

jambe (f)	бут	but
pied (m)	таман	taman
genou (m)	тизе	tize
mollet (m)	балтыр	baltɪr
hanche (f)	сан	san
talon (m)	согончок	sogontʃok

corps (m)	дене	dene
ventre (m)	курсак	kursak
poitrine (f)	төш	tøʃ
sein (m)	эмчек	emtʃek
côté (m)	каптал	kaptal
dos (m)	арка жон	arka dʒon
reins (région lombaire)	бел	bel
taille (f) (~ de guêpe)	бел	bel

nombril (m)	киндик	kindik
fesses (f pl)	жамбаш	dʒambaʃ
derrière (m)	көчүк	køtʃyk

grain (m) de beauté	мең	meŋ
tache (f) de vin	кал	kal
tatouage (m)	татуировка	tatuirovka
cicatrice (f)	тырык	tɪrɪk

Les vêtements & les accessoires

33. Les vêtements d'extérieur

vêtement (m)	кийим	kijim
survêtement (m)	үстүңкү кийим	ystyŋky kijim
vêtement (m) d'hiver	кышкы кийим	kıʃkı kijim
manteau (m)	пальто	palʲto
manteau (m) de fourrure	тон	ton
veste (f) de fourrure	чолок тон	ʧolok ton
manteau (m) de duvet	мамык олпок	mamık olpok
veste (f) (~ en cuir)	күрмө	kyrmø
imperméable (m)	плащ	plaʃʧ
imperméable (adj)	суу өткүс	suu øtkys

34. Les vêtements

chemise (f)	көйнөк	køjnøk
pantalon (m)	шым	ʃım
jean (m)	джинсы	dʒinsı
veston (m)	бешмант	beʃmant
complet (m)	костюм	kostʉm
robe (f)	көйнөк	køjnøk
jupe (f)	юбка	jʉbka
chemisette (f)	блузка	bluzka
veste (f) en laine	кофта	kofta
jaquette (f), blazer (m)	кыска бешмант	kıska beʃmant
tee-shirt (m)	футболка	futbolka
short (m)	чолок шым	ʧolok ʃım
costume (m) de sport	спорт кийими	sport kijimi
peignoir (m) de bain	халат	χalat
pyjama (m)	пижама	pidʒama
chandail (m)	свитер	sviter
pull-over (m)	пуловер	pulover
gilet (m)	жилет	dʒilet
queue-de-pie (f)	фрак	frak
smoking (m)	смокинг	smoking
uniforme (m)	форма	forma
tenue (f) de travail	жумуш кийим	dʒumuʃ kijim
salopette (f)	комбинезон	kombinezon
blouse (f) (d'un médecin)	халат	χalat

35. Les sous-vêtements

sous-vêtements (m pl)	ич кийим	itʃ kijim
boxer (m)	эркектер чолок дамбалы	erkekter tʃolok dambalı
slip (m) de femme	аялдар трусиги	ajaldar trusigi
maillot (m) de corps	майка	majka
chaussettes (f pl)	байпак	bajpak
chemise (f) de nuit	жатаарда кийүүчү көйнөк	dʒataarda kijyytʃy køjnøk
soutien-gorge (m)	бюстгальтер	bustgalʲter
chaussettes (f pl) hautes	гольфы	golʲfı
collants (m pl)	колготки	kolgotki
bas (m pl)	байпак	bajpak
maillot (m) de bain	купальник	kupalʲnik

36. Les chapeaux

chapeau (m)	топу	topu
chapeau (m) feutre	шляпа	ʃlʲapa
casquette (f) de base-ball	бейсболка	bejsbolka
casquette (f)	кепка	kepka
béret (m)	берет	beret
capuche (f)	капюшон	kapuʃon
panama (m)	панамка	panamka
bonnet (m) de laine	токулган шапка	tokulgan ʃapka
foulard (m)	жоолук	dʒooluk
chapeau (m) de femme	шляпа	ʃlʲapa
casque (m) (d'ouvriers)	каска	kaska
calot (m)	пилотка	pilotka
casque (m) (~ de moto)	шлем	ʃlem
melon (m)	котелок	kotelok
haut-de-forme (m)	цилиндр	tsılindr

37. Les chaussures

chaussures (f pl)	бут кийим	but kijim
bottines (f pl)	ботинка	botinka
souliers (m pl) (~ plats)	туфли	tufli
bottes (f pl)	өтүк	øtyk
chaussons (m pl)	тапочка	tapotʃka
tennis (m pl)	кроссовка	krossovka
baskets (f pl)	кеды	kedı
sandales (f pl)	сандалии	sandalii
cordonnier (m)	өтүкчү	øtyktʃy
talon (m)	така	taka

paire (f)	түгөй	tygøj
lacet (m)	боо	boo
lacer (vt)	боолоо	booloo
chausse-pied (m)	кашык	kaʃik
cirage (m)	өтүк май	øtyk maj

38. Le textile. Les tissus

coton (m)	пахта	paχta
de coton (adj)	пахтадан	paχtadan
lin (m)	зыгыр	zɪgɪr
de lin (adj)	зыгырдан	zɪgɪrdan

soie (f)	жибек	dʒibek
de soie (adj)	жибек	dʒibek
laine (f)	жүн	dʒyn
en laine (adj)	жүндөн	dʒyndøn

velours (m)	баркыт	barkɪt
chamois (m)	күдөрү	kydøry
velours (m) côtelé	чий баркыт	tʃij barkɪt

nylon (m)	нейлон	nejlon
en nylon (adj)	нейлон	nejlon
polyester (m)	полиэстер	poliester
en polyester (adj)	полиэстер	poliester

cuir (m)	булгаары	bulgaarɪ
en cuir (adj)	булгаары	bulgaarɪ
fourrure (f)	тери	teri
en fourrure (adj)	тери	teri

39. Les accessoires personnels

gants (m pl)	колкап	kolkap
moufles (f pl)	мээлей	meelej
écharpe (f)	моюн орогуч	mojʉn orogutʃ

lunettes (f pl)	көз айнек	køz ajnek
monture (f)	алкак	alkak
parapluie (m)	чатырча	tʃatɪrtʃa
canne (f)	аса таяк	asa tajak
brosse (f) à cheveux	тарак	tarak
éventail (m)	желпингич	dʒelpingitʃ

cravate (f)	галстук	galstuk
nœud papillon (m)	галстук-бабочка	galstuk-babotʃka
bretelles (f pl)	шым тарткыч	ʃɪm tartkɪtʃ
mouchoir (m)	бетаарчы	betaartʃɪ

| peigne (m) | тарак | tarak |
| barrette (f) | чачсайгы | tʃatʃsajgɪ |

| épingle (f) â cheveux | шпилька | ʃpilʲka |
| boucle (f) | таралга | taralga |

| ceinture (f) | кайыш кур | kajɪʃ kur |
| bandoulière (f) | илгич | ilgitʃ |

sac (m)	колбаштык	kolbaʃtık
sac (m) â main	кичине колбаштык	kitʃine kolbaʃtık
sac (m) â dos	жонбаштык	dʒonbaʃtık

40. Les vêtements. Divers

mode (f)	мода	moda
â la mode (adj)	саркеч	sarketʃ
couturier, créateur de mode	модельер	modeljer

col (m)	жака	dʒaka
poche (f)	чөнтөк	tʃøntøk
de poche (adj)	чөнтөк	tʃøntøk
manche (f)	жең	dʒeŋ
bride (f)	илгич	ilgitʃ
braguette (f)	ширинка	ʃirinka

fermeture (f) â glissière	молния	molnija
agrafe (f)	топчулук	toptʃuluk
bouton (m)	топчу	toptʃu
boutonnière (f)	илмек	ilmek
s'arracher (bouton)	үзүлүү	yzylyy

coudre (vi, vt)	тигүү	tigyy
broder (vt)	сайма саюу	sajma sajɵu
broderie (f)	сайма	sajma
aiguille (f)	ийне	ijne
fil (m)	жип	dʒip
couture (f)	тигиш	tigiʃ

se salir (vp)	булгап алуу	bulgap aluu
tache (f)	так	tak
se froisser (vp)	бырышып калуу	bırıʃıp kaluu
déchirer (vt)	айрылуу	ajrıluu
mite (f)	күбө	kybø

41. L'hygiène corporelle. Les cosmétiques

dentifrice (m)	тиш пастасы	tiʃ pastası
brosse (f) â dents	тиш щёткасы	tiʃ ʃtʃotkası
se brosser les dents	тиш жуу	tiʃ dʒuu

rasoir (m)	устара	ustara
crème (f) â raser	кырынуу үчүн көбүк	kırınuu ytʃyn købyk
se raser (vp)	кырынуу	kırınuu
savon (m)	самын	samın

shampooing (m)	шампунь	ʃampunʲ
ciseaux (m pl)	кайчы	kajtʃı
lime (f) à ongles	тырмак егее	tırmak øgøø
pinces (f pl) à ongles	тырмак кычкачы	tırmak kıtʃkatʃı
pince (f) à épiler	искек	iskek

produits (m pl) de beauté	упа-эндик	upa-endik
masque (m) de beauté	маска	maska
manucure (f)	маникюр	manikʉr
se faire les ongles	маникюр жасоо	manikdʒʉr dʒasoo
pédicurie (f)	педикюр	pedikʉr

trousse (f) de toilette	косметичка	kosmetitʃka
poudre (f)	упа	upa
poudrier (m)	упа кутусу	upa kutusu
fard (m) à joues	эндик	endik

parfum (m)	атыр	atır
eau (f) de toilette	туалет атыр суусу	tualet atır suusu
lotion (f)	лосьон	losʲon
eau de Cologne (f)	одеколон	odekolon

fard (m) à paupières	кез боёгу	køz bojogu
crayon (m) à paupières	кез карандашы	køz karandaʃı
mascara (m)	кирпик үчүн боек	kirpik ytʃyn boek

rouge (m) à lèvres	эрин помадасы	erin pomadası
vernis (m) à ongles	тырмак үчүн лак	tırmak ytʃyn lak
laque (f) pour les cheveux	чач үчүн лак	tʃatʃ ytʃyn lak
déodorant (m)	дезодорант	dezodorant

crème (f)	крем	krem
crème (f) pour le visage	бетмай	betmaj
crème (f) pour les mains	кол үчүн май	kol ytʃyn maj
crème (f) anti-rides	бырыштарга каршы бет май	bırıʃtarga karʃı bet maj

crème (f) de jour	күндүзгү бет май	kyndyzgy bet maj
crème (f) de nuit	түнкү бет май	tynky bet maj
de jour (adj)	күндүзгү	kyndyzgy
de nuit (adj)	түнкү	tynky

tampon (m)	тампон	tampon
papier (m) de toilette	даарат кагазы	daarat kagazı
sèche-cheveux (m)	фен	fen

42. Les bijoux. La bijouterie

bijoux (m pl)	зер буюмдар	zer bujʉmdar
précieux (adj)	баалуу	baaluu
poinçon (m)	проба	proba

bague (f)	шакек	ʃakek
alliance (f)	нике шакеги	nike ʃakegi
bracelet (m)	билерик	bilerik

boucles (f pl) d'oreille	сөйкө	søjkø
collier (m) (de perles)	шуру	ʃuru
couronne (f)	таажы	taadʒɪ
collier (m) (en verre, etc.)	мончок	montʃok

diamant (m)	бриллиант	brilliant
émeraude (f)	зымырыт	zɪmɪrɪt
rubis (m)	лаал	laal
saphir (m)	сапфир	sapfir
perle (f)	бермет	bermet
ambre (m)	янтарь	jantarʲ

43. Les montres. Les horloges

montre (f)	кол саат	kol saat
cadran (m)	циферблат	tsɪferblat
aiguille (f)	жебе	dʒebe
bracelet (m)	браслет	braslet
bracelet (m) (en cuir)	кайыш кур	kajɪʃ kur

pile (f)	батарейка	batarejka
être déchargé	зарядканын түгөнүүсү	zarʲadkanɪn tygønyysy
changer de pile	батарейка алмаштыруу	batarejka almaʃtɪruu
avancer (vi)	алдыга кетүү	aldɪga ketyy
retarder (vi)	калуу	kaluu

pendule (f)	дубалга тагуучу саат	dubalga taguutʃu saat
sablier (m)	кум саат	kum saat
cadran (m) solaire	күн саат	kyn saat
réveil (m)	ойготкуч саат	ojgotkutʃ saat
horloger (m)	саат устасы	saat ustasɪ
réparer (vt)	оңдоо	oŋdoo

Les aliments. L'alimentation

44. Les aliments

viande (f)	эт	et
poulet (m)	тоок	took
poulet (m) (poussin)	балапан	balapan
canard (m)	өрдөк	ørdøk
oie (f)	каз	kaz
gibier (m)	илбээсин	ilbeesin
dinde (f)	күрп	kyrp
du porc	чочко эти	tʃotʃko eti
du veau	торпок эти	torpok eti
du mouton	кой эти	koj eti
du bœuf	уй эти	uj eti
lapin (m)	коен	koen
saucisson (m)	колбаса	kolbasa
saucisse (f)	сосиска	sosiska
bacon (m)	бекон	bekon
jambon (m)	ветчина	vettʃina
cuisse (f)	сан эт	san et
pâté (m)	паштет	paʃtet
foie (m)	боор	boor
farce (f)	фарш	farʃ
langue (f)	тил	til
œuf (m)	жумуртка	dʒumurtka
les œufs	жумурткалар	dʒumurtkalar
blanc (m) d'œuf	жумуртканын агы	dʒumurtkanın agı
jaune (m) d'œuf	жумуртканын сарысы	dʒumurtkanın sarısı
poisson (m)	балык	balık
fruits (m pl) de mer	деңиз азыктары	deŋiz azıktarı
crustacés (m pl)	рак сыяктуулар	rak sıjaktuular
caviar (m)	урук	uruk
crabe (m)	краб	krab
crevette (f)	креветка	krevetka
huître (f)	устрица	ustritsa
langoustine (f)	лангуст	langust
poulpe (m)	сегиз бут	segiz but
calamar (m)	кальмар	kalʲmar
esturgeon (m)	осетрина	osetrina
saumon (m)	лосось	lososʲ
flétan (m)	палтус	paltus
morue (f)	треска	treska

maquereau (m)	скумбрия	skumbrija
thon (m)	тунец	tuneʦ
anguille (f)	угорь	ugorʲ
truite (f)	форель	forelʲ
sardine (f)	сардина	sardina
brochet (m)	чортон	ʧorton
hareng (m)	сельдь	selʲdʲ
pain (m)	нан	nan
fromage (m)	сыр	sɪr
sucre (m)	кум шекер	kum-ʃeker
sel (m)	туз	tuz
riz (m)	күрүч	kyryʧ
pâtes (m pl)	макарон	makaron
nouilles (f pl)	кесме	kesme
beurre (m)	ак май	ak maj
huile (f) végétale	өсүмдүк майы	øsymdyk majɪ
huile (f) de tournesol	күн карама майы	kyn karama majɪ
margarine (f)	маргарин	margarin
olives (f pl)	зайтун	zajtun
huile (f) d'olive	зайтун майы	zajtun majɪ
lait (m)	сүт	syt
lait (m) condensé	коютулган сүт	kojutulgan syt
yogourt (m)	йогурт	jogurt
crème (f) aigre	сметана	smetana
crème (f) (de lait)	каймак	kajmak
sauce (f) mayonnaise	майонез	majonez
crème (f) au beurre	крем	krem
gruau (m)	акшак	akʃak
farine (f)	ун	un
conserves (f pl)	консерва	konserva
pétales (m pl) de maïs	жарылган жүгөрү	dʒarɪlgan dʒygøry
miel (m)	бал	bal
confiture (f)	джем, конфитюр	dʒem, konfitur
gomme (f) à mâcher	сагыз	sagɪz

45. Les boissons

eau (f)	суу	suu
eau (f) potable	ичүүчү суу	iʧyyʧy suu
eau (f) minérale	минерал суусу	mineral suusu
plate (adj)	газсыз	gazsɪz
gazeuse (l'eau ~)	газдалган	gazdalgan
pétillante (adj)	газы менен	gazɪ menen
glace (f)	муз	muz

avec de la glace	музу менен	muzu menen
sans alcool	алкоголсуз	alkogolsuz
boisson (f) non alcoolisée	алкоголсуз ичимдик	alkogolsuz itʃimdik
rafraîchissement (m)	суусундук	suusunduk
limonade (f)	лимонад	limonad
boissons (f pl) alcoolisées	спирт ичимдиктери	spirt itʃimdikteri
vin (m)	шарап	ʃarap
vin (m) blanc	ак шарап	ak ʃarap
vin (m) rouge	кызыл шарап	kɪzɪl ʃarap
liqueur (f)	ликёр	likʲor
champagne (m)	шампан	ʃampan
vermouth (m)	вермут	vermut
whisky (m)	виски	viski
vodka (f)	арак	arak
gin (m)	джин	dʒin
cognac (m)	коньяк	konjak
rhum (m)	ром	rom
café (m)	кофе	kofe
café (m) noir	кара кофе	kara kofe
café (m) au lait	сүттөлгөн кофе	syttølgøn kofe
cappuccino (m)	капучино	kaputʃino
café (m) soluble	эрүүчү кофе	eryytʃy kofe
lait (m)	сүт	syt
cocktail (m)	коктейль	koktejlʲ
cocktail (m) au lait	сүт коктейли	syt koktejli
jus (m)	шире	ʃire
jus (m) de tomate	томат ширеси	tomat ʃiresi
jus (m) d'orange	апельсин ширеси	apelʲsin ʃiresi
jus (m) pressé	түз сыгылып алынган шире	tyz sɪgɪlɪp alɪngan ʃire
bière (f)	сыра	sɪra
bière (f) blonde	ачык сыра	atʃɪk sɪra
bière (f) brune	коңур сыра	koŋur sɪra
thé (m)	чай	tʃaj
thé (m) noir	кара чай	kara tʃaj
thé (m) vert	жашыл чай	dʒaʃɪl tʃaj

46. Les légumes

légumes (m pl)	жашылча	dʒaʃɪltʃa
verdure (f)	көк чөп	køk tʃøp
tomate (f)	помидор	pomidor
concombre (m)	бадыраң	badɪraŋ
carotte (f)	сабиз	sabiz
pomme (f) de terre	картошка	kartoʃka

oignon (m)	пияз	pijaz
ail (m)	сарымсак	sarımsak
chou (m)	капуста	kapusta
chou-fleur (m)	гүлдүү капуста	gyldyy kapusta
chou (m) de Bruxelles	брюссель капустасы	brÿsselʲ kapustası
brocoli (m)	брокколи капустасы	brokkoli kapustası
betterave (f)	кызылча	kızıltʃa
aubergine (f)	баклажан	bakladʒan
courgette (f)	кабачок	kabatʃok
potiron (m)	ашкабак	aʃkabak
navet (m)	шалгам	ʃalgam
persil (m)	петрушка	petruʃka
fenouil (m)	укроп	ukrop
laitue (f) (salade)	салат	salat
céleri (m)	сельдерей	selʲderej
asperge (f)	спаржа	spardʒa
épinard (m)	шпинат	ʃpinat
pois (m)	нокот	nokot
fèves (f pl)	буурчак	buurtʃak
maïs (m)	жүгөрү	dʒygøry
haricot (m)	төө буурчак	tøø buurtʃak
poivron (m)	таттуу перец	tattuu perets
radis (m)	шалгам	ʃalgam
artichaut (m)	артишок	artiʃok

47. Les fruits. Les noix

fruit (m)	мөмө	mømø
pomme (f)	алма	alma
poire (f)	алмурут	almurut
citron (m)	лимон	limon
orange (f)	апельсин	apelʲsin
fraise (f)	кулпунай	kulpunaj
mandarine (f)	мандарин	mandarin
prune (f)	кара өрүк	kara øryk
pêche (f)	шабдаалы	ʃabdaalı
abricot (m)	өрүк	øryk
framboise (f)	дан куурай	dan kuuraj
ananas (m)	ананас	ananas
banane (f)	банан	banan
pastèque (f)	арбуз	arbuz
raisin (m)	жүзүм	dʒyzym
cerise (f)	алча	altʃa
merise (f)	гилас	gilas
melon (m)	коон	koon
pamplemousse (m)	грейпфрут	grejpfrut
avocat (m)	авокадо	avokado

papaye (f)	папайя	papaja
mangue (f)	манго	mango
grenade (f)	анар	anar

groseille (f) rouge	кызыл карагат	kızıl karagat
cassis (m)	кара карагат	kara karagat
groseille (f) verte	крыжовник	krıdʒovnik
myrtille (f)	кара моюл	kara mojʉl
mûre (f)	кара бүлдүркөн	kara byldyrkøn

raisin (m) sec	мейиз	mejiz
figue (f)	анжир	andʒir
datte (f)	курма	kurma

cacahuète (f)	арахис	araχis
amande (f)	бадам	badam
noix (f)	жаңгак	dʒaŋgak
noisette (f)	токой жаңгагы	tokoj dʒaŋgagı
noix (f) de coco	кокос жаңгагы	kokos dʒaŋgagı
pistaches (f pl)	мисте	miste

48. Le pain. Les confiseries

confiserie (f)	кондитер азыктары	konditer azıktarı
pain (m)	нан	nan
biscuit (m)	печенье	petʃenje

chocolat (m)	шоколад	ʃokolad
en chocolat (adj)	шоколаддан	ʃokoladdan
bonbon (m)	конфета	konfeta
gâteau (m), pâtisserie (f)	пирожное	pirodʒnoe
tarte (f)	торт	tort

| gâteau (m) | пирог | pirog |
| garniture (f) | начинка | natʃinka |

confiture (f)	кыям	kıjam
marmelade (f)	мармелад	marmelad
gaufre (f)	вафли	vafli
glace (f)	бал муздак	bal muzdak
pudding (m)	пудинг	puding

49. Les plats cuisinés

plat (m)	тамак	tamak
cuisine (f)	даам	daam
recette (f)	тамак жасоо ыкмасы	tamak dʒasoo ıkması
portion (f)	порция	portsija

salade (f)	салат	salat
soupe (f)	сорпо	sorpo
bouillon (m)	ынак сорпо	ınak sorpo

| sandwich (m) | бутерброд | buterbrod |
| les œufs brouillés | куурулган жумуртка | kuurulgan dʒumurtka |

| hamburger (m) | гамбургер | gamburger |
| steak (m) | бифштекс | bifʃteks |

garniture (f)	гарнир	garnir
spaghettis (m pl)	спагетти	spagetti
purée (f)	эзилген картошка	ezilgen kartoʃka
pizza (f)	пицца	pitsa
bouillie (f)	ботко	botko
omelette (f)	омлет	omlet

cuit à l'eau (adj)	сууга бышырылган	suuga bɪʃɪrɪlgan
fumé (adj)	ышталган	ɪʃtalgan
frit (adj)	куурулган	kuurulgan
sec (adj)	кургатылган	kurgatɪlgan
congelé (adj)	тоңдурулган	toŋdurulgan
mariné (adj)	маринаддагы	marinaddagɪ

sucré (adj)	таттуу	tattuu
salé (adj)	туздуу	tuzduu
froid (adj)	муздак	muzdak
chaud (adj)	ысык	ɪsɪk
amer (adj)	ачуу	atʃuu
bon (savoureux)	даамдуу	daamduu

cuire à l'eau	кайнатуу	kajnatuu
préparer (le dîner)	тамак бышыруу	tamak bɪʃɪruu
faire frire	кууруу	kuuruu
réchauffer (vt)	жылытуу	dʒɪlɪtuu

saler (vt)	туздоо	tuzdoo
poivrer (vt)	калемпир кошуу	kalempir koʃuu
râper (vt)	сүргүлөө	syrgyløø
peau (f)	сырты	sɪrtɪ
éplucher (vt)	тазалоо	tazaloo

50. Les épices

sel (m)	туз	tuz
salé (adj)	туздуу	tuzduu
saler (vt)	туздоо	tuzdoo

poivre (m) noir	кара мурч	kara murtʃ
poivre (m) rouge	кызыл калемпир	kɪzɪl kalempir
moutarde (f)	горчица	gortʃitsa
raifort (m)	хрен	χren

condiment (m)	татымал	tatɪmal
épice (f)	татымал	tatɪmal
sauce (f)	соус	sous
vinaigre (m)	уксус	uksus
anis (m)	анис	anis

basilic (m)	райхон	rajχon
clou (m) de girofle	гвоздика	gvozdika
gingembre (m)	имбирь	imbirⁱ
coriandre (m)	кориандр	koriandr
cannelle (f)	корица	koritsa

sésame (m)	кунжут	kundʒut
feuille (f) de laurier	лавр жалбырагы	lavr dʒalbıragı
paprika (m)	паприка	paprika
cumin (m)	зира	zira
safran (m)	заапаран	zaaparan

51. Les repas

nourriture (f)	тамак	tamak
manger (vi, vt)	тамактануу	tamaktanuu

petit déjeuner (m)	таңкы тамак	taŋkı tamak
prendre le petit déjeuner	эртең менен тамактануу	erteŋ menen tamaktanuu
déjeuner (m)	түшкү тамак	tyʃky tamak
déjeuner (vi)	түштөнүү	tyʃtønyy
dîner (m)	кечки тамак	ketʃki tamak
dîner (vi)	кечки тамакты ичүү	ketʃki tamaktı itʃyy

appétit (m)	табит	tabit
Bon appétit!	Тамагыңыз таттуу болсун!	tamagıŋız tattuu bolsun!

ouvrir (vt)	ачуу	atʃuu
renverser (liquide)	төгүп алуу	tøgyp aluu
se renverser (liquide)	төгүлүү	tøgylyy
bouillir (vi)	кайноо	kajnoo
faire bouillir	кайнатуу	kajnatuu
bouilli (l'eau ~e)	кайнатылган	kajnatılgan
refroidir (vt)	суутуу	suutuu
se refroidir (vp)	сууп туруу	suup turuu

goût (m)	даам	daam
arrière-goût (m)	даамдануу	daamdanuu

suivre un régime	арыктоо	arıktoo
régime (m)	мүнөз тамак	mynøz tamak
vitamine (f)	витамин	vitamin
calorie (f)	калория	kalorija
végétarien (m)	эттен чанган	etten tʃangan
végétarien (adj)	этсиз даярдалган	etsiz dajardalgan

lipides (m pl)	майлар	majlar
protéines (f pl)	белоктор	beloktor
glucides (m pl)	көмүрсуулар	kømyrsuular

tranche (f)	кесим	kesim
morceau (m)	бөлүк	bølyk
miette (f)	күкүм	kykym

52. Le dressage de la table

cuillère (f)	кашык	kaʃik
couteau (m)	бычак	bɪtʃak
fourchette (f)	вилка	vilka

tasse (f)	чөйчөк	tʃøjtʃøk
assiette (f)	табак	tabak
soucoupe (f)	табак	tabak
serviette (f)	майлык	majlık
cure-dent (m)	тиш чукугуч	tiʃ tʃukugutʃ

53. Le restaurant

restaurant (m)	ресторан	restoran
salon (m) de café	кофекана	kofekana
bar (m)	бар	bar
salon (m) de thé	чай салону	tʃaj salonu

serveur (m)	официант	ofitsiant
serveuse (f)	официант кыз	ofitsiant kız
barman (m)	бармен	barmen

carte (f)	меню	menʉ
carte (f) des vins	шарап картасы	ʃarap kartası
réserver une table	столду камдык буйрутмалоо	stoldu kamdık bujrutmaloo

plat (m)	тамак	tamak
commander (vt)	буйрутма кылуу	bujrutma kıluu
faire la commande	буйрутма берүү	bujrutma beryy

apéritif (m)	аперитив	aperitiv
hors-d'œuvre (m)	ысылык	ısılık
dessert (m)	десерт	desert

addition (f)	эсеп	esep
régler l'addition	эсеп төлөө	esep tøløø
rendre la monnaie	майда акчаны кайтаруу	majda aktʃanı kajtaruu
pourboire (m)	чайпул	tʃajpul

La famille. Les parents. Les amis

54. Les données personnelles. Les formulaires

prénom (m)	аты	atı
nom (m) de famille	фамилиясы	familijası
date (f) de naissance	төрөлгөн күнү	tørølgøn kyny
lieu (m) de naissance	туулган жери	tuulgan dʒeri
nationalité (f)	улуту	ulutu
domicile (m)	жашаган жери	dʒaʃagan dʒeri
pays (m)	өлкө	ølkø
profession (f)	кесиби	kesibi
sexe (m)	жынысы	dʒınısı
taille (f)	бою	bojʉ
poids (m)	салмак	salmak

55. La famille. Les liens de parenté

mère (f)	эне	ene
père (m)	ата	ata
fils (m)	уул	uul
fille (f)	кыз	kız
fille (f) cadette	кичүү кыз	kitʃyy kız
fils (m) cadet	кичүү уул	kitʃyy uul
fille (f) aînée	улуу кыз	uluu kız
fils (m) aîné	улуу уул	uluu uul
frère (m)	бир тууган	bir tuugan
frère (m) aîné	байке	bajke
frère (m) cadet	ини	ini
sœur (f)	бир тууган	bir tuugan
sœur (f) aînée	эже	edʒe
sœur (f) cadette	синди	siŋdi
cousin (m)	атасы же энеси бир тууган	atası dʒe enesi bir tuugan
cousine (f)	атасы же энеси бир тууган	atası dʒe enesi bir tuugan
maman (f)	апа	apa
papa (m)	ата	ata
parents (m pl)	ата-эне	ata-ene
enfant (m, f)	бала	bala
enfants (pl)	балдар	baldar
grand-mère (f)	чоң апа	tʃoŋ apa

grand-père (m)	чоң ата	tʃoŋ ata
petit-fils (m)	небере бала	nebere bala
petite-fille (f)	небере кыз	nebere kız
petits-enfants (pl)	неберелер	nebereler

oncle (m)	таяке	tajake
tante (f)	таяже	tajadʒe
neveu (m)	ини	ini
nièce (f)	жээн	dʒeen

belle-mère (f)	кайын эне	kajın ene
beau-père (m)	кайын ата	kajın ata
gendre (m)	күйөө бала	kyjөө bala
belle-mère (f)	өгөй эне	øgøj ene
beau-père (m)	өгөй ата	øgøj ata

nourrisson (m)	эмчектеги бала	emtʃektegi bala
bébé (m)	ымыркай	ımırkaj
petit (m)	бөбөк	bøbøk

femme (f)	аял	ajal
mari (m)	эр	er
époux (m)	күйөө	kyjөө
épouse (f)	зайып	zajıp

marié (adj)	аялы бар	ajalı bar
mariée (adj)	күйөөдө	kyjөөdø
célibataire (adj)	бойдок	bojdok
célibataire (m)	бойдок	bojdok
divorcé (adj)	ажырашкан	adʒıraʃkan
veuve (f)	жесир	dʒesir
veuf (m)	жесир	dʒesir

parent (m)	тууган	tuugan
parent (m) proche	жакын тууган	dʒakın tuugan
parent (m) éloigné	алыс тууган	alıs tuugan
parents (m pl)	бир тууган	bir tuugan

orphelin (m), orpheline (f)	жетим	dʒetim
tuteur (m)	камкорчу	kamkortʃu
adopter (un garçon)	уул кылып асырап алуу	uul kılıp asırap aluu
adopter (une fille)	кыз кылып асырап алуу	kız kılıp asırap aluu

56. Les amis. Les collègues

ami (m)	дос	dos
amie (f)	курбу	kurbu
amitié (f)	достук	dostuk
être ami	достошуу	dostoʃuu

copain (m)	шерик	ʃerik
copine (f)	шерик кыз	ʃerik kız
partenaire (m)	өнөктөш	ønøktøʃ
chef (m)	башчы	baʃtʃı

supérieur (m)	башчы	baʃʧı
propriétaire (m)	кожоюн	koʤoʤɵn
subordonné (m)	кол астындагы	kol astındagı
collègue (m, f)	кесиптеш	kesipteʃ

connaissance (f)	тааныш	taanıʃ
compagnon (m) de route	жолдош	ʤoldoʃ
copain (m) de classe	классташ	klasstaʃ

voisin (m)	кошуна	koʃuna
voisine (f)	кошуна	koʃuna
voisins (m pl)	кошуналар	koʃunalar

57. L'homme. La femme

femme (f)	аял	ajal
jeune fille (f)	кыз	kız
fiancée (f)	колукту	koluktu

belle (adj)	сулуу	suluu
de grande taille	бою узун	bojɵ uzun
svelte (adj)	сымбаттуу	sımbattuu
de petite taille	орто бойлуу	orto bojluu

| blonde (f) | ак саргыл чачтуу | ak sargıl ʧaʧtuu |
| brune (f) | кара чачтуу | kara ʧaʧtuu |

de femme (adj)	аялдардын	ajaldardın
vierge (f)	эркек көрө элек кыз	erkek kørø elek kız
enceinte (adj)	кош бойлуу	koʃ bojluu

homme (m)	эркек	erkek
blond (m)	ак саргыл чачтуу	ak sargıl ʧaʧtuu
brun (m)	кара чачтуу	kara ʧaʧtuu
de grande taille	бийик бойлуу	bijik bojluu
de petite taille	орто бойлуу	orto bojluu

rude (adj)	орой	oroj
trapu (adj)	жапалдаш бой	ʤapaldaʃ boj
robuste (adj)	чымыр	ʧımır
fort (adj)	күчтүү	kyʧtyy
force (f)	күч	kyʧ

gros (adj)	толук	toluk
basané (adj)	кара тору	kara toru
svelte (adj)	сымбаттуу	sımbattuu
élégant (adj)	жарашып кийинген	ʤaraʃıp kijingen

58. L'age

| âge (m) | жаш | ʤaʃ |
| jeunesse (f) | жаштык | ʤaʃtık |

jeune (adj)	жаш	ʤaʃ
plus jeune (adj)	кичүү	kitʃyy
plus âgé (adj)	улуу	uluu

jeune homme (m)	улан	ulan
adolescent (m)	өспүрүм	øspyrym
gars (m)	жигит	ʤigit

| vieillard (m) | абышка | abıʃka |
| vieille femme (f) | кемпир | kempir |

adulte (m)	чоң киши	tʃoŋ kiʃi
d'âge moyen (adj)	орто жаш	orto ʤaʃ
âgé (adj)	жашап калган	ʤaʃap kalgan
vieux (adj)	картаң	kartaŋ

retraite (f)	бааракы	baarakı
prendre sa retraite	ардактуу эс алууга чыгуу	ardaktuu es aluuga tʃıguu
retraité (m)	бааргер	baarger

59. Les enfants. Les adolescents

enfant (m, f)	бала	bala
enfants (pl)	балдар	baldar
jumeaux (m pl)	эгиздер	egizder

berceau (m)	бешик	beʃik
hochet (m)	шырылдак	ʃırıldak
couche (f)	жалаяк	ʤalajak

tétine (f)	упчу	uptʃu
poussette (m)	бешик араба	beʃik araba
école (f) maternelle	бала бакча	bala baktʃa
baby-sitter (m, f)	бала баккыч	bala bakkıtʃ

enfance (f)	балалык	balalık
poupée (f)	куурчак	kuurtʃak
jouet (m)	оюнчук	ojuntʃuk
jeu (m) de construction	конструктор	konstruktor
bien élevé (adj)	тарбия көргөн	tarbija kørgøn
mal élevé (adj)	жетесиз	ʤetesiz
gâté (adj)	эрке	erke

faire le vilain	тентектик кылуу	tentektik kıluu
vilain (adj)	тентек	tentek
espièglerie (f)	шоктук, тентектик	ʃoktuk, tentektik
vilain (m)	тентек	tentek

| obéissant (adj) | элпек | elpek |
| désobéissant (adj) | тил албас | til albas |

sage (adj)	зээндүү	zeendyy
intelligent (adj)	акылдуу	akılduu
l'enfant prodige	вундеркинд	vunderkind

60. Les couples mariés. La vie de famille

embrasser (sur les lèvres)	өбүү	øbyy
s'embrasser (vp)	өбүшүү	øbyʃyy
famille (f)	үй-бүлө	yj-bylø
familial (adj)	үй-бүлөлүү	yj-bylølyy
couple (m)	эрди-катын	erdi-katın
mariage (m) (~ civil)	нике	nike
foyer (m) familial	үй очогу	yj oʧogu
dynastie (f)	династия	dinastija

rendez-vous (m)	жолугушуу	dʒoluguʃuu
baiser (m)	өбүү	øbyy

amour (m)	сүйүү	syjyy
aimer (qn)	сүйүү	syjyy
aimé (adj)	жакшы көргөн	dʒakʃı kørgøn

tendresse (f)	назиктик	naziktik
tendre (affectueux)	назик	nazik
fidélité (f)	берилгендик	berilgendik
fidèle (adj)	ишенимдүү	iʃenimdyy
soin (m) (~ de qn)	кам көрүү	kam køryy
attentionné (adj)	камкор	kamkor

jeunes mariés (pl)	жаңы үйлөнүшкөндөр	dʒaŋı yjlønyʃkøndør
lune (f) de miel	таттуулашуу	tattuulaʃuu
se marier	күйөөгө чыгуу	kyjøøgø ʧıguu
(prendre pour époux)		
se marier	аял алуу	ajal aluu
(prendre pour épouse)		

mariage (m)	үйлөнүү той	yjlønyy toy
les noces d'or	алтын үлпөт той	altın ylpøt toj
anniversaire (m)	жылдык	dʒıldık

amant (m)	ойнош	ojnoʃ
maîtresse (f)	ойнош	ojnoʃ

adultère (m)	көзгө чөп салуу	køzgø ʧøp saluu
commettre l'adultère	көзгө чөп салуу	køzgø ʧøp saluu
jaloux (adj)	кызгануу	kızganuu
être jaloux	кызгануу	kızganuu
divorce (m)	ажырашуу	adʒıraʃuu
divorcer (vi)	ажырашуу	adʒıraʃuu

se disputer (vp)	урушуу	uruʃuu
se réconcilier (vp)	жарашуу	dʒaraʃuu
ensemble (adv)	бирге	birge
sexe (m)	жыныстык катнаш	dʒınıstık katnaʃ

bonheur (m)	бакыт	bakıt
heureux (adj)	бактылуу	baktıluu
malheur (m)	кырсык	kırsık
malheureux (adj)	бактысыз	baktısız

Le caractère. Les émotions

61. Les sentiments. Les émotions

sentiment (m)	сезим	sezim
sentiments (m pl)	сезим	sezim
sentir (vt)	сезүү	sezyy
faim (f)	ачка болуу	atʃka boluu
avoir faim	ачка болуу	atʃka boluu
soif (f)	чаңкоо	tʃaŋkoo
avoir soif	суусап калуу	suusap kaluu
somnolence (f)	уйкусу келүү	ujkusu kelyy
avoir sommeil	уйкусу келүү	ujkusu kelyy
fatigue (f)	чарчоо	tʃartʃoo
fatigué (adj)	чарчаңкы	tʃartʃaŋkı
être fatigué	чарчоо	tʃartʃoo
humeur (f) (de bonne ~)	көңүл	køŋyl
ennui (m)	зеригүү	zerigyy
s'ennuyer (vp)	зеригүү	zerigyy
solitude (f)	элден качуу	elden katʃuu
s'isoler (vp)	элден качуу	elden katʃuu
inquiéter (vt)	көңүлүн бөлүү	køŋylyn bølyy
s'inquiéter (vp)	сарсанаа болуу	sarsanaa boluu
inquiétude (f)	кабатырлануу	kabatırlanuu
préoccupation (f)	чочулоо	tʃotʃuloo
soucieux (adj)	бушайман	buʃajman
s'énerver (vp)	тынчы кетүү	tıntʃı ketyy
paniquer (vi)	дүрбөлөңгө түшүү	dyrbøløŋgø tyʃyy
espoir (m)	үмүт	ymyt
espérer (vi)	үмүттөнүү	ymyttønyy
certitude (f)	ишенимдүүлүк	iʃenimdyylyk
certain (adj)	ишеничтүү	iʃenitʃtyy
incertitude (f)	ишенбегендик	iʃenbegendik
incertain (adj)	ишенбеген	iʃenbegen
ivre (adj)	мас	mas
sobre (adj)	соо	soo
faible (adj)	бошоң	boʃoŋ
heureux (adj)	бактылуу	baktıluu
faire peur	жүрөгүн түшүрүү	dʒyrøgyn tyʃyryy
fureur (f)	жинденүү	dʒindenyy
rage (f), colère (f)	жаалдануу	dʒaaldanuu
dépression (f)	көңүлү чөгүү	køŋyly tʃøgyy
inconfort (m)	ыңгайсыз	ıŋgajsız

confort (m)	ыңгайлуу	ıŋgajluu
regretter (vt)	өкүнүү	økynyy
regret (m)	өкүнүп калуу	økynyp kaluu
malchance (f)	жолу болбоо	dʒolu bolboo
tristesse (f)	капалануу	kapalanuu

honte (f)	уят	ujat
joie, allégresse (f)	кубаныч	kubanıtʃ
enthousiasme (m)	ынта менен	ınta menen
enthousiaste (m)	ынтызар	ıntızar
avoir de l'enthousiasme	ынтасын көрсөтүү	ıntasın kørsøtyy

62. Le caractère. La personnalité

caractère (m)	мүнөз	mynøz
défaut (m)	кемчилик	kemtʃilik
esprit (m)	эс-акыл	es-akıl
raison (f)	акыл	akıl

conscience (f)	абийир	abijir
habitude (f)	адат	adat
capacité (f)	жөндөм	dʒøndøm
savoir (faire qch)	билүү	bilyy

patient (adj)	көтөрүмдүү	køtørymdyy
impatient (adj)	чыдамы жок	tʃıdamı dʒok
curieux (adj)	ынтызар	ıntızar
curiosité (f)	кызыгуучулук	kızıguutʃuluk

modestie (f)	жөнөкөйлүк	dʒønøkøjlyk
modeste (adj)	жөнөкөй	dʒønøkøj
vaniteux (adj)	чекилик	tʃekilik

paresse (f)	жалкоолук	dʒalkooluk
paresseux (adj)	жалкоо	dʒalkoo
paresseux (m)	эринчээк	erintʃeek

astuce (f)	куулук	kuuluk
rusé (adj)	куу	kuu
méfiance (f)	ишенбөөчүлүк	iʃenbøøtʃylyk
méfiant (adj)	ишенбеген	iʃenbegen

générosité (f)	берешендик	bereʃendik
généreux (adj)	берешен	bereʃen
doué (adj)	зээндүү	zeendyy
talent (m)	талант	talant

courageux (adj)	кайраттуу	kajrattuu
courage (m)	кайрат	kajrat
honnête (adj)	чынчыл	tʃıntʃıl
honnêteté (f)	чынчылдык	tʃıntʃıldık

prudent (adj)	сак	sak
courageux (adj)	тайманбас	tajmanbas

sérieux (adj)	оор басырыктуу	oor basırıktuu
sévère (adj)	сүрдүү	syrdyy
décidé (adj)	чечкиндүү	ʧeʧkindyy
indécis (adj)	чечкинсиз	ʧeʧkinsiz
timide (adj)	тартынчаак	tartınʧaak
timidité (f)	жүрөкзаада	dʒyrøkzaada
confiance (f)	ишеним артуу	iʃenim artuu
croire (qn)	ишенүү	iʃenyy
confiant (adj)	ишенчээк	iʃenʧeek
sincèrement (adv)	чын жүрөктөн	ʧın dʒyrøktøn
sincère (adj)	ак ниеттен	ak nietten
sincérité (f)	ак ниеттүүлүк	ak niettyylyk
ouvert (adj)	ачык	aʧık
calme (adj)	жоош	dʒooʃ
franc (sincère)	ачык	aʧık
naïf (adj)	ишенчээк	iʃenʧeek
distrait (adj)	унутчаак	unutʧaak
drôle, amusant (adj)	кызык	kızık
avidité (f)	ач көздүк	aʧ køzdyk
avare (adj)	сараң	saraŋ
radin (adj)	сараң	saraŋ
méchant (adj)	каардуу	kaarduu
têtu (adj)	көк	køk
désagréable (adj)	жагымсыз	dʒagımsız
égoïste (m)	өзүмчүл	øzymʧyl
égoïste (adj)	өзүмчүл	øzymʧyl
peureux (m)	суу жүрөк	suu dʒyrøk
peureux (adj)	суу жүрөк	suu dʒyrøk

63. Le sommeil. Les rêves

dormir (vi)	уктоо	uktoo
sommeil (m)	уйку	ujku
rêve (m)	түш	tyʃ
rêver (en dormant)	түш көрүү	tyʃ køryy
endormi (adj)	уйкусураган	ujkusuragan
lit (m)	керебет	kerebet
matelas (m)	матрас	matras
couverture (f)	жууркан	dʒuurkan
oreiller (m)	жаздык	dʒazdık
drap (m)	шейшеп	ʃejʃep
insomnie (f)	уйкусуздук	ujkusuzduk
sans sommeil (adj)	уйкусуз	ujkusuz
somnifère (m)	уйку дарысы	ujku darısı
prendre un somnifère	уйку дарысын ичүү	ujku darısın iʧyy
avoir sommeil	уйкусу келүү	ujkusu kelyy

bâiller (vi)	эстөө	estøø
aller se coucher	уктоого кетүү	uktoogo ketyy
faire le lit	төшөк салуу	tøʃøk saluu
s'endormir (vp)	уктап калуу	uktap kaluu

cauchemar (m)	коркунучтуу түш	korkunutʃtuu tyʃ
ronflement (m)	коңурук	koŋuruk
ronfler (vi)	коңурук тартуу	koŋuruk tartuu

réveil (m)	ойготкуч саат	ojgotkutʃ saat
réveiller (vt)	ойготуу	ojgotuu
se réveiller (vp)	ойгонуу	ojgonuu
se lever (tôt, tard)	төшөктөн туруу	tøʃøktøn turuu
se laver (le visage)	бети-колду жуу	beti-koldu dʒuu

64. L'humour. Le rire. La joie

humour (m)	күлкү салуу	kylky saluu
sens (m) de l'humour	тамашага чалуу	tamaʃaga tʃaluu
s'amuser (vp)	көңүл ачуу	køŋyl atʃuu
joyeux (adj)	көңүлдүү	køŋyldyy
joie, allégresse (f)	көңүлдүүлүк	køŋyldyylyk

sourire (m)	жылмайыш	dʒɪlmajɪʃ
sourire (vi)	жылмаюу	dʒɪlmadʒuu
se mettre à rire	күлүп жиберүү	kylyp dʒiberyy
rire (vi)	күлүү	kylyy
rire (m)	күлкү	kylky

anecdote (f)	күлкүлүү окуя	kylkylyy okuja
drôle, amusant (adj)	күлкүлүү	kylkylyy
comique, ridicule (adj)	кызык	kɪzɪk

plaisanter (vi)	тамашалоо	tamaʃaloo
plaisanterie (f)	тамаша	tamaʃa
joie (f) (émotion)	кубаныч	kubanɪtʃ
se réjouir (vp)	кубануу	kubanuu
joyeux (adj)	кубанычтуу	kubanɪtʃtuu

65. Dialoguer et communiquer. Partie 1

| communication (f) | баарлашуу | baarlaʃuu |
| communiquer (vi) | баарлашуу | baarlaʃuu |

conversation (f)	сүйлөшүү	syjløʃyy
dialogue (m)	маек	maek
discussion (f) (débat)	талкуу	talkuu
débat (m)	талаш	talaʃ
discuter (vi)	талашуу	talaʃuu

| interlocuteur (m) | аңгемелешкен | aŋgemeleʃken |
| sujet (m) | тема | tema |

point (m) de vue	көз караш	køz karaʃ
opinion (f)	ой-пикир	oj-pikir
discours (m)	сөз	søz

discussion (f) (d'un rapport)	талкуу	talkuu
discuter (vt)	талкуулоо	talkuuloo
conversation (f)	маек	maek
converser (vi)	маектешүү	maekteʃyy
rencontre (f)	жолугушуу	dʒoluguʃuu
se rencontrer (vp)	жолугушуу	dʒoluguʃuu

proverbe (m)	макал-лакап	makal-lakap
dicton (m)	лакап	lakap
devinette (f)	табышмак	tabıʃmak
poser une devinette	табышмак айтуу	tabıʃmak ajtuu
mot (m) de passe	сырсөз	sırsøz
secret (m)	сыр	sır

serment (m)	ант	ant
jurer (de faire qch)	ант берүү	ant beryy
promesse (f)	убада	ubada
promettre (vt)	убада берүү	ubada beryy

conseil (m)	кеңеш	keŋeʃ
conseiller (vt)	кеңеш берүү	keŋeʃ beryy
suivre le conseil (de qn)	кеңешин жолдоо	keŋeʃin dʒoldoo
écouter (~ ses parents)	угуу	uguu

nouvelle (f)	жаңылык	dʒaŋılık
sensation (f)	дүң салуу	dyŋ saluu
renseignements (m pl)	маалымат	maalımat
conclusion (f)	корутунду	korutundu
voix (f)	үн	yn
compliment (m)	мактоо	maktoo
aimable (adj)	сылык	sılık

mot (m)	сөз	søz
phrase (f)	сүйлөм	syjløm
réponse (f)	жооп	dʒoop

| vérité (f) | чындык | tʃındık |
| mensonge (m) | жалган | dʒalgan |

pensée (f)	ой	oj
idée (f)	ой	oj
fantaisie (f)	ойдон чыгаруу	ojdon tʃıgaruu

66. Dialoguer et communiquer. Partie 2

respecté (adj)	урматтуу	urmattuu
respecter (vt)	сыйлоо	sıjloo
respect (m)	урмат	urmat
Cher ...	Урматтуу ...	urmattuu ...
présenter (faire connaître)	тааныштыруу	taanıʃtıruu

faire la connaissance	таанышуу	taanıʃuu
intention (f)	ниет	niet
avoir l'intention	ниеттенүү	niettenyy
souhait (m)	каалоо	kaaloo
souhaiter (vt)	каалоо айтуу	kaaloo ajtuu

étonnement (m)	таңгалыч	taŋgalıtʃ
étonner (vt)	таң калтыруу	taŋ kaltıruu
s'étonner (vp)	таң калуу	taŋ kaluu

donner (vt)	берүү	beryy
prendre (vt)	алуу	aluu
rendre (vt)	кайтарып берүү	kajtarıp beryy
retourner (vt)	кайра берүү	kajra beryy

s'excuser (vp)	кечирим суроо	ketʃirim suroo
excuse (f)	кечирим	ketʃirim
pardonner (vt)	кечирүү	ketʃiryy

parler (~ avec qn)	сүйлөшүү	syjløʃyy
écouter (vt)	угуу	uguu
écouter jusqu'au bout	кулак салуу	kulak saluu
comprendre (vt)	түшүнүү	tyʃynyy

montrer (vt)	көрсөтүү	kørsøtyy
regarder (vt)	... кароо	... karoo
appeler (vt)	чакыруу	tʃakıruu
distraire (déranger)	тынчын алуу	tıntʃın aluu
ennuyer (déranger)	тынчын алуу	tıntʃın aluu
passer (~ le message)	узатып коюу	uzatıp kojɥu

prière (f) (demande)	сураныч	suranıtʃ
demander (vt)	суроо	suroo
exigence (f)	талап	talap
exiger (vt)	талап кылуу	talap kıluu

taquiner (vt)	кыжырына тийүү	kıdʒırına tijyy
se moquer (vp)	шылдыңдоо	ʃıldıŋdoo
moquerie (f)	шылдың	ʃıldıŋ
surnom (m)	лакап ат	lakap at

allusion (f)	кыйытма	kıjıtma
faire allusion	кыйытып айтуу	kıjıtıp aytuu
sous-entendre (vt)	билдирүү	bildiryy

description (f)	сүрөттөө	syrøttøø
décrire (vt)	сүрөттөп берүү	syrøttøp beryy
éloge (m)	алкыш	alkıʃ
louer (vt)	мактоо	maktoo

déception (f)	көңүлү калуу	køŋyly kaluu
décevoir (vt)	көңүлүн калтыруу	køŋylyn kaltıruu
être déçu	көңүл калуу	køŋyl kaluu

| supposition (f) | божомол | bodʒomol |
| supposer (vt) | божомолдоо | bodʒomoldoo |

avertissement (m)	эскертүү	eskertyy
prévenir (vt)	эскертүү	eskertyy

67. Dialoguer et communiquer. Partie 3

convaincre (vt)	көндүрүү	køndyryy
calmer (vt)	тынчтандыруу	tıntʃtandıruu
silence (m) (~ est d'or)	жымжырт	dʒımdʒırt
rester silencieux	унчукпоо	untʃukpoo
chuchoter (vi, vt)	шыбыроо	ʃıbıroo
chuchotement (m)	шыбыр	ʃıbır
sincèrement (adv)	ачык айтканда	atʃık ajtkanda
à mon avis ...	менин оюмча ...	menin ojʉmtʃa ...
détail (m) (d'une histoire)	ийне-жиби	ijne-dʒibi
détaillé (adj)	тетиктелген	tetiktelgen
en détail (adv)	тетикке чейин	tetikke tʃejin
indice (m)	четин чыгаруу	tʃetin tʃıgaruu
donner un indice	четин чыгаруу	tʃetin tʃıgaruu
regard (m)	көз	køz
jeter un coup d'oeil	карап коюу	karap kojʉu
fixe (un regard ~)	тиктеген	tiktegen
clignoter (vi)	көз ирмөө	køz irmøø
cligner de l'oeil	көз кысуу	køz kısuu
hocher la tête	баш ийкөө	baʃ ijkøø
soupir (m)	дем чыгаруу	dem tʃıgaruu
soupirer (vi)	дем алуу	dem aluu
tressaillir (vi)	селт этүү	selt etyy
geste (m)	жаңсоо	dʒaŋsoo
toucher (de la main)	тийип кетүү	tijip ketyy
saisir (par le bras)	кармоо	karmoo
taper (sur l'épaule)	таптоо	taptoo
Attention!	Абайлагыла!	abajlagıla!
Vraiment?	Чын элеби?!	tʃın elebi?!
Tu es sûr?	Жаңылган жоксуңбу?	dʒaŋılgan dʒoksuŋbu?
Bonne chance!	Ийгилик!	ijgilik!
Compris!	Түшүнүктүү!	tyʃynyktyy!
Dommage!	Кап!	kap!

68. L'accord. Le refus

accord (m)	макулдук	makulduk
être d'accord	макул болуу	makul boluu
approbation (f)	колдоо	koldoo
approuver (vt)	колдоо	koldoo
refus (m)	баш тартуу	baʃ tartuu

se refuser (vp)	баш тартуу	baʃ tartuu
Super!	Эӊ жакшы!	eŋ ʤakʃı!
Bon!	Жакшы!	ʤakʃı!
D'accord!	Макул!	makul!

interdit (adj)	тыюу салынган	tıjʉu salıngan
c'est interdit	болбойт	bolbojt
c'est impossible	мүмкүн эмес	mymkyn emes
incorrect (adj)	туура эмес	tuura emes

décliner (vt)	четке кагуу	ʧetke kaguu
soutenir (vt)	колдоо	koldoo
accepter (condition, etc.)	кабыл алуу	kabıl aluu

confirmer (vt)	ырастоо	ırastoo
confirmation (f)	ырастоо	ırastoo
permission (f)	уруксат	uruksat
permettre (vt)	уруксат берүү	uruksat beryy
décision (f)	чечим	ʧeʧim
ne pas dire un mot	унчукпоо	unʧukpoo

condition (f)	шарт	ʃart
excuse (f) (prétexte)	шылтоо	ʃıltoo
éloge (m)	алкыш	alkıʃ
louer (vt)	мактоо	maktoo

69. La réussite. La chance. L'échec

succès (m)	ийгилик	ijgilik
avec succès (adv)	ийгиликтүү	ijgiliktyy
réussi (adj)	ийгиликтүү	ijgiliktyy

chance (f)	жол болуу	ʤol boluu
Bonne chance!	Ийгилик!	ijgilik!
de chance (jour ~)	ийгиликтүү	ijgiliktyy
chanceux (adj)	жолу бар	ʤolu bar

échec (m)	жолу болбостук	ʤolu bolbostuk
infortune (f)	жолу болбостук	ʤolu bolbostuk
malchance (f)	жолу болбоо	ʤolu bolboo

| raté (adj) | жолу болбогон | ʤolu bolbogon |
| catastrophe (f) | киши көрбөсүн | kiʃi kørbøsyn |

fierté (f)	сыймык	sıjmık
fier (adj)	көтөрүнгөн	køtøryngøn
être fier	сыймыктануу	sıjmıktanuu

gagnant (m)	жеңүүчү	ʤeŋyyʧy
gagner (vi)	жеңүү	ʤeŋyy
perdre (vi)	жеңилүү	ʤeŋilyy
tentative (f)	аракет	araket
essayer (vt)	аракет кылуу	araket kıluu
chance (f)	мүмкүнчүлүк	mymkynʧylyk

70. Les disputes. Les émotions négatives

cri (m)	кыйкырык	kıjkırık
crier (vi)	кыйкыруу	kıjkıruu
se mettre à crier	кыйкырып алуу	kıjkırıp aluu

dispute (f)	уруш	uruʃ
se disputer (vp)	урушуу	uruʃuu
scandale (m) (dispute)	чатак	ʧatak
faire un scandale	чатакташуу	ʧataktaʃuu
conflit (m)	чыр-чатак	ʧır-ʧatak
malentendu (m)	түшүнбөстүк	tyʃynbøstyk

insulte (f)	кордоо	kordoo
insulter (vt)	кемсинтүү	kemsintyy
insulté (adj)	катуу тийген	katuu tijgen
offense (f)	таарыныч	taarınıʧ
offenser (vt)	көңүлгө тийүү	køŋylgø tijyy
s'offenser (vp)	таарынып калуу	taarınıp kaluu

indignation (f)	нааразылык	naarazılık
s'indigner (vp)	нааразы болуу	naarazı boluu
plainte (f)	арыз	arız
se plaindre (vp)	арыздануу	arızdanuu

excuse (f)	кечирим	ketʃirim
s'excuser (vp)	кечирим суроо	ketʃirim suroo
demander pardon	кечирим суроо	ketʃirim suroo

critique (f)	сын-пикир	sın-pikir
critiquer (vt)	сындоо	sındoo
accusation (f)	айыптоо	ajıptoo
accuser (vt)	айыптоо	ajıptoo

| vengeance (f) | өч алуу | øʧ aluu |
| se venger (vp) | өч алуу | øʧ aluu˙ |

mépris (m)	киши катары көрбөө	kiʃi katarı kørbøø
mépriser (vt)	киши катарына албоо	kiʃi katarına alboo
haine (f)	жек көрүү	dʒek køryy
haïr (vt)	жек көрүү	dʒek køryy

nerveux (adj)	тынчы кеткен	tınʧı ketken
s'énerver (vp)	тынчы кетүү	tınʧı ketyy
fâché (adj)	ачууланган	atʃuulangan
fâcher (vt)	ачуусун келтирүү	atʃuusun keltiryy

humiliation (f)	кемсинтүү	kemsintyy
humilier (vt)	кемсинтүү	kemsintyy
s'humilier (vp)	байкуш болуу	bajkuʃ boluu

choc (m)	дендирөө	dendirøø
choquer (vt)	дендиретүү	dendiretyy
ennui (m) (problème)	жагымсыз жагдай	dʒagımsız dʒagdaj
désagréable (adj)	жагымсыз	dʒagımsız

peur (f)	коркунуч	korkunuʧ
terrible (tempête, etc.)	каардуу	kaarduu
effrayant (histoire ~e)	коркунучтуу	korkunuʧtuu
horreur (f)	үрөй учуу	yrøj uʧuu
horrible (adj)	үрөй учуруу	yrøj uʧuruu
commencer à trembler	калтырап баштоо	kaltırap baʃtoo
pleurer (vi)	ыйлоо	ıjloo
se mettre à pleurer	ыйлап жиберүү	ıjlap dʒiberyy
larme (f)	көз жаш	køz dʒaʃ
faute (f)	күнөө	kynøø
culpabilité (f)	күнөө сезими	kynøø sezimi
déshonneur (m)	уят	ujat
protestation (f)	нааразылык	naarazılık
stress (m)	бушайман болуу	buʃajman boluu
déranger (vt)	тынчын алуу	tınʧın aluu
être furieux	жини келүү	dʒini kelyy
en colère, fâché (adj)	ачуулуу	aʧuuluu
rompre (relations)	токтотуу	toktotuu
réprimander (vt)	урушуу	uruʃuu
prendre peur	чоочуу	ʧooʧuu
frapper (vt)	уруу	uruu
se battre (vp)	мушташуу	muʃtaʃuu
régler (~ un conflit)	жөндөө	dʒøndøø
mécontent (adj)	нааразы	naarazı
enragé (adj)	жаалданган	dʒaaldangan
Ce n'est pas bien!	Бул жакшы эмес!	bul dʒakʃı emes!
C'est mal!	Бул жаман!	bul dʒaman!

La médecine

71. Les maladies

maladie (f)	оору	ooru
être malade	ооруу	ooruu
santé (f)	ден-соолук	den-sooluk
rhume (m) (coryza)	мурдунан суу агуу	murdunan suu aguu
angine (f)	ангина	angina
refroidissement (m)	суук тийүү	suuk tijyy
prendre froid	суук тийгизип алуу	suuk tijgizip aluu
bronchite (f)	бронхит	bronχit
pneumonie (f)	кабыргадан сезгенүү	kabırgadan sezgenyy
grippe (f)	сасык тумоо	sasık tumoo
myope (adj)	алыстан көрө албоо	alıstan kørø alboo
presbyte (adj)	жакындан көрө албоо	dʒakından kørø alboo
strabisme (m)	кылый көздүүлүк	kılıj køzdyylyk
strabique (adj)	кылый көздүүлүк	kılıj køzdyylyk
cataracte (f)	челкөз	tʃelkøz
glaucome (m)	глаукома	glaukoma
insulte (f)	мээге кан куюлуу	meege kan kujᵾluu
crise (f) cardiaque	инфаркт	infarkt
infarctus (m) de myocarde	инфаркт миокарда	infarkt miokarda
paralysie (f)	шал	ʃal
paralyser (vt)	шал болуу	ʃal boluu
allergie (f)	аллергия	allergija
asthme (m)	астма	astma
diabète (m)	диабет	diabet
mal (m) de dents	тиш оорусу	tiʃ oorusu
carie (f)	кариес	karies
diarrhée (f)	ич өткү	itʃ øtky
constipation (f)	ич катуу	itʃ katuu
estomac (m) barbouillé	ич бузулгандык	itʃ buzulgandık
intoxication (f) alimentaire	ууланууу	uulanuu
être intoxiqué	ууланууу	uulanuu
arthrite (f)	артрит	artrit
rachitisme (m)	итий	itij
rhumatisme (m)	кызыл жүгүрүк	kızıl dʒygyryk
athérosclérose (f)	атеросклероз	ateroskleroz
gastrite (f)	карын сезгенүүсу	karın sezgenyysu
appendicite (f)	аппендицит	appenditʃit

cholécystite (f)	холецистит	χoletsistit
ulcère (m)	жара	dʒara
rougeole (f)	кызылча	kızıltʃa
rubéole (f)	кызамык	kızamık
jaunisse (f)	сарык	sarık
hépatite (f)	гепатит	gepatit
schizophrénie (f)	шизофрения	ʃizofrenija
rage (f) (hydrophobie)	кутурма	kuturma
névrose (f)	невроз	nevroz
commotion (f) cérébrale	мээнин чайкалышы	meenin tʃajkalıʃı
cancer (m)	рак	rak
sclérose (f)	склероз	skleroz
sclérose (f) en plaques	жайылган склероз	dʒajılgan skleroz
alcoolisme (m)	аракечтик	araketʃtik
alcoolique (m)	аракеч	araketʃ
syphilis (f)	котон жара	koton dʒara
SIDA (m)	СПИД	spid
tumeur (f)	шишик	ʃiʃik
maligne (adj)	залалдуу	zalalduu
bénigne (adj)	залалсыз	zalalsız
fièvre (f)	безгек	bezgek
malaria (f)	безгек	bezgek
gangrène (f)	кабыз	kabız
mal (m) de mer	деңиз оорусу	deŋiz oorusu
épilepsie (f)	талма	talma
épidémie (f)	эпидемия	epidemija
typhus (m)	келте	kelte
tuberculose (f)	кургак учук	kurgak utʃuk
choléra (m)	холера	χolera
peste (f)	кара тумоо	kara tumoo

72. Les symptômes. Le traitement. Partie 1

symptôme (m)	белги	belgi
température (f)	дене табынын көтөрүлүшү	dene tabının køtørylyʃy
fièvre (f)	жогорку температура	dʒogorku temperatura
pouls (m)	тамыр кагышы	tamır kagıʃı
vertige (m)	баш айлануу	baʃ ajlanuu
chaud (adj)	ысык	ısık
frisson (m)	чыйрыгуу	tʃıjrıguu
pâle (adj)	купкуу	kupkuu
toux (f)	жетел	dʒøtøl
tousser (vi)	жетелүү	dʒøtølyy
éternuer (vi)	чүчкүрүү	tʃytʃkyryy

évanouissement (m)	эси оо	esi oo
s'évanouir (vp)	эси ооп жыгылуу	esi oop dʒıgıluu
bleu (m)	көк-ала	køk-ala
bosse (f)	шишик	ʃiʃik
se heurter (vp)	урунуп алуу	urunup aluu
meurtrissure (f)	көгөртүп алуу	køgørtyp aluu
se faire mal	көгөртүп алуу	køgørtyp aluu
boiter (vi)	аксоо	aksoo
foulure (f)	муундун чыгып кетүүсү	muundun tʃıgıp ketyysy
se démettre (l'épaule, etc.)	чыгарып алуу	tʃıgarıp aluu
fracture (f)	сынуу	sınuu
avoir une fracture	сындырып алуу	sındırıp aluu
coupure (f)	кесилген жер	kesilgen dʒer
se couper (~ le doigt)	кесип алуу	kesip aluu
hémorragie (f)	кан кетүү	kan ketyy
brûlure (f)	күйүк	kyjyk
se brûler (vp)	күйгүзүп алуу	kyjgyzyp aluu
se piquer (le doigt)	саюу	sajʉu
se piquer (vp)	сайып алуу	sajıp aluu
blesser (vt)	кокустатып алуу	kokustatıp aluu
blessure (f)	кокустатып алуу	kokustatıp aluu
plaie (f) (blessure)	жара	dʒara
trauma (m)	жаракат	dʒarakat
délirer (vi)	желүү	dʒølyy
bégayer (vi)	кекечтенүү	keketʃtenyy
insolation (f)	күн өтүү	kyn øtyy

73. Les symptômes. Le traitement. Partie 2

douleur (f)	оору	ooru
écharde (f)	тикен	tiken
sueur (f)	тер	ter
suer (vi)	тердөө	terdøø
vomissement (m)	кусуу	kusuu
spasmes (m pl)	тарамыш карышуусу	taramıʃ karıʃuusu
enceinte (adj)	кош бойлуу	koʃ bojluu
naître (vi)	төрөлүү	tørølyy
accouchement (m)	төрөт	tørøt
accoucher (vi)	төрөө	tørøø
avortement (m)	бойдон түшүрүү	bojdon tyʃyryy
respiration (f)	дем алуу	dem aluu
inhalation (f)	дем алуу	dem aluu
expiration (f)	дем чыгаруу	dem tʃıgaruu
expirer (vi)	дем чыгаруу	dem tʃıgaruu
inspirer (vi)	дем алуу	dem aluu

invalide (m)	майып	majıp
handicapé (m)	мунжу	mundʒu
drogué (m)	баңги	baŋgi
sourd (adj)	дүлөй	dyløj
muet (adj)	дудук	duduk
sourd-muet (adj)	дудук	duduk
fou (adj)	жин тийген	dʒin tijgen
fou (m)	жинди чалыш	dʒindi tʃalıʃ
folle (f)	жинди чалыш	dʒindi tʃalıʃ
devenir fou	мээси айныган	meesi ajnıgan
gène (m)	ген	gen
immunité (f)	иммунитет	immunitet
héréditaire (adj)	тукум куучулук	tukum kuutʃuluk
congénital (adj)	тубаса	tubasa
virus (m)	вирус	virus
microbe (m)	микроб	mikrob
bactérie (f)	бактерия	bakterija
infection (f)	жугуштуу илдет	dʒuguʃtuu ildet

74. Les symptômes. Le traitement. Partie 3

hôpital (m)	оорукана	oorukana
patient (m)	бейтап	bejtap
diagnostic (m)	дарт аныктоо	dart anıktoo
cure (f) (faire une ~)	дарылоо	darıloo
traitement (m)	дарылоо	darıloo
se faire soigner	дарылануу	darılanuu
traiter (un patient)	дарылоо	darıloo
soigner (un malade)	кароо	karoo
soins (m pl)	кароо	karoo
opération (f)	операция	operatsija
panser (vt)	жараны таңуу	dʒaranı taŋuu
pansement (m)	таңуу	taŋuu
vaccination (f)	эмдөө	emdøø
vacciner (vt)	эмдөө	emdøø
piqûre (f)	ийне салуу	ijne saluu
faire une piqûre	ийне сайдыруу	ijne sajdıruu
crise, attaque (f)	оору кармап калуу	ooru karmap kaluu
amputation (f)	кесүү	kesyy
amputer (vt)	кесип таштоо	kesip taʃtoo
coma (m)	кома	koma
être dans le coma	комада болуу	komada boluu
réanimation (f)	реанимация	reanimatsija
se rétablir (vp)	сакаюу	sakajɯu
état (m) (de santé)	абал	abal

| conscience (f) | эсинде | esinde |
| mémoire (f) | эс тутум | es tutum |

arracher (une dent)	тишти жулуу	tiʃti dʒuluu
plombage (m)	пломба	plomba
plomber (vt)	пломба салуу	plomba saluu

| hypnose (f) | гипноз | gipnoz |
| hypnotiser (vt) | гипноз кылуу | gipnoz kıluu |

75. Les médecins

médecin (m)	доктур	doktur
infirmière (f)	медсестра	medsestra
médecin (m) personnel	жекелик доктур	dʒekelik doktur

dentiste (m)	тиш доктур	tiʃ doktur
ophtalmologiste (m)	көз доктур	køz doktur
généraliste (m)	терапевт	terapevt
chirurgien (m)	хирург	χirurg

psychiatre (m)	психиатр	psiχiatr
pédiatre (m)	педиатр	pediatr
psychologue (m)	психолог	psiχolog
gynécologue (m)	гинеколог	ginekolog
cardiologue (m)	кардиолог	kardiolog

76. Les médicaments. Les accessoires

médicament (m)	дары-дармек	darı-darmek
remède (m)	дары	darı
prescrire (vt)	жазып берүү	dʒazıp beryy
ordonnance (f)	рецепт	retsept

comprimé (m)	таблетка	tabletka
onguent (m)	май	maj
ampoule (f)	ампула	ampula
mixture (f)	аралашма	aralaʃma
sirop (m)	сироп	sirop
pilule (f)	пилюля	pilulʲa
poudre (f)	күкүм	kykym

bande (f)	бинт	bint
coton (m) (ouate)	пахта	paχta
iode (m)	йод	jod

sparadrap (m)	лейкопластырь	lejkoplastırʲ
compte-gouttes (m)	дары тамызгыч	darı tamızgıtʃ
thermomètre (m)	градусник	gradusnik
seringue (f)	шприц	ʃprits
fauteuil (m) roulant	майып арабасы	majıp arabası
béquilles (f pl)	колтук таяк	koltuk tajak

anesthésique (m)	оору сездирбөөчү дары	ooru sezdirbøøʧy darı
purgatif (m)	ич алдыруучу дары	iʧ aldıruuʧu darı
alcool (m)	спирт	spirt
herbe (f) médicinale	дары чөптөр	darı ʧøptør
d'herbes (adj)	чөп чайы	ʧøp ʧajı

77. Le tabac et ses produits dérivés

tabac (m)	тамеки	tameki
cigarette (f)	чылым	ʧılım
cigare (f)	чылым	ʧılım
pipe (f)	трубка	trubka
paquet (m)	пачке	paʧke

allumettes (f pl)	ширеңке	ʃireŋke
boîte (f) d'allumettes	ширеңке кутусу	ʃireŋke kutusu
briquet (m)	зажигалка	zadʒigalka
cendrier (m)	күл салгыч	kyl salgıʧ
étui (m) à cigarettes	портсигар	portsigar

fume-cigarette (m)	мундштук	mundʃtuk
filtre (m)	фильтр	fil'tr

fumer (vi, vt)	тамеки тартуу	tameki tartuu
allumer une cigarette	күйгүзүп алуу	kyjgyzyp aluu
tabagisme (m)	чылым чегүү	ʧılım ʧegyy
fumeur (m)	тамекичи	tamekiʧi

mégot (m)	чылым калдыгы	ʧılım kaldıgı
fumée (f)	түтүн	tytyn
cendre (f)	күл	kyl

L'HABITAT HUMAIN

La ville

78. La ville. La vie urbaine

ville (f)	шаар	ʃaar
capitale (f)	борбор	borbor
village (m)	кыштак	kıʃtak
plan (m) de la ville	шаардын планы	ʃaardın planı
centre-ville (m)	шаардын борбору	ʃaardın borboru
banlieue (f)	шаардын чет жакасы	ʃaardın tʃet dʒakası
de banlieue (adj)	шаардын чет жакасындагы	ʃaardın tʃet dʒakasındagı
périphérie (f)	чет-жака	tʃet-dʒaka
alentours (m pl)	чет-жака	tʃet-dʒaka
quartier (m)	квартал	kvartal
quartier (m) résidentiel	турак-жай кварталы	turak-dʒaj kvartalı
trafic (m)	көчө кыймылы	køtʃø kıjmılı
feux (m pl) de circulation	светофор	svetofor
transport (m) urbain	шаар транспорту	ʃaar transportu
carrefour (m)	кесилиш	kesiliʃ
passage (m) piéton	жөө жүрүүчүлөр жолу	dʒøø dʒyryytʃylør dʒolu
passage (m) souterrain	жер астындагы жол	dʒer astındagı dʒol
traverser (vt)	жолду өтүү	dʒoldu øtyy
piéton (m)	жөө жүрүүчү	dʒøø dʒyryytʃy
trottoir (m)	жанжол	dʒandʒol
pont (m)	көпүрө	køpyrø
quai (m)	жээк жол	dʒeek dʒol
fontaine (f)	фонтан	fontan
allée (f)	аллея	alleja
parc (m)	сейил багы	sejil bagı
boulevard (m)	бульвар	bulʲvar
place (f)	аянт	ajant
avenue (f)	проспект	prospekt
rue (f)	көчө	køtʃø
ruelle (f)	чолок көчө	tʃolok køtʃø
impasse (f)	туюк көчө	tujʉk køtʃø
maison (f)	үй	yj
édifice (m)	имарат	imarat
gratte-ciel (m)	көк тиреген көп кабаттуу үй	køk tiregen køp kabattuu yj

façade (f)	үйдүн алды	yjdyn aldı
toit (m)	чатыр	ʧatır
fenêtre (f)	терезе	tereze
arc (m)	түркүк	tyrkyk
colonne (f)	мамы	mamı
coin (m)	бурч	burʧ

vitrine (f)	керсетме айнек үкек	kørsøtmø ajnek ykøk
enseigne (f)	көрнөк	kørnøk
affiche (f)	афиша	afiʃa
affiche (f) publicitaire	көрнөк-жарнак	kørnøk-ʤarnak
panneau-réclame (m)	жарнамалык такта	ʤarnamalık takta

ordures (f pl)	таштанды	taʃtandı
poubelle (f)	таштанды челек	taʃtandı ʧelek
jeter à terre	таштоо	taʃtoo
décharge (f)	таштанды үйүлгөн жер	taʃtandı yjylgøn ʤer

cabine (f) téléphonique	телефон будкасы	telefon budkası
réverbère (m)	чырак мамы	ʧırak mamı
banc (m)	отургуч	oturgutʃ

policier (m)	полиция кызматкери	politsija kızmatkeri
police (f)	полиция	politsija
clochard (m)	кайырчы	kajırʧı
sans-abri (m)	селсаяк	selsajak

79. Les institutions urbaines

magasin (m)	дүкен	dykøn
pharmacie (f)	дарыкана	darıkana
opticien (m)	оптика	optika
centre (m) commercial	соода борбору	sooda borboru
supermarché (m)	супермаркет	supermarket

boulangerie (f)	нан дүкөнү	nan dykøny
boulanger (m)	навайчы	navajʧı
pâtisserie (f)	кондитердик дүкөн	konditerdik dykøn
épicerie (f)	азык-түлүк	azık-tylyk
boucherie (f)	эт дүкөнү	et dykøny

| magasin (m) de légumes | жашылча дүкөнү | ʤaʃılʧa dykøny |
| marché (m) | базар | bazar |

salon (m) de café	кофекана	kofekana
restaurant (m)	ресторан	restoran
brasserie (f)	сыракана	sırakana
pizzeria (f)	пиццерия	pitserija

salon (m) de coiffure	чач тарач	ʧaʧ taraʧ
poste (f)	почта	potʃta
pressing (m)	химиялык тазалоо	ximijalık tazaloo
atelier (m) de photo	фотоателье	fotoatelje
magasin (m) de chaussures	бут кийим дүкөнү	but kijim dykøny

| librairie (f) | китеп дүкөнү | kitep dykøny |
| magasin (m) d'articles de sport | спорт буюмдар дүкөнү | sport bujɯmdar dykøny |

atelier (m) de retouche	кийим ондоочу жай	kijim ondootʃu dʒaj
location (f) de vêtements	кийимди ижарага берүү	kijimdi idʒaraga beryy
location (f) de films	тасмаларды ижарага берүү	tasmalardı idʒaraga beryy

cirque (m)	цирк	tsırk
zoo (m)	зоопарк	zoopark
cinéma (m)	кинотеатр	kinoteatr
musée (m)	музей	muzej
bibliothèque (f)	китепкана	kitepkana

théâtre (m)	театр	teatr
opéra (m)	опера	opera
boîte (f) de nuit	түнкү клуб	tynky klub
casino (m)	казино	kazino

mosquée (f)	мечит	metʃit
synagogue (f)	синагога	sinagoga
cathédrale (f)	чоң чиркөө	tʃoŋ tʃirkøø
temple (m)	ибадаткана	ibadatkana
église (f)	чиркөө	tʃirkøø

institut (m)	коллеж	kolledʒ
université (f)	университет	universitet
école (f)	мектеп	mektep

préfecture (f)	префектура	prefektura
mairie (f)	мэрия	merija
hôtel (m)	мейманкана	mejmankana
banque (f)	банк	bank

ambassade (f)	элчилик	eltʃilik
agence (f) de voyages	турагенттиги	turagenttigi
bureau (m) d'information	маалымат бюросу	maalımat bɯrosu
bureau (m) de change	алмаштыруу пункту	almaʃtıruu punktu

| métro (m) | метро | metro |
| hôpital (m) | оорукана | oorukana |

| station-service (f) | май куюучу станция | maj kujɯutʃu stantsija |
| parking (m) | унаа токтоочу жай | unaa toktootʃu dʒaj |

80. Les enseignes. Les panneaux

enseigne (f)	көрнөк	kørnøk
pancarte (f)	жазуу	dʒazuu
poster (m)	көрнөк	kørnøk
indicateur (m) de direction	көрсөткүч	kørsøtkytʃ
flèche (f)	жебе	dʒebe
avertissement (m)	экертме	ekertme
panneau d'avertissement	эскертүү белгиси	eskertyy belgisi

avertir (vt)	эскертүү	eskertyy
jour (m) de repos	дем алыш күн	dem alıʃ kyn
horaire (m)	ырааттама	ıraattama
heures (f pl) d'ouverture	иш сааттары	iʃ saattarı
BIENVENUE!	КОШ КЕЛИҢИЗДЕР!	koʃ keliŋizder!
ENTRÉE	КИРҮҮ	kiryy
SORTIE	ЧЫГУУ	tʃıguu
POUSSER	ӨЗҮҢҮЗДӨН ТҮРТҮҢҮЗ	øzyŋyzdøn tyrtyŋyz
TIRER	ӨЗҮҢҮЗГӨ ТАРТЫҢЫЗ	øzyŋyzgø tartıŋız
OUVERT	АЧЫК	atʃık
FERMÉ	ЖАБЫК	dʒabık
FEMMES	АЙЫМДАР ҮЧҮН	ajımdar ytʃyn
HOMMES	ЭРКЕКТЕР ҮЧҮН	erkekter ytʃyn
RABAIS	АРЗАНДАТУУЛАР	arzandatuular
SOLDES	САТЫП ТҮГӨТҮҮ	satıp tygøtyy
NOUVEAU!	СААМАЛЫК!	saamalık!
GRATUIT	БЕКЕР	beker
ATTENTION!	КӨҢҮЛ БУРУҢУЗ!	køŋyl buruŋuz!
COMPLET	ОРУН ЖОК	orun dʒok
RÉSERVÉ	КАМДЫК БУЙРУТМАЛАГАН	kamdık bujrutmalagan
ADMINISTRATION	АДМИНИСТРАЦИЯ	administratsija
RÉSERVÉ AU PERSONNEL	ЖААМАТ ҮЧҮН ГАНА	dʒaamat ytʃyn gana
ATTENTION CHIEN MÉCHANT	КАБАНААК ИТ	kabanaak it
DÉFENSE DE FUMER	ТАМЕКИ ЧЕГҮҮГӨ БОЛБОЙТ!	tameki tʃegyygø bolbojt!
PRIÈRE DE NE PAS TOUCHER	КОЛУҢАР МЕНЕН КАРМАБАГЫЛА!	koluŋar menen karmabagıla!
DANGEREUX	КООПТУУ	kooptuu
DANGER	КОРКУНУЧ	korkunutʃ
HAUTE TENSION	ЖОГОРКУ ЧЫҢАЛУУ	dʒogorku tʃıŋaluu
BAIGNADE INTERDITE	СУУГА ТҮШҮҮГӨ БОЛБОЙТ	suuga tyʃyygø bolbojt
HORS SERVICE	ИШТЕБЕЙТ	iʃtebejt
INFLAMMABLE	ӨРТ ЧЫГУУ КОРКУНУЧУ	ørt tʃıguu korkunutʃu
INTERDIT	ТЫЮУ САЛЫНГАН	tıjuu salıngan
PASSAGE INTERDIT	ӨТҮҮГӨ БОЛБОЙТ	øtyygø bolbojt
PEINTURE FRAÎCHE	СЫРДАЛГАН	sırdalgan

81. Les transports en commun

autobus (m)	автобус	avtobus
tramway (m)	трамвай	tramvaj
trolleybus (m)	троллейбус	trollejbus

itinéraire (m)	каттам	kattam
numéro (m)	номер	nomer
prendre ...	... жүрүү	... dʒyryy
monter (dans l'autobus)	... отуруу	... oturuu
descendre de ...	... түшүп калуу	... tyʃyp kaluu
arrêt (m)	аялдама	ajaldama
arrêt (m) prochain	кийинки аялдама	kijinki ajaldama
terminus (m)	акыркы аялдама	akırkı ajaldama
horaire (m)	ырааттама	ıraattama
attendre (vt)	күтүү	kytyy
ticket (m)	билет	bilet
prix (m) du ticket	билеттин баасы	bilettin baası
caissier (m)	кассир	kassir
contrôle (m) des tickets	текшерүү	tekʃeryy
contrôleur (m)	текшерүүчү	tekʃeryytʃy
être en retard	кечигүү	ketʃigyy
rater (~ le train)	кечигип калуу	ketʃigip kaluu
se dépêcher	шашуу	ʃaʃuu
taxi (m)	такси	taksi
chauffeur (m) de taxi	такси айдоочу	taksi ajdootʃu
en taxi	таксиде	takside
arrêt (m) de taxi	такси токтоочу жай	taksi toktootʃu dʒaj
appeler un taxi	такси чакыруу	taksi tʃakıruu
prendre un taxi	такси кармоо	taksi karmoo
trafic (m)	көчө кыймылы	køtʃø kıjmılı
embouteillage (m)	тыгын	tıgın
heures (f pl) de pointe	кызуу маал	kızuu maal
se garer (vp)	токтотуу	toktotuu
garer (vt)	машинаны жайлаштыруу	maʃinanı dʒajlaʃtıruu
parking (m)	унаа токтоочу жай	unaa toktootʃu dʒaj
métro (m)	метро	metro
station (f)	бекет	beket
prendre le métro	метродо жүрүү	metrodo dʒyryy
train (m)	поезд	poezd
gare (f)	вокзал	vokzal

82. Le tourisme

monument (m)	эстелик	estelik
forteresse (f)	чеп	tʃep
palais (m)	сарай	saraj
château (m)	сепил	sepil
tour (f)	мунара	munara
mausolée (m)	күмбөз	kymbøz
architecture (f)	архитектура	arχitektura
médiéval (adj)	орто кылымдык	orto kılımdık

ancien (adj)	байыркы	bajırkı
national (adj)	улуттук	uluttuk
connu (adj)	таанымал	taanımal

touriste (m)	турист	turist
guide (m) (personne)	гид	gid
excursion (f)	экскурсия	ekskursija
montrer (vt)	көрсөтүү	kørsøtyy
raconter (une histoire)	айтып берүү	ajtıp beryy

trouver (vt)	табуу	tabuu
se perdre (vp)	адашып кетүү	adaʃıp ketyy
plan (m) (du metro, etc.)	схема	sχema
carte (f) (de la ville, etc.)	план	plan

souvenir (m)	асембелек	asembelek
boutique (f) de souvenirs	асембелек дүкөнү	asembelek dykøny
prendre en photo	сүрөткө тартуу	syrøtkø tartuu
se faire prendre en photo	сүрөткө түшүү	syrøtkø tyʃyy

83. Le shopping

acheter (vt)	сатып алуу	satıp aluu
achat (m)	сатып алуу	satıp aluu
faire des achats	сатып алууга чыгуу	satıp aluuga ʧıguu
shopping (m)	базарчылоо	bazarʧıloo

être ouvert	иштөө	iʃtøø
être fermé	жабылуу	dʒabıluu

chaussures (f pl)	бут кийим	but kijim
vêtement (m)	кийим-кече	kijim-ketʃe
produits (m pl) de beauté	упа-эндик	upa-endik
produits (m pl) alimentaires	азык-түлүк	azık-tylyk
cadeau (m)	белек	belek

vendeur (m)	сатуучу	satuuʧu
vendeuse (f)	сатуучу кыз	satuuʧu kız

caisse (f)	касса	kassa
miroir (m)	күзгү	kyzgy
comptoir (m)	прилавок	prilavok
cabine (f) d'essayage	кийим ченөөчү бөлмө	kijim ʧenøøʧy bølmø

essayer (robe, etc.)	кийим ченөө	kijim ʧenøø
aller bien (robe, etc.)	ылайык келүү	ılajık kelyy
plaire (être apprécié)	жактыруу	dʒaktıruu

prix (m)	баа	baa
étiquette (f) de prix	баа	baa
coûter (vt)	туруу	turuu
Combien?	Канча?	kanʧa?
rabais (m)	арзандатуу	arzandatuu
pas cher (adj)	кымбат эмес	kımbat emes

bon marché (adj)	арзан	arzan
cher (adj)	кымбат	kımbat
C'est cher	Бул кымбат	bul kımbat

location (f)	ижара	idʒara
louer (une voiture, etc.)	ижарага алуу	idʒaraga aluu
crédit (m)	насыя	nasıja
à crédit (adv)	насыяга алуу	nasıjaga aluu

84. L'argent

argent (m)	акча	aktʃa
échange (m)	алмаштыруу	almaʃtıruu
cours (m) de change	курс	kurs
distributeur (m)	банкомат	bankomat
monnaie (f)	тыйын	tıjın

| dollar (m) | доллар | dollar |
| euro (m) | евро | evro |

lire (f)	италиялык лира	italijalık lira
mark (m) allemand	немис маркасы	nemis markası
franc (m)	франк	frank
livre sterling (f)	фунт стерлинг	funt sterling
yen (m)	йена	jena

dette (f)	карыз	karız
débiteur (m)	карыздар	karızdar
prêter (vt)	карызга берүү	karızga beryy
emprunter (vt)	карызга алуу	karızga aluu

banque (f)	банк	bank
compte (m)	эсеп	esep
verser (dans le compte)	салуу	saluu
verser dans le compte	эсепке акча салуу	esepke aktʃa saluu
retirer du compte	эсептен акча чыгаруу	esepten aktʃa tʃıgaruu

carte (f) de crédit	насыя картасы	nasıja kartası
espèces (f pl)	накталай акча	naktalaj aktʃa
chèque (m)	чек	tʃek
faire un chèque	чек жазып берүү	tʃek dʒazıp beryy
chéquier (m)	чек китепчеси	tʃek kiteptʃesi

portefeuille (m)	намыян	namıjan
bourse (f)	капчык	kaptʃık
coffre fort (m)	сейф	sejf

héritier (m)	мураскер	murasker
héritage (m)	мурас	muras
fortune (f)	мүлк	mylk

location (f)	ижара	idʒara
loyer (m) (argent)	батир акысы	batir akısı
louer (prendre en location)	батирге алуу	batirge aluu

prix (m)	баа	baa
coût (m)	баа	baa
somme (f)	сумма	summa
dépenser (vt)	коротуу	korotuu
dépenses (f pl)	чыгым	tʃɨgɨm
économiser (vt)	үнөмдөө	ynømdøø
économe (adj)	сарамжал	saramdʒal
payer (régler)	төлөө	tøløø
paiement (m)	акы төлөө	akɨ tøløø
monnaie (f) (rendre la ~)	кайтарылган майда акча	kajtarɨlgan majda aktʃa
impôt (m)	салык	salɨk
amende (f)	айып	ajɨp
mettre une amende	айып пул салуу	ajɨp pul saluu

85. La poste. Les services postaux

poste (f)	почта	potʃta
courrier (m) (lettres, etc.)	почта	potʃta
facteur (m)	кат ташуучу	kat taʃuutʃu
heures (f pl) d'ouverture	иш сааттары	iʃ saattarɨ
lettre (f)	кат	kat
recommandé (m)	тапшырык кат	tapʃɨrɨk kat
carte (f) postale	открытка	otkrɨtka
télégramme (m)	телеграмма	telegramma
colis (m)	посылка	posɨlka
mandat (m) postal	акча которуу	aktʃa kotoruu
recevoir (vt)	алуу	aluu
envoyer (vt)	жөнөтүү	dʒønøtyy
envoi (m)	жөнөтүү	dʒønøtyy
adresse (f)	дарек	darek
code (m) postal	индекс	indeks
expéditeur (m)	жөнөтүүчү	dʒønøtyytʃy
destinataire (m)	алуучу	aluutʃu
prénom (m)	аты	atɨ
nom (m) de famille	фамилиясы	familijasɨ
tarif (m)	тариф	tarif
normal (adj)	жөнөкөй	dʒønøkøj
économique (adj)	үнөмдүү	ynømdyy
poids (m)	салмак	salmak
peser (~ les lettres)	таразалоо	tarazaloo
enveloppe (f)	конверт	konvert
timbre (m)	марка	marka
timbrer (vt)	марка жабыштыруу	marka dʒabɨʃtɨruu

Le logement. La maison. Le foyer

86. La maison. Le logis

maison (f)	үй	yj
chez soi	үйүндө	yjyndø
cour (f)	эшик	eʃik
clôture (f)	тосмо	tosmo
brique (f)	кыш	kɪʃ
en brique (adj)	кыштан	kɪʃtan
pierre (f)	таш	taʃ
en pierre (adj)	таш	taʃ
béton (m)	бетон	beton
en béton (adj)	бетон	beton
neuf (adj)	жаңы	dʒaŋɪ
vieux (adj)	эски	eski
délabré (adj)	эскирген	eskirgen
moderne (adj)	заманбап	zamanbap
à plusieurs étages	көп кабаттуу	køp kabattuu
haut (adj)	бийик	bijik
étage (m)	кабат	kabat
sans étage (adj)	бир кабаттуу	bir kabat
rez-de-chaussée (m)	ылдыйкы этаж	ɪldɪjkɪ etadʒ
dernier étage (m)	үстүңкү этаж	ystyŋky etadʒ
toit (m)	чатыр	tʃatɪr
cheminée (f)	мор	mor
tuile (f)	чатыр карапа	tʃatɪr karapa
en tuiles (adj)	карапалуу	karapaluu
grenier (m)	чердак	tʃerdak
fenêtre (f)	терезе	tereze
vitre (f)	айнек	ajnek
rebord (m)	текче	tektʃe
volets (m pl)	терезе жапкычы	tereze dʒapkɪtʃɪ
mur (m)	дубал	dubal
balcon (m)	балкон	balkon
gouttière (f)	суу аккан түтүк	suu akkan tytyk
en haut (à l'étage)	өйдө	øjdø
monter (vi)	көтөрүлүү	køtørylyy
descendre (vi)	ылдый түшүү	ɪldɪj tyʃyy
déménager (vi)	көчүү	køtʃyy

87. La maison. L'entrée. L'ascenseur

entrée (f)	подъезд	podʰjezd
escalier (m)	тепкич	tepkitʃ
marches (f pl)	тепкичтер	tepkitʃter
rampe (f)	тосмо	tosmo
hall (m)	холл	χoll

boîte (f) à lettres	почта ящиги	potʃta jaʃtʃigi
poubelle (f) d'extérieur	таштанды челеги	taʃtandı tʃelegi
vide-ordures (m)	таштанды түтүгү	taʃtandı tytygy

ascenseur (m)	лифт	lift
monte-charge (m)	жүк ташуучу лифт	dʒyk taʃuutʃu lift
cabine (f)	кабина	kabina
prendre l'ascenseur	лифтке түшүү	liftke tyʃyy

appartement (m)	батир	batir
locataires (m pl)	жашоочулар	dʒaʃootʃular
voisin (m)	кошуна	koʃuna
voisine (f)	кошуна	koʃuna
voisins (m pl)	кошуналар	koʃunalar

88. La maison. L'électricité

électricité (f)	электр кубаты	elektr kubatı
ampoule (f)	чырак	tʃırak
interrupteur (m)	өчүргүч	øtʃyrgytʃ
plomb, fusible (m)	эриме сактагыч	erime saktagıtʃ

fil (m) (~ électrique)	зым	zım
installation (f) électrique	электр зымы	elektr zımı
compteur (m) électrique	электр эсептегич	elektr eseptegitʃ
relevé (m)	көрсөтүү ченем	kørsøtyy tʃenem

89. La maison. La porte. La serrure

porte (f)	эшик	eʃik
portail (m)	дарбаза	darbaza
poignée (f)	тутка	tutka
déverrouiller (vt)	кулпусун ачуу	kulpusun atʃuu
ouvrir (vt)	ачуу	atʃuu
fermer (vt)	жабуу	dʒabuu

clé (f)	ачкыч	atʃkıtʃ
trousseau (m), jeu (m)	ачкычтар тизмеси	atʃkıtʃtar tizmesi
grincer (la porte)	кычыратуу	kıtʃıratuu
grincement (m)	чыйкылдоо	tʃıjkıldoo
gond (m)	петля	petlʲa
paillasson (m)	килемче	kilemtʃe
serrure (f)	кулпу	kulpu

trou (m) de la serrure	кулпу тешиги	kulpu teʃigi
verrou (m)	бекитме	bekitme
loquet (m)	тээк	teek
cadenas (m)	асма кулпу	asma kulpu

sonner (à la porte)	чалуу	ʧaluu
sonnerie (f)	шыңгыраш	ʃıŋgıraʃ
sonnette (f)	конгуроо	konguroo
bouton (m)	конгуроо баскычы	konguroo baskıʧı
coups (m pl) à la porte	такылдатуу	takıldatuu
frapper (~ à la porte)	такылдатуу	takıldatuu

code (m)	код	kod
serrure (f) à combinaison	код кулпусу	kod kulpusu
interphone (m)	домофон	domofon
numéro (m)	номер	nomer
plaque (f) de porte	тактача	taktaʧa
judas (m)	көзчө	køzʧø

90. La maison de campagne

village (m)	кыштак	kıʃtak
potager (m)	чарбак	ʧarbak
palissade (f)	тосмо	tosmo
clôture (f)	кашаа	kaʃaa
portillon (m)	каалга	kaalga

grange (f)	кампа	kampa
cave (f)	ороо	oroo
abri (m) de jardin	сарай	saraj
puits (m)	кудук	kuduk

poêle (m) (~ à bois)	меш	meʃ
chauffer le poêle	меш жагуу	meʃ dʒaguu
bois (m) de chauffage	отун	otun
bûche (f)	бир кертим жыгач	bir kertim dʒıgatʃ

véranda (f)	веранда	veranda
terrasse (f)	терасса	terassa
perron (m) d'entrée	босого	bosogo
balançoire (f)	селкинчек	selkinʧek

91. La villa et le manoir

maison (f) de campagne	шаар четиндеги үй	ʃaar ʧetindegi yj
villa (f)	вилла	villa
aile (f) (~ ouest)	канат	kanat

jardin (m)	бакча	baktʃa
parc (m)	сейил багы	sejil bagı
serre (f) tropicale	күнөскана	kynøskana
s'occuper (~ du jardin)	кароо	karoo

piscine (f)	бассейн	bassejn
salle (f) de gym	машыгуу залы	maʃiguu zalı
court (m) de tennis	теннис корту	tennis kortu
salle (f) de cinéma	кинотеатр	kinoteatr
garage (m)	гараж	garadʒ

| propriété (f) privée | жеке менчик | dʒeke mentʃik |
| terrain (m) privé | жеке ээликте | dʒeke eelikte |

| avertissement (m) | эскертүү | eskertyy |
| panneau d'avertissement | эскертүү белгиси | eskertyy belgisi |

sécurité (f)	күзөт	kyzøt
agent (m) de sécurité	кароолчу	karooltʃu
alarme (f) antivol	сигнализация	signalizatsija

92. Le château. Le palais

château (m)	сепил	sepil
palais (m)	сарай	saraj
forteresse (f)	чеп	tʃep
muraille (f)	дубал	dubal
tour (f)	мунара	munara
donjon (m)	баш мунара	baʃ munara

herse (f)	көтөрүлүүчү дарбаза	køtørylyytʃy darbaza
souterrain (m)	жер астындагы жол	dʒer astındagı dʒol
douve (f)	сепил аңгеги	sepil aŋgegi
chaîne (f)	чынжыр	tʃındʒır
meurtrière (f)	атуучу тешик	atuutʃu teʃik

magnifique (adj)	сонун	sonun
majestueux (adj)	даңазалуу	daŋazaluu
inaccessible (adj)	бекем чеп	bekem tʃep
médiéval (adj)	орто кылымдык	orto kılımdık

93. L'appartement

appartement (m)	батир	batir
chambre (f)	бөлмө	bølmø
chambre (f) à coucher	уктоочу бөлмө	uktootʃu bølmø
salle (f) à manger	ашкана	aʃkana
salon (m)	конок үйү	konok yjy
bureau (m)	иш бөлмөсү	iʃ bølmøsy

antichambre (f)	кире бериш	kire beriʃ
salle (f) de bains	ванная	vannaja
toilettes (f pl)	даараткана	daaratkana

plafond (m)	шып	ʃıp
plancher (m)	пол	pol
coin (m)	бурч	burtʃ

94. L'appartement. Le ménage

faire le ménage	жыйноо	dʒıjnoo
ranger (jouets, etc.)	жыйноо	dʒıjnoo
poussière (f)	чаң	tʃaŋ
poussiéreux (adj)	чаң баскан	tʃaŋ baskan
essuyer la poussière	чаң сүртүү	tʃaŋ syrtyy
aspirateur (m)	чаң соргуч	tʃaŋ sorgutʃ
passer l'aspirateur	чаң сордуруу	tʃaŋ sorduruu
balayer (vt)	шыпыруу	ʃıpıruu
balayures (f pl)	шыпырынды	ʃıpırındı
ordre (m)	иреттелген	irettelgen
désordre (m)	чачылган	tʃatʃılgan
balai (m) à franges	швабра	ʃvabra
torchon (m)	чүпүрөк	tʃypyrøk
balayette (f) de sorgho	шыпыргы	ʃıpırgı
pelle (f) à ordures	калак	kalak

95. Les meubles. L'intérieur

meubles (m pl)	эмерек	emerek
table (f)	стол	stol
chaise (f)	стул	stul
lit (m)	керебет	kerebet
canapé (m)	диван	divan
fauteuil (m)	олпок отургуч	olpok oturgutʃ
bibliothèque (f) (meuble)	китеп шкафы	kitep ʃkafı
rayon (m)	текче	tektʃe
armoire (f)	шкаф	ʃkaf
patère (f)	кийим илгич	kijim ilgitʃ
portemanteau (m)	кийим илгич	kijim ilgitʃ
commode (f)	комод	komod
table (f) basse	журнал столу	dʒurnal stolu
miroir (m)	күзгү	kyzgy
tapis (m)	килем	kilem
petit tapis (m)	килемче	kilemtʃe
cheminée (f)	очок	otʃok
bougie (f)	шам	ʃam
chandelier (m)	шамдал	ʃamdal
rideaux (m pl)	парда	parda
papier (m) peint	туш кагаз	tuʃ kagaz
jalousie (f)	жалюзи	dʒaldʒuzi
lampe (f) de table	стол чырагы	stol tʃıragı
applique (f)	чырак	tʃırak

lampadaire (m)	торшер	torʃer
lustre (m)	асма шам	asma ʃam

pied (m) (~ de la table)	бут	but
accoudoir (m)	чыканак такооч	tʃıkanak takootʃ
dossier (m)	жөлөнгүч	dʒøløngytʃ
tiroir (m)	суурма	suurma

96. La literie

linge (m) de lit	шейшеп	ʃeiʃep
oreiller (m)	жаздык	dʒazdık
taie (f) d'oreiller	жаздык кап	dʒazdık kap
couverture (f)	жууркан	dʒuurkan
drap (m)	шейшеп	ʃeiʃep
couvre-lit (m)	жапкыч	dʒapkıtʃ

97. La cuisine

cuisine (f)	ашкана	aʃkana
gaz (m)	газ	gaz
cuisinière (f) à gaz	газ плитасы	gaz plitası
cuisinière (f) électrique	электр плитасы	elektr plitası
four (m)	духовка	duχovka
four (m) micro-ondes	микротолкун меши	mikrotolkun meʃi

réfrigérateur (m)	муздаткыч	muzdatkıtʃ
congélateur (m)	тоңдургуч	toŋdurgutʃ
lave-vaisselle (m)	идиш жуучу машина	idiʃ dʒuutʃu maʃina

hachoir (m) à viande	эт туурагыч	et tuuragıtʃ
centrifugeuse (f)	шире сыккыч	ʃire sıkkıtʃ
grille-pain (m)	тостер	toster
batteur (m)	миксер	mikser

machine (f) à café	кофе кайнаткыч	kofe kajnatkıtʃ
cafetière (f)	кофе кайнатуучу идиш	kofe kajnatuutʃu idiʃ
moulin (m) à café	кофе майдалагыч	kofe majdalagıtʃ

bouilloire (f)	чайнек	tʃajnek
théière (f)	чайнек	tʃajnek
couvercle (m)	капкак	kapkak
passoire (f) à thé	чыпка	tʃıpka

cuillère (f)	кашык	kaʃık
petite cuillère (f)	чай кашык	tʃaj kaʃık
cuillère (f) à soupe	аш кашык	aʃ kaʃık
fourchette (f)	вилка	vilka
couteau (m)	бычак	bıtʃak

vaisselle (f)	идиш-аяк	idiʃ-ajak
assiette (f)	табак	tabak

soucoupe (f)	табак	tabak
verre (m) à shot	рюмка	rumka
verre (m) (~ d'eau)	ыстакан	ıstakan
tasse (f)	чөйчөк	tʃøjtʃøk

sucrier (m)	кум шекер салгыч	kum ʃeker salgıtʃ
salière (f)	туз салгыч	tuz salgıtʃ
poivrière (f)	мурч салгыч	murtʃ salgıtʃ
beurrier (m)	май салгыч	maj salgıtʃ

casserole (f)	мискей	miskej
poêle (f)	табак	tabak
louche (f)	чөмүч	tʃømytʃ
passoire (f)	депкир	depkir
plateau (m)	батыныс	batınıs

bouteille (f)	бөтөлкө	bøtølkø
bocal (m) (à conserves)	банка	banka
boîte (f) en fer-blanc	банка	banka

ouvre-bouteille (m)	ачкыч	atʃkıtʃ
ouvre-boîte (m)	ачкыч	atʃkıtʃ
tire-bouchon (m)	штопор	ʃtopor
filtre (m)	чыпка	tʃıpka
filtrer (vt)	чыпкалоо	tʃıpkaloo

ordures (f pl)	таштанды	taʃtandı
poubelle (f)	таштанды чака	taʃtandı tʃaka

98. La salle de bains

salle (f) de bains	ванная	vannaja
eau (f)	суу	suu
robinet (m)	чорго	tʃorgo
eau (f) chaude	ысык суу	ısık suu
eau (f) froide	муздак суу	muzdak suu

dentifrice (m)	тиш пастасы	tiʃ pastası
se brosser les dents	тиш жуу	tiʃ dʒuu
brosse (f) à dents	тиш щёткасы	tiʃ ʃtʃʲotkası

se raser (vp)	кырынуу	kırınuu
mousse (f) à raser	кырынуу үчүн көбүк	kırınuu ytʃyn købyk
rasoir (m)	устара	ustara

laver (vt)	жуу	dʒuu
se laver (vp)	жуунуу	dʒuunuu
douche (f)	душ	duʃ
prendre une douche	душка түшүү	duʃka tyʃyy

baignoire (f)	ванна	vanna
cuvette (f)	унитаз	unitaz
lavabo (m)	раковина	rakovina
savon (m)	самын	samın

porte-savon (m)	самын салгыч	samın salgıtʃ
éponge (f)	губка	gubka
shampooing (m)	шампунь	ʃampunʲ
serviette (f)	сүлгү	sylgy
peignoir (m) de bain	халат	χalat

lessive (f) (faire la ~)	кир жуу	kir dʒuu
machine (f) à laver	кир жуучу машина	kir dʒuutʃu maʃina
faire la lessive	кир жуу	kir dʒuu
lessive (f) (poudre)	кир жуучу порошок	kir dʒuutʃu poroʃok

99. Les appareils électroménagers

téléviseur (m)	сыналгы	sınalgı
magnétophone (m)	магнитофон	magnitofon
magnétoscope (m)	видеомагнитофон	videomagnitofon
radio (f)	үналгы	ynalgı
lecteur (m)	плеер	pleer

vidéoprojecteur (m)	видеопроектор	videoproektor
home cinéma (m)	үй кинотеатры	yj kinoteatrı
lecteur DVD (m)	DVD ойноткуч	dividi ojnotkutʃ
amplificateur (m)	күчөткүч	kytʃøtkytʃ
console (f) de jeux	оюн приставкасы	ojюn pristavkası

caméscope (m)	видеокамера	videokamera
appareil (m) photo	фотоаппарат	fotoapparat
appareil (m) photo numérique	санарип камерасы	sanarip kamerası

aspirateur (m)	чаң соргуч	tʃaŋ sorgutʃ
fer (m) à repasser	үтүк	ytyk
planche (f) à repasser	үтүктөөчү тактай	ytyktøøtʃy taktaj

téléphone (m)	телефон	telefon
portable (m)	мобилдик	mobildik
machine (f) à écrire	машинка	maʃinka
machine (f) à coudre	кийим тигүүчү машинка	kijim tigyytʃy maʃinka

micro (m)	микрофон	mikrofon
écouteurs (m pl)	кулакчын	kulaktʃın
télécommande (f)	пульт	pulʲt

CD (m)	CD, компакт-диск	sidi, kompakt-disk
cassette (f)	кассета	kasseta
disque (m) (vinyle)	пластинка	plastinka

100. Les travaux de réparation et de rénovation

rénovation (f)	ремонт	remont
faire la rénovation	ремонт жасоо	remont dʒasoo
réparer (vt)	оңдоо	oŋdoo
remettre en ordre	иретке келтирүү	iretke keltiryy

refaire (vt)	кайра жасатуу	kajra dʒasatuu
peinture (f)	сыр	sır
peindre (des murs)	боео	boeo
peintre (m) en bâtiment	боекчу	boektʃu
pinceau (m)	кисть	kistⁱ

| chaux (f) | акиташ | akitaʃ |
| blanchir à la chaux | актоо | aktoo |

papier (m) peint	туш кагаз	tuʃ kagaz
tapisser (vt)	туш кагаз менен чаптоо	tuʃ kagaz menen tʃaptoo
vernis (m)	лак	lak
vernir (vt)	лак менен жабуу	lak menen dʒabuu

101. La plomberie

eau (f)	суу	suu
eau (f) chaude	ысык суу	ısık suu
eau (f) froide	муздак суу	muzdak suu
robinet (m)	чорго	tʃorgo

goutte (f)	тамчы	tamtʃı
goutter (vi)	тамчылоо	tamtʃıloo
fuir (tuyau)	агуу	aguu
fuite (f)	суу өтүү	suu øtyy
flaque (f)	көлчүк	køltʃyk

tuyau (m)	түтүк	tytyk
valve (f)	чорго	tʃorgo
se boucher (vp)	тыгылуу	tıgıluu

outils (m pl)	аспаптар	aspaptar
clé (f) réglable	бурама ачкыч	burama atʃkıtʃ
dévisser (vt)	бурап чыгаруу	burap tʃıgaruu
visser (vt)	бурап бекитүү	burap bekityy

déboucher (vt)	тазалоо	tazaloo
plombier (m)	сантехник	santeҳnik
sous-sol (m)	жер асты	dʒer astı
égouts (m pl)	канализация	kanalizatsija

102. L'incendie

feu (m)	өрт	ørt
flamme (f)	жалын	dʒalın
étincelle (f)	учкун	utʃkun
fumée (f)	түтүн	tytyn
flambeau (m)	шамана	ʃamana
feu (m) de bois	от	ot

| essence (f) | күйүүчү май | kyjyytʃy may |
| kérosène (m) | керосин | kerosin |

inflammable (adj)	күйүүчү	kyjyytʃy
explosif (adj)	жарылуу коркунучу	dʒarıluu korkunutʃu
DÉFENSE DE FUMER	ТАМЕКИ ЧЕГҮҮГӨ БОЛБОЙТ!	tameki tʃegyygø bolbojt!

sécurité (f)	коопсуз	koopsuz
danger (m)	коркунуч	korkunutʃ
dangereux (adj)	кооптуу	kooptuu

prendre feu	от алуу	ot aluu
explosion (f)	жарылуу	dʒarıluu
mettre feu	өрттөө	ørttøø
incendiaire (m)	өрттөөчү	ørttøøtʃy
incendie (m) prémédité	өрттөө	ørttøø

flamboyer (vi)	жалындап күйүү	dʒalındap kyjyy
brûler (vi)	күйүү	kyjyy
brûler complètement	күйүп кетүү	kyjyp ketyy

appeler les pompiers	өрт өчүргүчтөрдү чакыруу	ørt øtʃyrgytʃtørdy tʃakıruu
pompier (m)	өрт өчүргүч	ørt øtʃyrgytʃ
voiture (f) de pompiers	өрт өчүргүчү машина	ørt øtʃyryytʃy maʃina
sapeurs-pompiers (pl)	өрт өчүргү командасы	ørt øtʃyryy komandası
échelle (f) des pompiers	өрт өчүргүчү шаты	ørt øtʃyryytʃy ʃatı

tuyau (m) d'incendie	шланг	ʃlang
extincteur (m)	өрт өчүргүч	ørt øtʃyrgytʃ
casque (m)	каска	kaska
sirène (f)	сирена	sirena

crier (vi)	айгай салуу	ajgaj saluu
appeler au secours	жардамга чакыруу	dʒardamga tʃakıruu
secouriste (m)	куткарууучу	kutkaruutʃu
sauver (vt)	куткаруу	kutkaruu

venir (vi)	келүү	kelyy
éteindre (feu)	өчүрүү	øtʃyryy
eau (f)	суу	suu
sable (m)	кум	kum

ruines (f pl)	уранды	urandı
tomber en ruine	уроо	uroo
s'écrouler (vp)	кулоо	kuloo
s'effondrer (vp)	урап тушүү	urap tuʃyy

morceau (m) (de mur, etc.)	сынык	sınık
cendre (f)	күл	kyl

mourir étouffé	тумчугуу	tumtʃuguu
périr (vi)	өлүү	ølyy

LES ACTIVITÉS HUMAINS

Le travail. Les affaires. Partie 1

103. Le bureau. La vie de bureau

bureau (m) (établissement)	офис	ofis
bureau (m) (au travail)	кабинет	kabinet
accueil (m)	кабыл алуу катчысы	kabıl aluu katʃısı
secrétaire (m)	катчы	katʃı
secrétaire (f)	катчы аял	katʃı ajal
directeur (m)	директор	direktor
manager (m)	башкаруучу	baʃkaruutʃu
comptable (m)	бухгалтер	buxgalter
collaborateur (m)	кызматкер	kızmatker
meubles (m pl)	эмерек	emerek
bureau (m)	стол	stol
fauteuil (m)	кресло	kreslo
classeur (m) à tiroirs	үкөк	ykøk
portemanteau (m)	кийим илгич	kijim ilgitʃ
ordinateur (m)	компьютер	kompjuter
imprimante (f)	принтер	printer
fax (m)	факс	faks
copieuse (f)	көчүрүүчү аппарат	køtʃyryytʃy apparat
papier (m)	кагаз	kagaz
papeterie (f)	кеңсе буюмдары	keŋse bujumdarı
tapis (m) de souris	килемче	kilemtʃe
feuille (f)	баракча	baraktʃa
classeur (m)	папка	papka
catalogue (m)	каталог	katalog
annuaire (m)	абоненттердин тизмеси	abonentterdin tizmesi
documents (m pl)	документтер	dokumentter
brochure (f)	китепче	kiteptʃe
prospectus (m)	баракча	baraktʃa
échantillon (m)	үлгү	ylgy
formation (f)	окутуу	okutuu
réunion (f)	кеңеш	keŋeʃ
pause (f) déjeuner	түшкү танапис	tyʃky tanapis
faire une copie	көчүрмө алуу	køtʃyrmø aluu
faire des copies	көбөйтүү	købøjtyy
recevoir un fax	факс алуу	faks aluu
envoyer un fax	факс жөнөтүү	faks dʒønøtyy

téléphoner, appeler	чалуу	tʃaluu
répondre (vi, vt)	жооп берүү	dʒoop beryy
passer (au téléphone)	байланыштыруу	bajlanıʃtıruu

fixer (rendez-vous)	уюштуруу	ujuʃturuu
montrer (un échantillon)	көрсөтүү	kørsøtyy
être absent	келбей калуу	kelbej kaluu
absence (f)	барбай калуу	barbaj kaluu

104. Les processus d'affaires. Partie 1

| affaire (f) (business) | иш | iʃ |
| métier (m) | жумуш | dʒumuʃ |

firme (f), société (f)	фирма	firma
compagnie (f)	компания	kompanija
corporation (f)	корпорация	korporatsija
entreprise (f)	ишкана	iʃkana
agence (f)	агенттик	agenttik

accord (m)	келишим	keliʃim
contrat (m)	контракт	kontrakt
marché (m) (accord)	бүтүм	bytym
commande (f)	буйрутма	bujrutma
terme (m) (~ du contrat)	шарт	ʃart

en gros (adv)	дүңү менен	dyŋy menen
en gros (adj)	дүңүнөн	dyŋynøn
vente (f) en gros	дүң соода	dyŋ sooda
au détail (adj)	чекене	tʃekene
vente (f) au détail	чекене соода	tʃekene sooda

concurrent (m)	атаандаш	ataandaʃ
concurrence (f)	атаандаштык	ataandaʃtık
concurrencer (vt)	атаандашуу	ataandaʃuu

| associé (m) | өнөктөш | ønøktøʃ |
| partenariat (m) | өнөктөштүк | ønøktøʃtyk |

crise (f)	каатчылык	kaattʃılık
faillite (f)	кудуретсиздик	kuduretsizdik
faire faillite	кудуретсиз калуу	kuduretsiz kaluu
difficulté (f)	кыйынчылык	kıjıntʃılık
problème (m)	көйгөй	køjgøj
catastrophe (f)	киши көрбөсүн	kiʃi kørbøsyn

économie (f)	экономика	ekonomika
économique (adj)	экономикалык	ekonomikalık
baisse (f) économique	экономикалык төмөндөө	ekonomikalık tømøndøø

but (m)	максат	maksat
objectif (m)	маселе	masele
faire du commerce	соодалашуу	soodalaʃuu
réseau (m) (de distribution)	тармак	tarmak

inventaire (m) (stocks)	кампа	kampa
assortiment (m)	ассортимент	assortiment
leader (m)	алдыңкы катардагы	aldıŋkı katardagı
grande (~ entreprise)	ири	iri
monopole (m)	монополия	monopolija
théorie (f)	теория	teorija
pratique (f)	тажрыйба	tadʒrıjba
expérience (f)	тажрыйба	tadʒrıjba
tendance (f)	умтулуу	umtuluu
développement (m)	өнүгүү	ønygyy

105. Les processus d'affaires. Partie 2

rentabilité (m)	пайда	pajda
rentable (adj)	майнаптуу	majnaptuu
délégation (f)	делегация	delegatsija
salaire (m)	кызмат акы	kızmat akı
corriger (une erreur)	түзөтүү	tyzøtyy
voyage (m) d'affaires	иш сапар	iʃ sapar
commission (f)	комиссия	komissija
contrôler (vt)	башкаруу	baʃkaruu
conférence (f)	иш жыйын	iʃ dʒıjın
licence (f)	лицензия	litsenzija
fiable (partenaire ~)	ишеничтүү	iʃenitʃtyy
initiative (f)	демилге	demilge
norme (f)	стандарт	standart
circonstance (f)	жагдай	dʒagdaj
fonction (f)	милдет	mildet
entreprise (f)	уюм	ujum
organisation (f)	уюштуруу	ujuʃturuu
organisé (adj)	уюштурулган	ujuʃturulgan
annulation (f)	токтотуу	toktotuu
annuler (vt)	жокко чыгаруу	dʒokko tʃıgaruu
rapport (m)	отчет	ottʃet
brevet (m)	патент	patent
breveter (vt)	патентөө	patentøø
planifier (vt)	пландаштыруу	plandaʃtıruu
prime (f)	сыйлык	sıjlık
professionnel (adj)	кесипкөй	kesipkøj
procédure (f)	тартип	tartip
examiner (vt)	карап чыгуу	karap tʃıguu
calcul (m)	эсеп-кысап	esep-kısap
réputation (f)	аброй	abroj
risque (m)	тобокел	tobokel
diriger (~ une usine)	башкаруу	baʃkaruu

renseignements (m pl)	мааалымат	maalımat
propriété (f)	менчик	mentʃik
union (f)	бирикме	birikme
assurance vie (f)	жашоону камсыздандыруу	dʒaʃoonu kamsızdandıruu
assurer (vt)	камсыздандыруу	kamsızdandıruu
assurance (f)	камсыздандыруу	kamsızdandıruu
enchères (f pl)	тоорук	tooruk
notifier (informer)	билдируу	bildiryy
gestion (f)	башкаруу	baʃkaruu
service (m)	кызмат	kızmat
forum (m)	форум	forum
fonctionner (vi)	иш-милдетти аткаруу	iʃ-mildetti atkaruu
étape (f)	кадам	kadam
juridique (services ~s)	укуктуу	ukuktuu
juriste (m)	юрист	jʉrist

106. L'usine. La production

usine (f)	завод	zavod
fabrique (f)	фабрика	fabrika
atelier (m)	цех	tseχ
site (m) de production	өндүрүш	øndyryʃ
industrie (f)	өнөр-жай	ønør-dʒaj
industriel (adj)	өнөр-жай	ønør-dʒaj
industrie (f) lourde	оор өнөр-жай	oor ønør-dʒaj
industrie (f) légère	жеңил өнөр-жай	dʒeɲil ønør-dʒaj
produit (m)	өндүрүм	øndyrym
produire (vt)	өндүрүү	øndyryy
matières (f pl) premières	чийки зат	tʃijki zat
chef (m) d'équipe	бригадир	brigadir
équipe (f) d'ouvriers	бригада	brigada
ouvrier (m)	жумушчу	dʒumuʃtʃu
jour (m) ouvrable	иш күнү	iʃ kyny
pause (f) (repos)	тыныгуу	tınıguu
réunion (f)	чогулуш	tʃoguluʃ
discuter (vt)	талкуулоо	talkuuloo
plan (m)	план	plan
accomplir le plan	планды аткаруу	plandı atkaruu
norme (f) de production	иштеп чыгаруу коюму	iʃtep tʃıgaruu kojʉmu
qualité (f)	сапат	sapat
contrôle (m)	текшеруу	tekʃeryy
contrôle (m) qualité	сапат текшеруу	sapat tekʃeryy
sécurité (f) de travail	эмгек коопсуздугу	emgek koopsuzdugu
discipline (f)	тартип	tartip

infraction (f)	бузуу	buzuu
violer (les règles)	бузуу	buzuu

grève (f)	ишти калтыруу	iʃti kaltıruu
gréviste (m)	иш калтыргыч	iʃ kaltırgıtʃ
faire grève	ишти калтыруу	iʃti kaltıruu
syndicat (m)	профсоюз	profsojɥz

inventer (machine, etc.)	ойлоп табуу	ojlop tabuu
invention (f)	ойлоп табылган нерсе	ojlop tabılgan nerse
recherche (f)	изилдөө	izildøø
améliorer (vt)	жакшыртуу	dʒakʃırtuu
technologie (f)	технология	texnologija
dessin (m) technique	чийме	tʃijme

charge (f) (~ de 3 tonnes)	жүк	dʒyk
chargeur (m)	жүк ташуучу	dʒyk taʃuutʃu
charger (véhicule, etc.)	жүктөө	dʒyktøø
chargement (m)	жүктөө	dʒyktøø
décharger (vt)	жүк түшүрүү	dʒyk tyʃuryy
déchargement (m)	жүк түшүрүү	dʒyk tyʃyryy

transport (m)	транспорт	transport
compagnie (f) de transport	транспорттук компания	transporttuk kompanija
transporter (vt)	транспорт менен ташуу	transport menen taʃuu

wagon (m) de marchandise	вагон	vagon
citerne (f)	цистерна	tsısterna
camion (m)	жүк ташуучу машина	dʒyk taʃuutʃu maʃina

machine-outil (f)	станок	stanok
mécanisme (m)	механизм	mexanizm

déchets (m pl)	таштандылар	taʃtandılar
emballage (m)	таңгактоо	taŋgaktoo
emballer (vt)	таңгактоо	taŋgaktoo

107. Le contrat. L'accord

contrat (m)	контракт	kontrakt
accord (m)	макулдашуу	makuldaʃuu
annexe (f)	тиркеме	tirkeme

signer un contrat	контракт түзүү	kontrakt tyzyy
signature (f)	кол тамга	kol tamga
signer (vt)	кол коюу	kol kojɥu
cachet (m)	мөөр	møør

objet (m) du contrat	келишимдин предмети	keliʃimdin predmeti
clause (f)	пункт	punkt
côtés (m pl)	тараптар	taraptar
adresse (f) légale	юридикалык дарек	jɥridikalık darek
violer l'accord	контрактты бузуу	kontrakttı buzuu
obligation (f)	милдеттенме	mildettenme

responsabilité (f)	жоопкерчилик	dʒoopkertʃilik
force (f) majeure	форс-мажор	fors-madʒor
litige (m)	талаш	talaʃ
pénalités (f pl)	жаза чаралары	dʒaza tʃaraları

108. L'importation. L'exportation

importation (f)	импорт	import
importateur (m)	импорттоочу	importtootʃu
importer (vt)	импорттоо	importtoo
d'importation	импорт	import

exportation (f)	экспорт	eksport
exportateur (m)	экспорттоочу	eksporttootʃu
exporter (vt)	экспорттоо	eksporttoo
d'exportation (adj)	экспорт	eksport

| marchandise (f) | товар | tovar |
| lot (m) de marchandises | жүк тобу | dʒyk tobu |

poids (m)	салмак	salmak
volume (m)	көлөм	køløm
mètre (m) cube	куб метр	kub metr

producteur (m)	өндүрүүчү	øndyryytʃy
compagnie (f) de transport	транспорттук компания	transporttuk kompanija
container (m)	контейнер	kontejner

frontière (f)	чек ара	tʃek ara
douane (f)	бажыкана	badʒıkana
droit (m) de douane	бажы салык	badʒı salık
douanier (m)	бажы кызматкери	badʒı kızmatkeri
contrebande (f) (trafic)	контрабанда	kontrabanda
contrebande (f)	контрабанда	kontrabanda

109. La finance

action (f)	акция	aktsija
obligation (f)	баалуу кагаздар	baaluu kagazdar
lettre (f) de change	вексель	vekselʲ

| bourse (f) | биржа | birdʒa |
| cours (m) d'actions | акциялар курсу | aktsijalar kursu |

| baisser (vi) | арзандоо | arzandoo |
| augmenter (vi) (prix) | кымбаттоо | kımbattoo |

| part (f) | үлүш | ylyʃ |
| participation (f) de contrôle | башкаруучу пакет | baʃkaruutʃu paket |

| investissements (m pl) | салым | salım |
| investir (vt) | салым кылуу | salım kıluu |

pour-cent (m)	пайыз	pajız
intérêts (m pl)	пайыз менен пайда	pajız menen pajda
profit (m)	пайда	pajda
profitable (adj)	майнаптуу	majnaptuu
impôt (m)	салык	salık
devise (f)	валюта	valüta
national (adj)	улуттук	uluttuk
échange (m)	алмаштыруу	almaʃtıruu
comptable (m)	бухгалтер	buχgalter
comptabilité (f)	бухгалтерия	buχgalterija
faillite (f)	кудуретсиздик	kuduretsizdik
krach (m)	кыйроо	kıjroo
ruine (f)	жакырдануу	dʒakırdanuu
se ruiner (vp)	жакырдануу	dʒakırdanuu
inflation (f)	инфляция	inflʲatsija
dévaluation (f)	девальвация	devalʲvatsija
capital (m)	капитал	kapital
revenu (m)	киреше	kireʃe
chiffre (m) d'affaires	жүгүртүлүш	dʒygyrtylyʃ
ressources (f pl)	такоолдор	takooldor
moyens (m pl) financiers	акча каражаттары	aktʃa karadʒattarı
frais (m pl) généraux	кошумча чыгашалар	koʃumtʃa tʃıgaʃalar
réduire (vt)	кыскартуу	kıskartuu

110. La commercialisation. Le marketing

marketing (m)	базар таануу	bazar taanuu
marché (m)	базар	bazar
segment (m) du marché	базар сегменти	bazar segmenti
produit (m)	өнүм	ønym
marchandise (f)	товар	tovar
marque (f) de fabrique	соода маркасы	sooda markası
marque (f) déposée	соода маркасы	sooda markası
logotype (m)	фирмалык белги	firmalık belgi
logo (m)	логотип	logotip
demande (f)	талап	talap
offre (f)	сунуш	sunuʃ
besoin (m)	керек	kerek
consommateur (m)	керектөөчү	kerektøøtʃy
analyse (f)	талдоо	taldoo
analyser (vt)	талдоо	taldoo
positionnement (m)	турак табуу	turak tabuu
positionner (vt)	турак табуу	turak tabuu
prix (m)	баа	baa
politique (f) des prix	баа саясаты	baa sajasatı
formation (f) des prix	баа чыгаруу	baa tʃıgaruu

111. La publicité

publicité (f), pub (f)	жарнама	dʒarnama
faire de la publicité	жарнамалоо	dʒarnamaloo
budget (m)	бюджет	bʉdʒet

annonce (f), pub (f)	жарнама	dʒarnama
publicité (f) à la télévision	теле жарнама	tele dʒarnama
publicité (f) à la radio	радио жарнама	radio dʒarnama
publicité (f) extérieure	сырткы жарнама	sırtkı dʒarnama

mass média (m pl)	масс медия	mass medija
périodique (m)	мезгилдүү басылма	mezgildyy basılma
image (f)	имидж	imidʒ

slogan (m)	лозунг	lozung
devise (f)	ураан	uraan

campagne (f)	кампания	kampanija
campagne (f) publicitaire	жарнамалык кампания	dʒarnamalık kampanija
public (m) cible	максаттуу топ	maksattuu top

carte (f) de visite	таанытма	taanıtma
prospectus (m)	баракча	baraktʃa
brochure (f)	китепче	kiteptʃe
dépliant (m)	кат-кат китепче	kat-kat kiteptʃe
bulletin (m)	бюллетень	bʉlletenʲ

enseigne (f)	көрнөк	kørnøk
poster (m)	көрнөк	kørnøk
panneau-réclame (m)	жарнамалык такта	dʒarnamalık takta

112. Les opérations bancaires

banque (f)	банк	bank
agence (f) bancaire	бөлүм	bølym

conseiller (m)	кеңешчи	keŋeʃtʃi
gérant (m)	башкаруучу	baʃkaruutʃu

compte (m)	эсеп	esep
numéro (m) du compte	эсеп номери	esep nomeri
compte (m) courant	учурдагы эсеп	utʃurdagı esep
compte (m) sur livret	топтолмо эсеп	toptolmo esep

ouvrir un compte	эсеп ачуу	esep atʃuu
clôturer le compte	эсеп жабуу	esep dʒabuu
verser dans le compte	эсепке акча салуу	esepke aktʃa saluu
retirer du compte	эсептен акча чыгаруу	esepten aktʃa tʃıgaruu

dépôt (m)	аманат	amanat
faire un dépôt	аманат кылуу	amanat kıluu
virement (m) bancaire	акча которуу	aktʃa kotoruu

faire un transfert	акча которуу	aktʃa kotoruu
somme (f)	сумма	summa
Combien?	Канча?	kantʃa?

signature (f)	кол тамга	kol tamga
signer (vt)	кол коюу	kol kojʉu

carte (f) de crédit	насыя картасы	nasıja kartası
code (m)	код	kod
numéro (m) de carte de crédit	насыя картанын номери	nasıja kartanın nomeri
distributeur (m)	банкомат	bankomat

chèque (m)	чек	tʃek
faire un chèque	чек жазып берүү	tʃek dʒazıp beryy
chéquier (m)	чек китепчеси	tʃek kiteptʃesi

crédit (m)	насыя	nasıja
demander un crédit	насыя үчүн кайрылуу	nasıja ytʃyn kajrıluu
prendre un crédit	насыя алуу	nasıja aluu
accorder un crédit	насыя берүү	nasıja beryy
gage (m)	кепилдик	kepildik

113. Le téléphone. La conversation téléphonique

téléphone (m)	телефон	telefon
portable (m)	мобилдик	mobildik
répondeur (m)	автоматтык жооп берүүчү	avtomattık dʒoop beryytʃy

téléphoner, appeler	чалуу	tʃaluu
appel (m)	чакыруу	tʃakıruu

composer le numéro	номер терүү	nomer teryy
Allô!	Алло!	allo!
demander (~ l'heure)	суроо	suroo
répondre (vi, vt)	жооп берүү	dʒoop beryy
entendre (bruit, etc.)	угуу	uguu
bien (adv)	жакшы	dʒakʃı
mal (adv)	жаман	dʒaman
bruits (m pl)	ызы-чуу	ızı-tʃuu

récepteur (m)	трубка	trubka
décrocher (vt)	трубканы алуу	trubkanı aluu
raccrocher (vi)	трубканы коюу	trubkanı kojʉu

occupé (adj)	бош эмес	boʃ emes
sonner (vi)	шыңгыроо	ʃıŋgıroo
carnet (m) de téléphone	телефондук китепче	telefonduk kiteptʃe

local (adj)	жергиликтүү	dʒergiliktyy
appel (m) local	жергиликтүү чакыруу	dʒergiliktyy tʃakıruu
interurbain (adj)	шаар аралык	ʃaar aralık
appel (m) interurbain	шаар аралык чакыруу	ʃaar aralık tʃakıruu
international (adj)	эл аралык	el aralık
appel (m) international	эл аралык чакыруу	el aralık tʃakıruu

114. Le téléphone portable

portable (m)	мобилдик	mobildik
écran (m)	дисплей	displej
bouton (m)	баскыч	baskıtʃ
carte SIM (f)	SIM-карта	sim-karta
pile (f)	батарея	batareja
être déchargé	зарядканын түгөнүүсү	zarʲadkanın tygønyysy
chargeur (m)	заряддоочу шайман	zarʲaddootʃu ʃajman
menu (m)	меню	menʉ
réglages (m pl)	орнотуулар	ornotuular
mélodie (f)	обон	obon
sélectionner (vt)	тандоо	tandoo
calculatrice (f)	калькулятор	kalʲkulʲator
répondeur (m)	автоматтык жооп бергич	avtomattık dʒoop bergitʃ
réveil (m)	ойготкуч	ojgotkutʃ
contacts (m pl)	байланыштар	bajlanıʃtar
SMS (m)	SMS-кабар	esemes-kabar
abonné (m)	абонент	abonent

115. La papeterie

stylo (m) à bille	калем сап	kalem sap
stylo (m) à plume	калем уч	kalem utʃ
crayon (m)	карандаш	karandaʃ
marqueur (m)	маркер	marker
feutre (m)	фломастер	flomaster
bloc-notes (m)	дептерче	deptertʃe
agenda (m)	күндөлүк	kyndølyk
règle (f)	сызгыч	sızgıtʃ
calculatrice (f)	калькулятор	kalʲkulʲator
gomme (f)	өчүргүч	øtʃyrgytʃ
punaise (f)	кнопка	knopka
trombone (m)	кыскыч	kıskıtʃ
colle (f)	желим	dʒelim
agrafeuse (f)	степлер	stepler
perforateur (m)	тешкич	teʃkitʃ
taille-crayon (m)	учтагыч	utʃtagıtʃ

116. Les différents types de documents

rapport (m)	отчет	ottʃet
accord (m)	макулдашуу	makuldaʃuu

formulaire (m) d'inscription	билдирме	bildirme
authentique (adj)	көзу	køzy
badge (m)	тешбелги	tøʃbelgi
carte (f) de visite	таанытма	taanıtma

certificat (m)	сертификат	sertifikat
chèque (m) de banque	чек	tʃek
addition (f) (restaurant)	эсеп	esep
constitution (f)	конституция	konstitutsija

contrat (m)	келишим	keliʃim
copie (f)	көчүрмө	køtʃyrmø
exemplaire (m)	нуска	nuska

déclaration (f) de douane	бажы декларациясы	badʒı deklaratsijası
document (m)	документ	dokument
permis (m) de conduire	айдоочу күбөлүгү	ajdootʃu kybølygy
annexe (f)	тиркеме	tirkeme
questionnaire (m)	форма	forma

carte (f) d'identité	өздүк билдиргичи	øzdyk bildirgitʃi
demande (f) de renseignements	суроо-талап	suroo-talap
lettre (f) d'invitation	чакыруу билет	tʃakıruu bilet
facture (f)	фактура	faktura

loi (f)	мыйзам	mıjzam
lettre (f)	кат	kat
papier (m) à en-tête	бланк	blank
liste (f) (~ des noms)	тизме	tizme
manuscrit (m)	кол жазма	kol dʒazma
bulletin (m)	бюллетень	bulletenj
mot (m) (message)	кыскача жазуу	kıskatʃa dʒazuu

laissez-passer (m)	өткөрмө	øtkørmø
passeport (m)	паспорт	pasport
permis (m)	уруксат кагазы	uruksat kagazı
C.V. (m)	таржымал	tardʒımal
reconnaissance (f) de dette	тил кат	til kat
reçu (m)	дүмүрчөк	dymyrtʃøk
ticket (m) de caisse	чек	tʃek
rapport (m)	рапорт	raport

présenter (pièce d'identité)	көрсөтүү	kørsøtyy
signer (vt)	кол коюу	kol kojuu
signature (f)	кол тамга	kol tamga
cachet (m)	мөөр	møør

| texte (m) | текст | tekst |
| ticket (m) | билет | bilet |

| rayer (vt) | чийип салуу | tʃijip saluu |
| remplir (vt) | толтуруу | tolturuu |

| bordereau (m) de transport | коштомо кагаз | koʃtomo kagaz |
| testament (m) | керээз | kereez |

117. Les types d'activités économiques

agence (f) de recrutement	кадрдык агенттиги	kadrdık agenttigi
agence (f) de sécurité	күзөт агенттиги	kyzøt agenttigi
agence (f) d'information	жаңылыктар агенттиги	dʒaŋılıktar agenttigi
agence (f) publicitaire	жарнама агенттиги	dʒarnama agenttigi
antiquités (f pl)	антиквариат	antikvariat
assurance (f)	камсыздандыруу	kamsızdandıruu
atelier (m) de couture	ателье	atelje
banques (f pl)	банк бизнеси	bank biznesi
bar (m)	бар	bar
bâtiment (m)	курулуш	kuruluʃ
bijouterie (f)	зер буюмдар	zer bujumdar
bijoutier (m)	зергер	zerger
blanchisserie (f)	кир жуу ишканасы	kir dʒuu iʃkanası
boissons (f pl) alcoolisées	алкоголь ичимдиктери	alkogolʲ itʃimdikteri
boîte (f) de nuit	түнкү клуб	tynky klub
bourse (f)	биржа	birdʒa
brasserie (f) (fabrique)	сыра чыгаруучу жай	sıra tʃıgaruutʃu dʒaj
maison (f) funéraire	ырасым бюросу	ırasım burosu
casino (m)	казино	kazino
centre (m) d'affaires	бизнес-борбор	biznes-borbor
cinéma (m)	кинотеатр	kinoteatr
climatisation (m)	аба желдеткичтер	aba dʒeldetkitʃter
commerce (m)	соода	sooda
compagnie (f) aérienne	авиакомпания	aviakompanija
conseil (m)	консалтинг	konsalting
coursiers (m pl)	чабармандык кызматы	tʃabarmandık kızmatı
dentistes (pl)	стоматология	stomatologija
design (m)	дизайн	dizajn
école (f) de commerce	бизнес-мектеп	biznes-mektep
entrepôt (m)	кампа	kampa
galerie (f) d'art	арт-галерея	art-galereja
glace (f)	бал муздак	bal muzdak
hôtel (m)	мейманкана	mejmankana
immobilier (m)	кыймылсыз мүлк	kıjmılsız mylk
imprimerie (f)	полиграфия	poligrafija
industrie (f)	өнөр-жай	ønør-dʒaj
Internet (m)	интернет	internet
investissements (m pl)	салымдар	salımdar
journal (m)	гезит	gezit
librairie (f)	китеп дүкөнү	kitep dykøny
industrie (f) légère	жеңил өнөр-жай	dʒeŋil ønør-dʒaj
magasin (m)	дүкөн	dykøn
maison (f) d'édition	басмакана	basmakana
médecine (f)	медицина	meditsina

meubles (m pl)	эмерек	emerek
musée (m)	музей	muzej
pétrole (m)	мунайзат	munajzat
pharmacie (f)	дарыкана	darıkana
industrie (f) pharmaceutique	фармацевтика	farmatsevtika
piscine (f)	бассейн	bassejn
pressing (m)	химиялык тазалоо	χimijalık tazaloo
produits (m pl) alimentaires	азык-түлүк	azık-tylyk
publicité (f), pub (f)	жарнама	dʒarnama
radio (f)	үналгы	ynalgı
récupération (f) des déchets	таштанды чыгаруу	taʃtandı tʃıgaruu
restaurant (m)	ресторан	restoran
revue (f)	журнал	dʒurnal
salon (m) de beauté	сулуулук салону	suluuluk salonu
service (m) financier	каржылык кызматтар	kardʒılık kızmattar
service (m) juridique	юридикалык кызматтар	jүridikalık kızmattar
services (m pl) comptables	бухгалтердик кызмат	buχgalterdik kızmat
services (m pl) d'audition	аудиторлук кызмат	auditorluk kızmat
sport (m)	спорт	sport
supermarché (m)	супермаркет	supermarket
télévision (f)	телекөрсөтүү	telekørsøtyy
théâtre (m)	театр	teatr
tourisme (m)	туризм	turizm
sociétés de transport	ташып жеткирүү	taʃıp dʒetkiryy
vente (f) par catalogue	каталог боюнча соода-сатык	katalog bojүntʃa sooda-satık
vêtement (m)	кийим	kijim
vétérinaire (m)	мал доктуру	mal dokturu

Le travail. Les affaires. Partie 2

118. Les foires et les salons

salon (m)	көргөзмө	kørgøzmø
salon (m) commercial	соода көргөзмөсү	sooda kørgøzmøsy
participation (f)	катышуу	katıʃuu
participer à ...	катышуу	katıʃuu
participant (m)	катышуучу	katıʃuutʃu
directeur (m)	директор	direktor
direction (f)	уюштуруу комитети	ujuʃturuu komiteti
organisateur (m)	уюштуруучу	ujuʃturuutʃu
organiser (vt)	уюштуруу	ujuʃturuu
demande (f) de participation	катышууга ынта билдирмеси	katıʃuuga ınta bildirmesi
remplir (vt)	толтуруу	tolturuu
détails (m pl)	ийне-жиби	ijne-dʒibi
information (f)	маалымат	maalımat
prix (m)	баа	baa
y compris	кошуп	koʃup
inclure (~ les taxes)	кошулган	koʃulgan
payer (régler)	төлөө	tøløø
droits (m pl) d'inscription	каттоо төгүмү	kattoo tøgymy
entrée (f)	кирүү	kiryy
pavillon (m)	павильон	pavilʲon
enregistrer (vt)	каттоо	kattoo
badge (m)	төшбелги	tøʃbelgi
stand (m)	көргөзмө стенди	kørgøzmø stendi
réserver (vt)	камдык буйрутмалоо	kamdık bujrutmaloo
vitrine (f)	айнек стенд	ajnek stend
lampe (f)	чырак	tʃırak
design (m)	дизайн	dizajn
mettre (placer)	жайгаштыруу	dʒajgaʃtıruu
être placé	жайгашуу	dʒajgaʃuu
distributeur (m)	дистрибьютор	distribjutor
fournisseur (m)	жеткирип берүүчү	dʒetkirip beryytʃy
fournir (vt)	жеткирип берүү	dʒetkirip beryy
pays (m)	өлкө	ølkø
étranger (adj)	чет өлкөлүк	tʃet ølkølyk
produit (m)	өнүм	ønym
association (f)	ассоциация	assotsiatsija

105

salle (f) de conférences	конференц-зал	konferents-zal
congrès (m)	конгресс	kongress
concours (m)	жарыш	dʒarıʃ
visiteur (m)	келүүчү	kelyytʃy
visiter (vt)	баш багуу	baʃ baguu
client (m)	кардар	kardar

119. Les médias de masse

journal (m)	гезит	gezit
revue (f)	журнал	dʒurnal
presse (f)	пресса	pressa
radio (f)	үналгы	ynalgı
station (f) de radio	радио толкуну	radio tolkunu
télévision (f)	телекөрсөтүү	telekørsøtyy
animateur (m)	алып баруучу	alıp baruutʃu
présentateur (m) de journaux télévisés	диктор	diktor
commentateur (m)	баяндамачы	bajandamatʃı
journaliste (m)	журналист	dʒurnalist
correspondant (m)	кабарчы	kabartʃı
reporter photographe (m)	фотокорреспондент	fotokorrespondent
reporter (m)	репортёр	reportʼor
rédacteur (m)	редактор	redaktor
rédacteur (m) en chef	башкы редактор	baʃkı redaktor
s'abonner (vp)	жазылуу	dʒazıluu
abonnement (m)	жазылуу	dʒazıluu
abonné (m)	жазылуучу	dʒazıluutʃu
lire (vi, vt)	окуу	okuu
lecteur (m)	окурман	okurman
tirage (m)	нуска	nuska
mensuel (adj)	ай сайын	aj sajın
hebdomadaire (adj)	жума сайын	dʒuma sajın
numéro (m)	номер	nomer
nouveau (~ numéro)	жаңы	dʒaŋı
titre (m)	баш аты	baʃ atı
entrefilet (m)	кыскача макала	kıskatʃa makala
rubrique (f)	рубрика	rubrika
article (m)	макала	makala
page (f)	бет	bet
reportage (m)	репортаж	reportadʒ
événement (m)	окуя	okuja
sensation (f)	дүң салуу	dyŋ saluu
scandale (m)	жаңжал	dʒaŋdʒal
scandaleux	жаңжалчы	dʒaŋdʒaltʃı
grand (~ scandale)	чуулгандуу	tʃuulganduu

émission (f)	көрсөтүү	kørsøtyy
interview (f)	интервью	intervjʉ
émission (f) en direct	түз берүү	tyz beryy
chaîne (f) (~ payante)	канал	kanal

120. L'agriculture

agriculture (f)	дыйкан чарбачылык	dıjkan tʃarbatʃılık
paysan (m)	дыйкан	dıjkan
paysanne (f)	дыйкан аял	dıjkan ajal
fermier (m)	фермер	fermer

| tracteur (m) | трактор | traktor |
| moissonneuse-batteuse (f) | комбайн | kombajn |

charrue (f)	соко	soko
labourer (vt)	жер айдоо	dʒer ajdoo
champ (m) labouré	айдоо жер	ajdoo dʒer
sillon (m)	жөөк	dʒøøk

semer (vt)	себүү	sebyy
semeuse (f)	сеялка	sejalka
semailles (f pl)	эгүү	egyy

| faux (f) | чалгы | tʃalgı |
| faucher (vt) | чабуу | tʃabuu |

| pelle (f) | күрөк | kyrøk |
| bêcher (vt) | казуу | kazuu |

couperet (m)	кетмен	ketmen
sarcler (vt)	отоо	otoo
mauvaise herbe (f)	отоо чөп	otoo tʃøp

arrosoir (m)	гүл челек	gyl tʃelek
arroser (plantes)	сугаруу	sugaruu
arrosage (m)	сугат	sugat

| fourche (f) | айры | ajrı |
| râteau (m) | тырмоо | tırmoo |

engrais (m)	жер семирткич	dʒer semirtkitʃ
engraisser (vt)	жер семиртүү	dʒer semirtyy
fumier (m)	кык	kık

champ (m)	талаа	talaa
pré (m)	шалбаа	ʃalbaa
potager (m)	чарбак	tʃarbak
jardin (m)	бакча	baktʃa

faire paître	жаюу	dʒadʒʉu
berger (m)	чабан	tʃaban
pâturage (m)	жайыт	dʒajıt
élevage (m)	мал чарбачылык	mal tʃarbatʃılık

élevage (m) de moutons	кой чарбачылык	koj tʃarbatʃılık
plantation (f)	плантация	plantatsija
plate-bande (f)	жөөк	dʒøøk
serre (f)	күнөскана	kynøskana

| sécheresse (f) | кургакчылык | kurgaktʃılık |
| sec (l'été ~) | кургак | kurgak |

grains (m pl)	дан эгиндери	dan eginderi
céréales (f pl)	дан эгиндери	dan eginderi
récolter (vt)	чаап алуу	tʃaap aluu

meunier (m)	тегирменчи	tegirmentʃi
moulin (m)	тегирмен	tegirmen
moudre (vt)	майдалоо	majdaloo
farine (f)	ун	un
paille (f)	саман	saman

121. Le BTP et la construction

chantier (m)	курулуш	kuruluʃ
construire (vt)	куруу	kuruu
ouvrier (m) du bâtiment	куруучу	kuruutʃu

projet (m)	долбоор	dolboor
architecte (m)	архитектор	arχitektor
ouvrier (m)	жумушчу	dʒumuʃtʃu

fondations (f pl)	пайдубал	pajdubal
toit (m)	чатыр	tʃatır
pieu (m) de fondation	казык	kazık
mur (m)	дубал	dubal

| ferraillage (m) | арматура | armatura |
| échafaudage (m) | куруучу тепкичтер | kuruutʃu tepkitʃter |

béton (m)	бетон	beton
granit (m)	гранит	granit
pierre (f)	таш	taʃ
brique (f)	кыш	kıʃ

sable (m)	кум	kum
ciment (m)	цемент	tsement
plâtre (m)	шыбак	ʃıbak
plâtrer (vt)	шыбоо	ʃıboo

peinture (f)	сыр	sır
peindre (des murs)	боео	boeo
tonneau (m)	бочка	botʃka

grue (f)	кран	kran
monter (vt)	көтөрүү	køtøryy
abaisser (vt)	түшүрүү	tyʃyryy
bulldozer (m)	бульдозер	bulʲdozer

excavateur (m)	экскаватор	ekskavator
godet (m)	ковш	kovʃ
creuser (vt)	казуу	kazuu
casque (m)	каска	kaska

122. La recherche scientifique et les chercheurs

science (f)	илим	ilim
scientifique (adj)	илимий	ilimij
savant (m)	илимпоз	ilimpoz
théorie (f)	теория	teorija
axiome (m)	аксиома	aksioma
analyse (f)	талдоо	taldoo
analyser (vt)	талдоо	taldoo
argument (m)	далил	dalil
substance (f) (matière)	зат	zat
hypothèse (f)	гипотеза	gipoteza
dilemme (m)	дилемма	dilemma
thèse (f)	диссертация	dissertatsija
dogme (m)	догма	dogma
doctrine (f)	доктрина	doktrina
recherche (f)	изилдөө	izildøø
rechercher (vt)	изилдөө	izildøø
test (m)	сынак	sınak
laboratoire (m)	лаборатория	laboratorija
méthode (f)	ыкма	ıkma
molécule (f)	молекула	molekula
monitoring (m)	бейлөө	bejløø
découverte (f)	таап ачуу	taap atʃuu
postulat (m)	постулат	postulat
principe (m)	усул	usul
prévision (f)	божомол	boʤomol
prévoir (vt)	алдын ала айтуу	aldın ala ajtuu
synthèse (f)	синтез	sintez
tendance (f)	умтулуу	umtuluu
théorème (m)	теорема	teorema
enseignements (m pl)	окуу	okuu
fait (m)	далил	dalil
expédition (f)	экспедиция	ekspeditsija
expérience (f)	тажрыйба	taʤrıjba
académicien (m)	академик	akademik
bachelier (m)	бакалавр	bakalavr
docteur (m)	доктор	doktor
chargé (m) de cours	доцент	dotsent
magistère (m)	магистр	magistr
professeur (m)	профессор	professor

Les professions. Les métiers

123. La recherche d'emploi. Le licenciement

travail (m)	иш	iʃ
employés (pl)	жамаат	dʒamaat
personnel (m)	жамаат курамы	dʒamaat kuramı
carrière (f)	мансап	mansap
perspective (f)	перспектива	perspektiva
maîtrise (f)	чеберчилик	tʃebertʃilik
sélection (f)	тандоо	tandoo
agence (f) de recrutement	кадрдык агенттиги	kadrdık agenttigi
C.V. (m)	таржымал	tardʒımal
entretien (m)	аңгемелешүү	aŋgemeleʃyy
emploi (m) vacant	жумуш орун	dʒumuʃ orun
salaire (m)	эмгек акы	emgek akı
salaire (m) fixe	маяна	majana
rémunération (f)	акысын төлөө	akısın tøløø
poste (m) (~ évolutif)	кызмат орун	kızmat orun
fonction (f)	милдет	mildet
liste (f) des fonctions	милдеттенмелер	mildettenmeler
occupé (adj)	бош эмес	boʃ emes
licencier (vt)	бошотуу	boʃotuu
licenciement (m)	бошотуу	boʃotuu
chômage (m)	жумушсуздук	dʒumuʃsuzduk
chômeur (m)	жумушсуз	dʒumuʃsuz
retraite (f)	бааракы	baarakı
prendre sa retraite	ардактуу эс алууга чыгуу	ardaktuu es aluuga tʃıguu

124. Les hommes d'affaires

directeur (m)	директор	direktor
gérant (m)	башкаруучу	baʃkaruutʃu
patron (m)	башкаруучу	baʃkaruutʃu
supérieur (m)	башчы	baʃtʃı
supérieurs (m pl)	башчылар	baʃtʃılar
président (m)	президент	prezident
président (m) (d'entreprise)	төрага	tøraga
adjoint (m)	орун басар	orun basar
assistant (m)	жардамчы	dʒardamtʃı

secrétaire (m, f)	катчы	kattʃı
secrétaire (m, f) personnel	жеке катчы	dʒeke kattʃı
homme (m) d'affaires	бизнесмен	biznesmen
entrepreneur (m)	ишкер	iʃker
fondateur (m)	негиздөөчү	negizdøøtʃy
fonder (vt)	негиздөө	negizdøø
fondateur (m)	уюмдаштыруучу	ujɯmdaʃtıruutʃu
partenaire (m)	өнөктөш	ønøktøʃ
actionnaire (m)	акция кармоочу	aktsija karmootʃu
millionnaire (m)	миллионер	millioner
milliardaire (m)	миллиардер	milliarder
propriétaire (m)	ээси	eesi
propriétaire (m) foncier	жер ээси	dʒer eesi
client (m)	кардар	kardar
client (m) régulier	туруктуу кардар	turuktuu kardar
acheteur (m)	сатып алуучу	satıp aluutʃu
visiteur (m)	келүүчү	kelyytʃy
professionnel (m)	кесипкөй	kesipkøj
expert (m)	ишбилги	iʃbilgi
spécialiste (m)	адис	adis
banquier (m)	банкир	bankir
courtier (m)	далдалчы	daldaltʃı
caissier (m)	кассир	kassir
comptable (m)	бухгалтер	buχgalter
agent (m) de sécurité	кароолчу	karooltʃu
investisseur (m)	салым кошуучу	salım koʃuutʃu
débiteur (m)	карыздар	karızdar
créancier (m)	насыя алуучу	nasıja aluutʃu
emprunteur (m)	карызга алуучу	karızga aluutʃu
importateur (m)	импорттоочу	importtootʃu
exportateur (m)	экспорттоочу	eksporttootʃu
producteur (m)	өндүрүүчү	øndyryytʃy
distributeur (m)	дистрибьютор	distribjɯtor
intermédiaire (m)	ортомчу	ortomtʃu
conseiller (m)	кеңешчи	keŋeʃtʃi
représentant (m)	сатуу агенти	satuu agenti
agent (m)	агент	agent
agent (m) d'assurances	камсыздандыруучу агент	kamsızdandıruutʃu agent

125. Les métiers des services

cuisinier (m)	ашпозчу	aʃpoztʃu
cuisinier (m) en chef	башкы ашпозчу	baʃkı aʃpoztʃu

boulanger (m)	навайчы	navajtʃı
barman (m)	бармен	barmen
serveur (m)	официант	ofitsiant
serveuse (f)	официант кыз	ofitsiant kız

avocat (m)	жактоочу	dʒaktootʃu
juriste (m)	юрист	jurist
notaire (m)	нотариус	notarius

électricien (m)	электрик	elektrik
plombier (m)	сантехник	santeχnik
charpentier (m)	жыгач уста	dʒıgatʃ usta

masseur (m)	укалоочу	ukalootʃu
masseuse (f)	укалоочу	ukalootʃu
médecin (m)	доктур	doktur

chauffeur (m) de taxi	такси айдоочу	taksi ajdootʃu
chauffeur (m)	айдоочу	ajdootʃu
livreur (m)	жеткирүүчү	dʒetkiryytʃy

femme (f) de chambre	үй кызматкери	yj kızmatkeri
agent (m) de sécurité	кароолчу	karooltʃu
hôtesse (f) de l'air	стюардесса	stuardessa

professeur (m)	мугалим	mugalim
bibliothécaire (m)	китепканачы	kitepkanatʃı
traducteur (m)	котормочу	kotormotʃu
interprète (m)	оозеки котормочу	oozeki kotormotʃu
guide (m)	гид	gid

coiffeur (m)	чач тарач	tʃatʃ taratʃ
facteur (m)	кат ташуучу	kat taʃuutʃu
vendeur (m)	сатуучу	satuutʃu

jardinier (m)	багбанчы	bagbantʃı
serviteur (m)	үй кызматчы	yj kızmattʃı
servante (f)	үй кызматчы аял	yj kızmattʃı ajal
femme (f) de ménage	тазалагыч	tazalagıtʃ

126. Les professions militaires et leurs grades

soldat (m) (grade)	катардагы жоокер	katardagı dʒooker
sergent (m)	сержант	serdʒant
lieutenant (m)	лейтенант	lejtenant
capitaine (m)	капитан	kapitan

commandant (m)	майор	major
colonel (m)	полковник	polkovnik
général (m)	генерал	general
maréchal (m)	маршал	marʃal
amiral (m)	адмирал	admiral
militaire (m)	аскер кызматчысы	asker kızmattʃısı
soldat (m)	аскер	asker

officier (m)	офицер	ofitser
commandant (m)	командир	komandir

garde-frontière (m)	чек арачы	tʃek aratʃı
opérateur (m) radio	радист	radist
éclaireur (m)	чалгынчы	tʃalgıntʃı
démineur (m)	сапёр	sapʲor
tireur (m)	аткыч	atkıtʃ
navigateur (m)	штурман	ʃturman

127. Les fonctionnaires. Les prêtres

roi (m)	король, падыша	korolʲ, padıʃa
reine (f)	ханыша	χanıʃa

prince (m)	канзаада	kanzaada
princesse (f)	ханбийке	χanbijke

tsar (m)	падыша	padıʃa
tsarine (f)	ханыша	χanıʃa

président (m)	президент	prezident
ministre (m)	министр	ministr
premier ministre (m)	премьер-министр	premjer-ministr
sénateur (m)	сенатор	senator

diplomate (m)	дипломат	diplomat
consul (m)	консул	konsul
ambassadeur (m)	элчи	eltʃi
conseiller (m)	кеңешчи	keŋeʃtʃi

fonctionnaire (m)	аткаминер	atkaminer
préfet (m)	префект	prefekt
maire (m)	мэр	mer

juge (m)	сот	sot
procureur (m)	прокурор	prokuror

missionnaire (m)	миссионер	missioner
moine (m)	кечил	ketʃil
abbé (m)	аббат	abbat
rabbin (m)	раввин	ravvin

vizir (m)	визирь	vizirʲ
shah (m)	шах	ʃaχ
cheik (m)	шейх	ʃejχ

128. Les professions agricoles

apiculteur (m)	балчы	baltʃı
berger (m)	чабан	tʃaban
agronome (m)	агроном	agronom

| éleveur (m) | малчы | maltʃı |
| vétérinaire (m) | мал доктуру | mal dokturu |

fermier (m)	фермер	fermer
vinificateur (m)	вино жасоочу	vino dʒasootʃu
zoologiste (m)	зоолог	zoolog
cow-boy (m)	ковбой	kovboj

129. Les professions artistiques

| acteur (m) | актёр | aktˈor |
| actrice (f) | актриса | aktrisa |

| chanteur (m) | ырчы | ırtʃı |
| cantatrice (f) | ырчы кыз | ırtʃı kız |

| danseur (m) | бийчи жигит | bijtʃi dʒigit |
| danseuse (f) | бийчи кыз | bijtʃi kız |

| artiste (m) | аткаруучу | atkaruutʃu |
| artiste (f) | аткаруучу | atkaruutʃu |

musicien (m)	музыкант	muzıkant
pianiste (m)	пианист	pianist
guitariste (m)	гитарист	gitarist

chef (m) d'orchestre	дирижёр	diridʒˈor
compositeur (m)	композитор	kompozitor
imprésario (m)	импресарио	impresario

metteur (m) en scène	режиссёр	redʒissˈor
producteur (m)	продюсер	produser
scénariste (m)	сценарист	stsenarist
critique (m)	сынчы	sıntʃı

écrivain (m)	жазуучу	dʒazuutʃu
poète (m)	акын	akın
sculpteur (m)	бедизчи	bediztʃi
peintre (m)	сүрөтчү	syrøttʃy

jongleur (m)	жонглёр	dʒonglˈor
clown (m)	маскарапоз	maskarapoz
acrobate (m)	акробат	akrobat
magicien (m)	көз боечу	køz boetʃu

130. Les différents métiers

médecin (m)	доктур	doktur
infirmière (f)	медсестра	medsestra
psychiatre (m)	психиатр	psiχiatr
stomatologue (m)	тиш доктур	tiʃ doktur
chirurgien (m)	хирург	χirurg

astronaute (m)	астронавт	astronavt
astronome (m)	астроном	astronom
pilote (m)	учкуч	utʃkutʃ

chauffeur (m)	айдоочу	ajdootʃu
conducteur (m) de train	машинист	maʃinist
mécanicien (m)	механик	meχanik

mineur (m)	кенчи	kentʃi
ouvrier (m)	жумушчу	dʒumuʃtʃu
serrurier (m)	слесарь	slesarʲ
menuisier (m)	жыгач уста	dʒıgatʃ usta
tourneur (m)	токарь	tokarʲ
ouvrier (m) du bâtiment	куруучу	kuruutʃu
soudeur (m)	ширеткич	ʃiretkitʃ

professeur (m) (titre)	профессор	professor
architecte (m)	архитектор	arχitektor
historien (m)	тарыхчы	tarıχtʃı
savant (m)	илимпоз	ilimpoz
physicien (m)	физик	fizik
chimiste (m)	химик	χimik

archéologue (m)	археолог	arχeolog
géologue (m)	геолог	geolog
chercheur (m)	изилдөөчү	izildøøtʃy

baby-sitter (m, f)	бала баккыч	bala bakkıtʃ
pédagogue (m, f)	мугалим	mugalim

rédacteur (m)	редактор	redaktor
rédacteur (m) en chef	башкы редактор	baʃkı redaktor
correspondant (m)	кабарчы	kabartʃı
dactylographe (f)	машинистка	maʃinistka

designer (m)	дизайнер	dizajner
informaticien (m)	компьютер адиси	kompjuter adisi
programmeur (m)	программист	programmist
ingénieur (m)	инженер	indʒener

marin (m)	деңизчи	deŋiztʃi
matelot (m)	матрос	matros
secouriste (m)	куткаруучу	kutkaruutʃu

pompier (m)	өрт өчүргүч	ørt øtʃyrgytʃ
policier (m)	полиция кызматкери	politsija kızmatkeri
veilleur (m) de nuit	кароолчу	karooltʃu
détective (m)	аңдуучу	aŋduutʃu

douanier (m)	бажы кызматкери	badʒı kızmatkeri
garde (m) du corps	жан сакчы	dʒan saktʃı
gardien (m) de prison	күзөтчү	kyzøtʃy
inspecteur (m)	инспектор	inspektor

sportif (m)	спортчу	sporttʃu
entraîneur (m)	машыктыруучу	maʃıktıruutʃu

boucher (m)	касапчы	kasaptʃı
cordonnier (m)	өтүкчү	øtyktʃy
commerçant (m)	жеке соодагер	dʒeke soodager
chargeur (m)	жүк ташуучу	dʒyk taʃuutʃu

| couturier (m) | модельер | modeljer |
| modèle (f) | модель | modelʲ |

131. Les occupations. Le statut social

| écolier (m) | окуучу | okuutʃu |
| étudiant (m) | студент | student |

philosophe (m)	философ	filosof
économiste (m)	экономист	ekonomist
inventeur (m)	ойлоп табуучу	ojlop tabuutʃu

chômeur (m)	жумушсуз	dʒumuʃsuz
retraité (m)	бааргер	baarger
espion (m)	тыңчы	tıŋtʃı

prisonnier (m)	камактагы адам	kamaktagı adam
gréviste (m)	иш калтыргыч	iʃ kaltırgıtʃ
bureaucrate (m)	бюрократ	bʉrokrat
voyageur (m)	саякатчы	sajakattʃı

homosexuel (m)	гомосексуалист	gomoseksualist
hacker (m)	хакер	χaker
hippie (m, f)	хиппи	χippi

bandit (m)	ууру-кески	uuru-keski
tueur (m) à gages	жалданма киши өлтүргүч	dʒaldanma kiʃi øltyrgytʃ
drogué (m)	баңги	baŋgi
trafiquant (m) de drogue	баңгизат сатуучу	baŋgizat satuutʃu
prostituée (f)	сойку	sojku
souteneur (m)	жан бакты	dʒan baktı

sorcier (m)	жадыгөй	dʒadıgøj
sorcière (f)	жадыгөй	dʒadıgøj
pirate (m)	деңиз каракчысы	deŋiz karaktʃısı
esclave (m)	кул	kul
samouraï (m)	самурай	samuraj
sauvage (m)	жапайы	dʒapajı

Le sport

132. Les types de sports. Les sportifs

sportif (m)	спортчу	sporttʃu
type (m) de sport	спорттун түрү	sporttun tyry
basket-ball (m)	баскетбол	basketbol
basketteur (m)	баскетбол ойноочу	basketbol ojnootʃu
base-ball (m)	бейсбол	bejsbol
joueur (m) de base-ball	бейсбол ойноочу	bejsbol ojnootʃu
football (m)	футбол	futbol
joueur (m) de football	футбол ойноочу	futbol ojnootʃu
gardien (m) de but	дарбазачы	darbazatʃı
hockey (m)	хоккей	χokkej
hockeyeur (m)	хоккей ойноочу	χokkej ojnootʃu
volley-ball (m)	волейбол	volejbol
joueur (m) de volley-ball	волейбол ойноочу	volejbol ojnootʃu
boxe (f)	бокс	boks
boxeur (m)	бокс мушташуучу	boks muʃtaʃuutʃu
lutte (f)	күрөш	kyrøʃ
lutteur (m)	күрөшчү	kyrøʃtʃy
karaté (m)	карате	karate
karatéka (m)	карате мушташуучу	karate muʃtaʃuutʃu
judo (m)	дзюдо	dzʉdo
judoka (m)	дзюдо чалуучу	dzʉdo tʃaluutʃu
tennis (m)	теннис	tennis
joueur (m) de tennis	теннис ойноочу	tennis ojnootʃu
natation (f)	сүзүү	syzyy
nageur (m)	сүзүүчү	syzyytʃy
escrime (f)	кылычташуу	kılıtʃtaʃuu
escrimeur (m)	кылычташуучу	kılıtʃtaʃuutʃu
échecs (m pl)	шахмат	ʃaχmat
joueur (m) d'échecs	шахмат ойноочу	ʃaχmat ojnootʃu
alpinisme (m)	альпинизм	alʲpinizm
alpiniste (m)	альпинист	alʲpinist
course (f)	чуркоо	tʃurkoo

coureur (m)	жөө күлүк	dʒøø kylyk
athlétisme (m)	жеңил атлетика	dʒeŋil atletika
athlète (m)	атлет	atlet

| équitation (f) | ат спорту | at sportu |
| cavalier (m) | чабандес | tʃabandes |

patinage (m) artistique	муз бийи	muz biji
patineur (m)	муз бийчи	muz bijtʃi
patineuse (f)	муз бийчи	muz bijtʃi

| haltérophilie (f) | оор атлетика | oor atletika |
| haltérophile (m) | оор атлет | oor atlet |

| course (f) automobile | авто жарыш | avto dʒarıʃ |
| pilote (m) | гонщик | gonʃtʃik |

| cyclisme (m) | велоспорт | velosport |
| cycliste (m) | велосипед тебүүчү | velosiped tebyytʃy |

sauts (m pl) en longueur	узундукка секирүү	uzundukka sekiryy
sauts (m pl) à la perche	шырык менен секирүү	ʃırık menen sekiryy
sauteur (m)	секирүүчү	sekiryytʃy

133. Les types de sports. Divers

football (m) américain	американский футбол	amerikanskij futbol
badminton (m)	бадминтон	badminton
biathlon (m)	биатлон	biatlon
billard (m)	бильярд	biljard

bobsleigh (m)	бобслей	bobslej
bodybuilding (m)	бодибилдинг	bodibilding
water-polo (m)	суу полосу	suu polosu
handball (m)	гандбол	gandbol
golf (m)	гольф	golʲf

aviron (m)	калакты уруу	kalaktı uruu
plongée (f)	сууга чөмүүчү	suuga tʃømyytʃy
course (f) à skis	чаңгы жарышы	tʃaŋgı dʒarıʃı
tennis (m) de table	стол тенниси	stol tennisi

voile (f)	парус астында сызуу	parus astında sızuu
rallye (m)	ралли	ralli
rugby (m)	регби	regbi
snowboard (m)	сноуборд	snoubord
tir (m) à l'arc	жаа атуу	dʒaa atuu

134. La salle de sport

| barre (f) à disques | штанга | ʃtanga |
| haltères (m pl) | гантелдер | gantelder |

appareil (m) d'entraînement	машыгуу машине	maʃɪguu maʃine
vélo (m) d'exercice	велотренажёр	velotrenadʒɪor
tapis (m) roulant	тегеретме	tegeretme

barre (f) fixe	көпүрө жыгач	køpyrø dʒɪgatʃ
barres (pl) parallèles	брусдар	brusdar
cheval (m) d'Arçons	ат	at
tapis (m) gymnastique	мат	mat

corde (f) à sauter	секиргич	sekirgitʃ
aérobic (m)	аэробика	aerobika
yoga (m)	йога	joga

135. Le hockey sur glace

hockey (m)	хоккей	χokkej
hockeyeur (m)	хоккей ойноочу	χokkej ojnootʃu
jouer au hockey	хоккей ойноо	χokkej ojnoo
glace (f)	муз	muz

palet (m)	шайба	ʃajba
crosse (f)	иймек таяк	ijmek tajak
patins (m pl)	коньки	konʲki

| rebord (m) | тосмо | tosmo |
| tir (m) | сокку | sokku |

gardien (m) de but	дарбазачы	darbazatʃɪ
but (m)	гол	gol
marquer un but	гол киргизүү	gol kirgizyy

période (f)	мезгил	mezgil
deuxième période (f)	экинчи мезгил	ekintʃi mezgil
banc (m) des remplaçants	кезек отургучу	kezek oturgutʃu

136. Le football

football (m)	футбол	futbol
joueur (m) de football	футбол ойноочу	futbol ojnootʃu
jouer au football	футбол ойноо	futbol ojnoo

ligue (f) supérieure	жогорку лига	dʒogorku liga
club (m) de football	футбол клубу	futbol klubu
entraîneur (m)	машыктыруучу	maʃɪktɪruutʃu
propriétaire (m)	ээси	eesi

équipe (f)	топ	top
capitaine (m) de l'équipe	топтун капитаны	toptun kapitanɪ
joueur (m)	оюнчу	ojʉntʃu
remplaçant (m)	кезектеги оюнчу	kezektegi ojʉntʃu
attaquant (m)	чабуулчу	tʃabuultʃu
avant-centre (m)	борбордук чабуулчу	borborduk tʃabuultʃu

butteur (m)	жаадыргыч	dʒaadırgıtʃ
arrière (m)	коргоочу	korgootʃu
demi (m)	жарым коргоочу	dʒarım korgootʃu
match (m)	матч	mattʃ
se rencontrer (vp)	жолугушуу	dʒoluguʃuu
finale (f)	финал	final
demi-finale (f)	жарым финал	dʒarım final
championnat (m)	чемпионат	tʃempionat
mi-temps (f)	тайм	tajm
première mi-temps (f)	биринчи тайм	birintʃi tajm
mi-temps (f) (pause)	тыныгуу	tınıguu
but (m)	дарбаза	darbaza
gardien (m) de but	дарбазачы	darbazatʃı
poteau (m)	штанга	ʃtanga
barre (f)	көпүрө жыгач	køpyrø dʒıgatʃ
filet (m)	тор	tor
encaisser un but	гол киргизип алуу	gol kirgizip aluu
ballon (m)	топ	top
passe (f)	топ узатуу	top uzatuu
coup (m)	сокку	sokku
porter un coup	сокку берүү	sokku beryy
coup (m) franc	жаза сокку	dʒaza sokku
corner (m)	бурчтан сокку	burtʃtan sokku
attaque (f)	чабуул	tʃabuul
contre-attaque (f)	каршы чабуул	karʃı tʃabuul
combinaison (f)	комбинация	kombinatsija
arbitre (m)	арбитр	arbitr
siffler (vi)	ышкыруу	ıʃkıruu
sifflet (m)	ышкырык	ıʃkırık
faute (f)	бузуу	buzuu
commettre un foul	бузуу	buzuu
expulser du terrain	оюн талаасынан чыгаруу	ojun talaasınan tʃıgaruu
carton (m) jaune	сары карточка	sarı kartotʃka
carton (m) rouge	кызыл карточка	kızıl kartotʃka
disqualification (f)	дисквалификация	diskvalifikatsija
disqualifier (vt)	дисквалифициялоо	diskvalifitsijaloo
penalty (m)	пенальти	penalʲti
mur (m)	дубал	dubal
marquer (vt)	жаадыруу	dʒaadıruu
but (m)	гол	gol
marquer un but	гол киргизүү	gol kirgizyy
remplacement (m)	алмаштыруу	almaʃtıruu
remplacer (vt)	алмаштыруу	almaʃtıruu
règles (f pl)	эрежелер	eredʒeler
tactique (f)	тактика	taktika
stade (m)	стадион	stadion
tribune (f)	трибуна	tribuna

| supporteur (m) | күйөрман | kyjørman |
| crier (vi) | кыйкыруу | kıjkıruu |

| tableau (m) | табло | tablo |
| score (m) | эсеп | esep |

défaite (f)	утулуу	utuluu
perdre (vi)	жеңилүү	dʒeŋilyy
match (m) nul	теңме-тең	teŋme-teŋ
faire match nul	теңме-тең бүтүрүү	teŋme-teŋ bytyryy

| victoire (f) | жеңиш | dʒeŋiʃ |
| gagner (vi, vt) | жеңүү | dʒeŋyy |

champion (m)	чемпион	tʃempion
meilleur (adj)	эң жакшы	eŋ dʒakʃı
féliciter (vt)	куттуктоо	kuttuktoo

commentateur (m)	баяндамачы	bajandamatʃı
commenter (vt)	баяндоо	bajandoo
retransmission (f)	берүү	beryy

137. Le ski alpin

skis (m pl)	чаңгы	tʃaŋgı
faire du ski	чаңгы тебүү	tʃaŋgı tebyy
station (f) de ski	тоо лыжа курорту	too lıdʒa kurortu
remontée (f) mécanique	көтөргүч	køtørgytʃ

bâtons (m pl)	таякчалар	tajaktʃalar
pente (f)	эңкейиш	eŋkejiʃ
slalom (m)	слалом	slalom

138. Le tennis. Le golf

golf (m)	гольф	golʲf
club (m) de golf	гольф-клуб	golʲf-klub
joueur (m) au golf	гольф оюнчу	golʲf ojuntʃu

trou (m)	тешикче	teʃiktʃe
club (m)	иймек таяк	ijmek tajak
chariot (m) de golf	иймек таяк үчүн арабача	ijmek tajak ytʃyn arabatʃa

| tennis (m) | теннис | tennis |
| court (m) de tennis | корт | kort |

| service (m) | кийирүү | kijiryy |
| servir (vi) | кийирүү | kijiryy |

raquette (f)	ракетка	raketka
filet (m)	тор	tor
balle (f)	топ	top

139. Les échecs

échecs (m pl)	шахмат	ʃaχmat
pièces (f pl)	шахмат фигурасы	ʃaχmat figurası
joueur (m) d'échecs	шахмат ойноочу	ʃaχmat ojnooʧu
échiquier (m)	шахмат тактасы	ʃaχmat taktası
pièce (f)	фигура	figura
blancs (m pl)	актар	aktar
noirs (m pl)	каралар	karalar
pion (m)	пешка	peʃka
fou (m)	пил	pil
cavalier (m)	ат	at
tour (f)	ладья	ladja
reine (f)	ферзь	ferzⁱ
roi (m)	король	korolⁱ
coup (m)	жүрүш	dʒyryʃ
jouer (déplacer une pièce)	жүрүү	dʒyryy
sacrifier (vt)	курман кылуу	kurman kıluu
roque (m)	рокировка	rokirovka
échec (m)	шах	ʃaχ
tapis (m)	мат	mat
tournoi (m) d'échecs	шахмат турнири	ʃaχmat turniri
grand maître (m)	гроссмейстер	grossmejster
combinaison (f)	комбинация	kombinatsija
partie (f)	партия	partija
dames (f pl)	шашкалар	ʃaʃkalar

140. La boxe

boxe (f)	бокс	boks
combat (m)	мушташ	muʃtaʃ
match (m)	жекеме-жеке мушташ	dʒekeme-dʒeke muʃtaʃ
round (m)	раунд	raund
ring (m)	ринг	ring
gong (m)	гонг	gong
coup (m)	сокку	sokku
knock-down (m)	нокдаун	nokdaun
knock-out (m)	нокаут	nokaut
mettre KO	нокаутка жиберүү	nokautka dʒiberyy
gant (m) de boxe	бокс колкабы	boks kolkabı
arbitre (m)	рефери	referi
poids (m) léger	жеңил салмак	dʒeŋil salmak
poids (m) moyen	орто салмак	orto salmak
poids (m) lourd	оор салмак	oor salmak

141. Le sport. Divers

Jeux (m pl) olympiques	Олимпиада Оюндары	olimpiada ojʉndarı
gagnant (m)	жеңүүчү	dʒeŋyytʃy
remporter (vt)	жеңүү	dʒeŋyy
gagner (vi)	утуу	utuu
leader (m)	топ башы	top baʃı
prendre la tête	топ башында болуу	top baʃında boluu
première place (f)	биринчи орун	birintʃi orun
deuxième place (f)	экинчи орун	ekintʃi orun
troisième place (f)	үчүнчү орун	ytʃyntʃy orun
médaille (f)	медаль	medalʲ
trophée (m)	трофей	trofej
coupe (f) (trophée)	кубок	kubok
prix (m)	байге	bajge
prix (m) principal	баш байге	baʃ bajge
record (m)	рекорд	rekord
établir un record	рекорд коюу	rekord kojʉu
finale (f)	финал	final
final (adj)	финалдык	finaldık
champion (m)	чемпион	tʃempion
championnat (m)	чемпионат	tʃempionat
stade (m)	стадион	stadion
tribune (f)	трибуна	tribuna
supporteur (m)	күйөрман	kyjørman
adversaire (m)	каршылаш	karʃılaʃ
départ (m)	старт	start
ligne (f) d'arrivée	маара	maara
défaite (f)	утулуу	utuluu
perdre (vi)	жеңилүү	dʒeŋilyy
arbitre (m)	судья	sudja
jury (m)	калыстар	kalıstar
score (m)	эсеп	esep
match (m) nul	теңме-тең	teŋme-teŋ
faire match nul	теңме-тең бүтүрүү	teŋme-teŋ bytyryy
point (m)	упай	upaj
résultat (m)	натыйжа	natıjdʒa
période (f)	убак	ubak
mi-temps (f) (pause)	тыныгуу	tınıguu
dopage (m)	допинг	doping
pénaliser (vt)	жазалоо	dʒazaloo
disqualifier (vt)	дисквалификациялоо	diskvalifitsijaloo
agrès (m)	снаряд	snarʲad

lance (f)	найза	najza
poids (m) (boule de métal)	ядро	jadro
bille (f) (de billard, etc.)	бильярд шары	biljard ʃarı
but (cible)	бута	buta
cible (~ en papier)	бута	buta
tirer (vi)	атуу	atuu
précis (un tir ~)	таамай	taamaj
entraîneur (m)	машыктыруучу	maʃıktıruutʃu
entraîner (vt)	машыктыруу	maʃıktıruu
s'entraîner (vp)	машыгуу	maʃiguu
entraînement (m)	машыгуу	maʃiguu
salle (f) de gym	спортзал	sportzal
exercice (m)	көнүгүү	kønygyy
échauffement (m)	дене керүү	dene keryy

L'éducation

142. L'éducation

école (f)	мектеп	mektep
directeur (m) d'école	мектеп директору	mektep direktoru
élève (m)	окуучу бала	okuutʃu bala
élève (f)	окуучу кыз	okuutʃu kız
écolier (m)	окуучу	okuutʃu
écolière (f)	окуучу кыз	okuutʃu kız
enseigner (vt)	окутуу	okutuu
apprendre (~ l'arabe)	окуу	okuu
apprendre par cœur	жаттоо	dʒattoo
apprendre (à faire qch)	үйрөнүү	yjrønyy
être étudiant, -e	мектепке баруу	mektepke baruu
aller à l'école	окууга баруу	okuuga baruu
alphabet (m)	алфавит	alfavit
matière (f)	сабак	sabak
salle (f) de classe	класс	klass
leçon (f)	сабак	sabak
récréation (f)	танапис	tanapis
sonnerie (f)	коңгуроо	konguroo
pupitre (m)	парта	parta
tableau (m) noir	такта	takta
note (f)	баа	baa
bonne note (f)	жакшы баа	dʒakʃı baa
mauvaise note (f)	жаман баа	dʒaman baa
donner une note	баа коюу	baa kojʉu
faute (f)	ката	kata
faire des fautes	ката кетирүү	kata ketiryy
corriger (une erreur)	түзөтүү	tyzøtyy
antisèche (f)	шпаргалка	ʃpargalka
devoir (m)	үй иши	yj iʃi
exercice (m)	көнүгүү	kønygyy
être présent	катышуу	katıʃuu
être absent	келбей калуу	kelbej kaluu
manquer l'école	сабактарды калтыруу	sabaktardı kaltıruu
punir (vt)	жазалоо	dʒazaloo
punition (f)	жаза	dʒaza
conduite (f)	жүрүм-турум	dʒyrym-turum

carnet (m) de notes	күндөлүк	kyndølyk
crayon (m)	карандаш	karandaʃ
gomme (f)	өчүргүч	øtʃyrgytʃ
craie (f)	бор	bor
plumier (m)	калем салгыч	kalem salgıtʃ

cartable (m)	портфель	portfelʲ
stylo (m)	калем сап	kalem sap
cahier (m)	дептер	depter
manuel (m)	китеп	kitep
compas (m)	циркуль	tsırkulʲ

| dessiner (~ un plan) | чийүү | tʃijyy |
| dessin (m) technique | чийме | tʃijme |

poésie (f)	ыр сап	ır sap
par cœur (adv)	жатка	dʒatka
apprendre par cœur	жаттоо	dʒattoo

vacances (f pl)	эс алуу	es aluu
être en vacances	эс алууда болуу	es aluuda boluu
passer les vacances	эс алууну өткөзүү	es aluunu øtkøzyy

interrogation (f) écrite	текшерүү иш	tekʃeryy iʃ
composition (f)	дил баян	dil bajan
dictée (f)	жат жаздыруу	dʒat dʒazdıruu
examen (m)	экзамен	ekzamen
passer les examens	экзамен тапшыруу	ekzamen tapʃıruu
expérience (f) (~ de chimie)	тажрыйба	tadʒrıjba

143. L'enseignement supérieur

académie (f)	академия	akademija
université (f)	университет	universitet
faculté (f)	факультет	fakulʲtet

étudiant (m)	студент бала	student bala
étudiante (f)	студент кыз	student kız
enseignant (m)	мугалим	mugalim

| salle (f) | дарскана | darskana |
| licencié (m) | окуу жайды бүтүрүүчү | okuu dʒajdı bytyryytʃy |

| diplôme (m) | диплом | diplom |
| thèse (f) | диссертация | dissertatsija |

| étude (f) | изилдөө | izildøø |
| laboratoire (m) | лаборатория | laboratorija |

| cours (m) | лекция | lektsija |
| camarade (m) de cours | курсташ | kurstaʃ |

| bourse (f) | стипендия | stipendija |
| grade (m) universitaire | илимий даража | ilimij daradʒa |

144. Les disciplines scientifiques

mathématiques (f pl)	математика	matematika
algèbre (f)	алгебра	algebra
géométrie (f)	геометрия	geometrija
astronomie (f)	астрономия	astronomija
biologie (f)	биология	biologija
géographie (f)	география	geografija
géologie (f)	геология	geologija
histoire (f)	тарых	tarıx
médecine (f)	медицина	meditsina
pédagogie (f)	педагогика	pedagogika
droit (m)	укук	ukuk
physique (f)	физика	fizika
chimie (f)	химия	ximija
philosophie (f)	философия	filosofija
psychologie (f)	психология	psixologija

145. Le système d'écriture et l'orthographe

grammaire (f)	грамматика	grammatika
vocabulaire (m)	лексика	leksika
phonétique (f)	фонетика	fonetika
nom (m)	зат атооч	zat atootʃ
adjectif (m)	сын атооч	sın atootʃ
verbe (m)	этиш	etiʃ
adverbe (m)	тактооч	taktootʃ
pronom (m)	ат атооч	at atootʃ
interjection (f)	сырдык сөз	sırdık søz
préposition (f)	препозиция	prepozitsija
racine (f)	сөздүн уңгусу	søzdyn uŋgusu
terminaison (f)	жалгоо	dʒalgoo
préfixe (m)	префикс	prefiks
syllabe (f)	муун	muun
suffixe (m)	суффикс	suffiks
accent (m) tonique	басым	basım
apostrophe (f)	апостроф	apostrof
point (m)	чекит	tʃekit
virgule (f)	үтүр	ytyr
point (m) virgule	чекитүү үтүр	tʃekityy ytyr
deux-points (m)	кош чекит	koʃ tʃekit
points (m pl) de suspension	көп чекит	køp tʃekit
point (m) d'interrogation	суроо белгиси	suroo belgisi
point (m) d'exclamation	илеп белгиси	ilep belgisi

guillemets (m pl)	тырмакча	tırmaktʃa
entre guillemets	тырмакчага алынган	tırmaktʃaga alıngan
parenthèses (f pl)	кашаа	kaʃaa
entre parenthèses	кашаага алынган	kaʃaaga alıngan
trait (m) d'union	дефис	defis
tiret (m)	тире	tire
blanc (m)	аралык	aralık
lettre (f)	тамга	tamga
majuscule (f)	баш тамга	baʃ tamga
voyelle (f)	үндүү тыбыш	yndyy tıbıʃ
consonne (f)	үнсүз тыбыш	ynsyz tıbıʃ
proposition (f)	сүйлөм	syjløm
sujet (m)	сүйлөмдүн ээси	syjlømdyn eesi
prédicat (m)	баяндооч	bajandootʃ
ligne (f)	сап	sap
à la ligne	жаңы сап	dʒaŋı sap
paragraphe (m)	абзац	abzats
mot (m)	сөз	søz
groupe (m) de mots	сөз айкашы	søz ajkaʃı
expression (f)	туюнтма	tujʉntma
synonyme (m)	синоним	sinonim
antonyme (m)	антоним	antonim
règle (f)	эреже	eredʒe
exception (f)	чектен чыгаруу	tʃekten tʃıgaruu
correct (adj)	туура	tuura
conjugaison (f)	жактоо	dʒaktoo
déclinaison (f)	жөндөлүш	dʒøndølyʃ
cas (m)	жөндөмө	dʒøndømø
question (f)	суроо	suroo
souligner (vt)	баса белгилөө	basa belgiløø
pointillé (m)	пунктир	punktir

146. Les langues étrangères

langue (f)	тил	til
étranger (adj)	чет	tʃet
langue (f) étrangère	чет тил	tʃet til
étudier (vt)	окуу	okuu
apprendre (~ l'arabe)	үйрөнүү	yjrønyy
lire (vi, vt)	окуу	okuu
parler (vi, vt)	сүйлөө	syjløø
comprendre (vt)	түшүнүү	tyʃynyy
écrire (vt)	жазуу	dʒazuu
vite (adv)	тез	tez
lentement (adv)	жай	dʒaj

couramment (adv)	эркин	erkin
règles (f pl)	эрежелер	eredʒeler
grammaire (f)	грамматика	grammatika
vocabulaire (m)	лексика	leksika
phonétique (f)	фонетика	fonetika

manuel (m)	китеп	kitep
dictionnaire (m)	сөздүк	søzdyk
manuel (m) autodidacte	өзү үйрөткүч	øzy yjrøtkytʃ
guide (m) de conversation	тилачар	tilatʃar

cassette (f)	кассета	kasseta
cassette (f) vidéo	видеокассета	videokasseta
CD (m)	CD, компакт-диск	sidi, kompakt-disk
DVD (m)	DVD-диск	dividi-disk

alphabet (m)	алфавит	alfavit
épeler (vt)	эжелеп айтуу	edʒelep ajtuu
prononciation (f)	айтылышы	ajtılıʃı

accent (m)	акцент	aktsent
avec un accent	акцент менен	aktsent menen
sans accent	акцентсиз	aktsentsiz

| mot (m) | сөз | søz |
| sens (m) | маани | maani |

cours (m pl)	курстар	kurstar
s'inscrire (vp)	курска жазылуу	kurska dʒazıluu
professeur (m) (~ d'anglais)	окутуучу	okutuutʃu

traduction (f) (action)	которуу	kotoruu
traduction (f) (texte)	кормо	kotormo
traducteur (m)	кормочу	kotormotʃu
interprète (m)	оозеки кормочу	oozeki kotormotʃu

| polyglotte (m) | полиглот | poliglot |
| mémoire (f) | эс тутум | es tutum |

147. Les personnages de contes de fées

Père Noël (m)	Санта Клаус	santa klaus
Cendrillon (f)	Кулала кыз	kylala kız
sirène (f)	суу периси	suu perisi
Neptune (m)	Нептун	neptun

magicien (m)	сыйкырчы	sıjkırtʃı
fée (f)	сыйкырчы	sıjkırtʃı
magique (adj)	сыйкырдуу	sıjkırduu
baguette (f) magique	сыйкырлуу таякча	sıjkırluu tajaktʃa

conte (m) de fées	жомок	dʒomok
miracle (m)	керемет	keremet
gnome (m)	эргежээл	ergedʒeel

se transformer en ...	...га айлануу	...ga ajlanuu
esprit (m) (revenant)	арбак	arbak
fantôme (m)	көрүнчү	køryntʃy
monstre (m)	желмогуз	dʒelmoguz
dragon (m)	ажыдаар	adʒıdaar
géant (m)	дөө	døø

148. Les signes du zodiaque

Bélier (m)	Кой	koj
Taureau (m)	Букачар	bukatʃar
Gémeaux (m pl)	Эгиздер	egizder
Cancer (m)	Рак	rak
Lion (m)	Арстан	arstan
Vierge (f)	Суу пери	suu peri

Balance (f)	Тараза	taraza
Scorpion (m)	Чаян	tʃajan
Sagittaire (m)	Жаачы	dʒaatʃı
Capricorne (m)	Текечер	teketʃer
Verseau (m)	Суу куяр	suu kujar
Poissons (m pl)	Балыктар	balıktar

caractère (m)	мүнөз	mynøz
traits (m pl) du caractère	мүнөздүн түрү	mynøzdyn tyry
conduite (f)	жүрүм-турум	dʒyrym-turum
dire la bonne aventure	төлгө ачуу	tølgø atʃuu
diseuse (f) de bonne aventure	көз ачык	køz atʃık
horoscope (m)	жылдыз төлгө	dʒıldız tølgø

L'art

149. Le théâtre

théâtre (m)	театр	teatr
opéra (m)	опера	opera
opérette (f)	оперетта	operetta
ballet (m)	балет	balet
affiche (f)	афиша	afiʃa
troupe (f) de théâtre	труппа	truppa
tournée (f)	гастрольго чыгуу	gastrolʲgo tʃɪguu
être en tournée	гастрольдо жүргү	gastrolʲdo dʒyryy
répéter (vt)	репетиция кылуу	repetitsija kɪluu
répétition (f)	репетиция	repetitsija
répertoire (m)	репертуар	repertuar
représentation (f)	көрсөтүү	kørsøtyy
spectacle (m)	спектакль	spektaklʲ
pièce (f) de théâtre	пьеса	pjesa
billet (m)	билет	bilet
billetterie (f pl)	билет кассасы	bilet kassasɪ
hall (m)	холл	χoll
vestiaire (m)	гардероб	garderob
jeton (m) de vestiaire	номерок	nomerok
jumelles (f pl)	дүрбү	dyrby
placeur (m)	текшерүүчү	tekʃeryytʃy
parterre (m)	партер	parter
balcon (m)	балкон	balkon
premier (m) balcon	бельэтаж	beljetadʒ
loge (f)	ложа	lodʒa
rang (m)	катар	katar
place (f)	орун	orun
public (m)	эл	el
spectateur (m)	көрүүчү	køryytʃy
applaudir (vi)	кол чабуу	kol tʃabuu
applaudissements (m pl)	кол чабуулар	kol tʃabuular
ovation (f)	дүркүрөгөн кол чабуулар	dyrkyrøgøn kol tʃabuular
scène (f) (monter sur ~)	сахна	saχna
rideau (m)	көшөгө	køʃøgø
décor (m)	декорация	dekoratsija
coulisses (f pl)	көшөгө артында	køʃøgø artɪnda
scène (f) (la dernière ~)	көрсөтмө	kørsøtmø
acte (m)	окуя	okuja
entracte (m)	антракт	antrakt

150. Le cinéma

acteur (m)	актёр	aktʲor
actrice (f)	актриса	aktrisa
cinéma (m) (industrie)	кино	kino
film (m)	тасма	tasma
épisode (m)	серия	serija
film (m) policier	детектив	detektiv
film (m) d'action	салгылаш тасмасы	salgılaʃ tasması
film (m) d'aventures	укмуштуу окуялуу тасма	ukmuʃtuu okujaluu tasma
film (m) de science-fiction	билим-жалган аралаш тасмасы	bilim-dʒalgan aralaʃ tasması
film (m) d'horreur	коркутуу тасмасы	korkutuu tasması
comédie (f)	күлкүлүү кино	kylkylyy kino
mélodrame (m)	ый менен кайгы аралаш	ıy menen kajgı aralaʃ
drame (m)	драма	drama
film (m) de fiction	көркөм тасма	kørkøm tasma
documentaire (m)	документүү тасма	dokumentyy tasma
dessin (m) animé	мультфильм	mulʲtfilʲm
cinéma (m) muet	үнсүз кино	ynsyz kino
rôle (m)	роль	rolʲ
rôle (m) principal	башкы роль	baʃkı rolʲ
jouer (vt)	ойноо	ojnoo
vedette (f)	кино жылдызы	kino dʒıldızı
connu (adj)	белгилүү	belgilyy
célèbre (adj)	атактуу	ataktuu
populaire (adj)	даңазалуу	daŋazaluu
scénario (m)	сценарий	stsenarij
scénariste (m)	сценарист	stsenarist
metteur (m) en scène	режиссёр	redʒissʲor
producteur (m)	продюсер	produser
assistant (m)	ассистент	assistent
opérateur (m)	оператор	operator
cascadeur (m)	айлагер	ajlager
doublure (f)	кейпин кийүүчү	kejpin kijyytʃy
tourner un film	тасма тартуу	tasma tartuu
audition (f)	сыноо	sınoo
tournage (m)	тартуу	tartuu
équipe (f) de tournage	тартуу группасы	tartuu gruppası
plateau (m) de tournage	тартуу аянты	tartuu ajantı
caméra (f)	кинокамера	kinokamera
cinéma (m)	кинотеатр	kinoteatr
écran (m)	экран	ekran
donner un film	тасманы көрсөтүү	tasmanı kørsøtyy
piste (f) sonore	үн нугу	yn nugu
effets (m pl) spéciaux	атайын эффектер	atajın effekter

sous-titres (m pl)	субтитрлер	subtitrler
générique (m)	титрлер	titrler
traduction (f)	которуу	kotoruu

151. La peinture

art (m)	көркөм өнөр	kørkøm ønør
beaux-arts (m pl)	көркөм чеберчилик	kørkøm ʧebertʃilik
galerie (f) d'art	арт-галерея	art-galereja
exposition (f) d'art	сүрөт көргөзмөсү	syrøt kørgøzmøsy

peinture (f)	живопись	dʒivopisʲ
graphique (f)	графика	grafika
art (m) abstrait	абстракционизм	abstraktsionizm
impressionnisme (m)	импрессионизм	impressionizm

tableau (m)	сүрөт	syrøt
dessin (m)	сүрөт	syrøt
poster (m)	көрнөк	kørnøk

illustration (f)	иллюстрация	illustratsija
miniature (f)	миниатюра	miniatura
copie (f)	көчүрмө	køʧyrmø
reproduction (f)	репродукция	reproduktsija

mosaïque (f)	мозаика	mozaika
vitrail (m)	витраж	vitradʒ
fresque (f)	фреска	freska
gravure (f)	гравюра	gravura

buste (m)	бюст	bust
sculpture (f)	айкел	ajkel
statue (f)	айкел	ajkel
plâtre (m)	гипс	gips
en plâtre	гипстен	gipsten

portrait (m)	портрет	portret
autoportrait (m)	автопортрет	avtoportret
paysage (m)	теребел сүрөтү	terebel syrøty
nature (f) morte	буюмдар сүрөтү	bujumdar syrøty
caricature (f)	карикатура	karikatura
croquis (m)	сомо	somo

peinture (f)	боек	boek
aquarelle (f)	акварель	akvarelʲ
huile (f)	майбоёк	majbojok
crayon (m)	карандаш	karandaʃ
encre (f) de Chine	тушь	tuʃ
fusain (m)	көмүр	kømyr

dessiner (vi, vt)	тартуу	tartuu
peindre (vi, vt)	боёк менен тартуу	bojok menen tartuu
poser (vi)	атайын туруу	atajın turuu
modèle (m)	атайын туруучу	atajın turuuʧu

modèle (f)	атайын туруучу	atajın turuutʃu
peintre (m)	сүрөтчү	syrøttʃy
œuvre (f) d'art	чыгарма	tʃıgarma
chef (m) d'œuvre	чеберчиликтин чокусу	tʃebertʃiliktin tʃokusu
atelier (m) d'artiste	устакана	ustakana

toile (f)	кендир	kendir
chevalet (m)	мольберт	molʲbert
palette (f)	палитра	palitra

encadrement (m)	алкак	alkak
restauration (f)	калыбына келтирүү	kalıbına keltiryy
restaurer (vt)	калыбына келтирүү	kalıbına keltiryy

152. La littérature et la poésie

littérature (f)	адабият	adabijat
auteur (m) (écrivain)	автор	avtor
pseudonyme (m)	лакап ат	lakap at

livre (m)	китеп	kitep
volume (m)	том	tom
table (f) des matières	мазмун	mazmun
page (f)	бет	bet
protagoniste (m)	башкы каарман	baʃkı kaarman
autographe (m)	кол тамга	kol tamga

récit (m)	окуя	okuja
nouvelle (f)	аңгеме	aŋgeme
roman (m)	роман	roman
œuvre (f) littéraire	дил баян	dil bajan
fable (f)	тамсил	tamsil
roman (m) policier	детектив	detektiv

vers (m)	ыр сап	ır sap
poésie (f)	поэзия	poezija
poème (m)	поэма	poema
poète (m)	акын	akın

belles-lettres (f pl)	сулуулатып жазуу	suluulatıp dʒazuu
science-fiction (f)	билим-жалган аралаш	bilim-dʒalgan aralaʃ
aventures (f pl)	укмуштуу окуялар	ukmuʃtuu okujalar
littérature (f) didactique	билим берүү адабияты	bilim beryy adabijatı
littérature (f) pour enfants	балдар адабияты	baldar adabijatı

153. Le cirque

cirque (m)	цирк	tsırk
chapiteau (m)	цирк-шапито	tsırk-ʃapito
programme (m)	программа	programma
représentation (f)	көрсөтүү	kørsøtyy
numéro (m)	номер	nomer

arène (f)	арена	arena
pantomime (f)	пантомима	pantomima
clown (m)	маскарапоз	maskarapoz
acrobate (m)	акробат	akrobat
acrobatie (f)	акробатика	akrobatika
gymnaste (m)	гимнаст	gimnast
gymnastique (f)	гимнастика	gimnastika
salto (m)	тоңкочуктап атуу	toŋkotʃuktap atuu
hercule (m)	атлет	atlet
dompteur (m)	ыкка көндүргүчү	ıkka køndyryytʃy
écuyer (m)	чабандес	tʃabandes
assistant (m)	жардамчы	dʒardamtʃı
truc (m)	ыкма	ıkma
tour (m) de passe-passe	көз боемо	køz boemo
magicien (m)	көз боемочу	køz boemotʃu
jongleur (m)	жонглёр	dʒonglʲor
jongler (vi)	жонглёрлук кылуу	dʒonglʲorluk kıluu
dresseur (m)	үйрөтүүчү	yjrøtyytʃy
dressage (m)	үйрөтүү	yjrøtyy
dresser (vt)	үйрөтүү	yjrøtyy

154. La musique

musique (f)	музыка	muzıka
musicien (m)	музыкант	muzıkant
instrument (m) de musique	музыка аспабы	muzıka aspabı
jouer de ...	...да ойноо	...da ojnoo
guitare (f)	гитара	gitara
violon (m)	скрипка	skripka
violoncelle (m)	виолончель	violontʃelʲ
contrebasse (f)	контрабас	kontrabas
harpe (f)	арфа	arfa
piano (m)	пианино	pianino
piano (m) à queue	рояль	rojalʲ
orgue (m)	орган	organ
instruments (m pl) à vent	үйлө аспаптары	yjlø aspaptarı
hautbois (m)	гобой	goboj
saxophone (m)	саксофон	saksofon
clarinette (f)	кларнет	klarnet
flûte (f)	флейта	flejta
trompette (f)	сурнай	surnaj
accordéon (m)	аккордеон	akkordeon
tambour (m)	добулбас	dobulbas
duo (m)	дуэт	duet
trio (m)	трио	trio

quartette (m)	квартет	kvartet
chœur (m)	хор	χor
orchestre (m)	оркестр	orkestr

musique (f) pop	поп-музыка	pop-muzıka
musique (f) rock	рок-музыка	rok-muzıka
groupe (m) de rock	рок-группа	rok-gruppa
jazz (m)	джаз	dʒaz

| idole (f) | аздек | azdek |
| admirateur (m) | күйөрман | kyjørman |

concert (m)	концерт	kontsert
symphonie (f)	симфония	simfonija
œuvre (f) musicale	чыгарма	tʃıgarma
composer (vt)	чыгаруу	tʃıgaruu

chant (m) (~ d'oiseau)	ырдоо	ırdoo
chanson (f)	ыр	ır
mélodie (f)	обон	obon
rythme (m)	ыргак	ırgak
blues (m)	блюз	blʉz

notes (f pl)	ноталар	notalar
baguette (f)	таякча	tajaktʃa
archet (m)	кылдуу таякча	kılduu tajaktʃa
corde (f)	кыл	kıl
étui (m)	куту	kutu

Les loisirs. Les voyages

155. Les voyages. Les excursions

tourisme (m)	туризм	turizm
touriste (m)	турист	turist
voyage (m) (à l'étranger)	саякат	sajakat
aventure (f)	укмуштуу окуя	ukmuʃtuu okuja
voyage (m)	сапар	sapar
vacances (f pl)	дем алыш	dem alıʃ
être en vacances	дем алышка чыгуу	dem alıʃka ʧıguu
repos (m) (jours de ~)	эс алуу	es aluu
train (m)	поезд	poezd
en train	поезд менен	poezd menen
avion (m)	учак	uʧak
en avion	учакта	uʧakta
en voiture	автомобилде	avtomobilde
en bateau	кемеде	kemede
bagage (m)	жүк	dʒyk
malle (f)	чемодан	ʧemodan
chariot (m)	араба	araba
passeport (m)	паспорт	pasport
visa (m)	виза	viza
ticket (m)	билет	bilet
billet (m) d'avion	авиабилет	aviabilet
guide (m) (livre)	жол көрсөткүч	dʒol kørsøtkyʧ
carte (f)	карта	karta
région (f) (~ rurale)	жай	dʒaj
endroit (m)	жер	dʒer
exotisme (m)	экзотика	ekzotika
exotique (adj)	экзотикалуу	ekzotikaluu
étonnant (adj)	ажайып	adʒajıp
groupe (m)	топ	top
excursion (f)	экскурсия	ekskursija
guide (m) (personne)	экскурсия жетекчиси	ekskursija dʒetekʧisi

156. L'hôtel

hôtel (m), auberge (f)	мейманкана	mejmankana
motel (m)	мотель	motelʲ
3 étoiles	үч жылдыздуу	yʧ dʒıldızduu

| 5 étoiles | беш жылдыздуу | beʃ dʒıldızduu |
| descendre (à l'hôtel) | токтоо | toktoo |

chambre (f)	номер	nomer
chambre (f) simple	бир орундуу	bir orunduu
chambre (f) double	эки орундуу	eki orunduu
réserver une chambre	номерди камдык буйрутмалоо	nomerdi kamdık bujrutmaloo

| demi-pension (f) | жарым пансион | dʒarım pansion |
| pension (f) complète | толук пансион | toluk pansion |

avec une salle de bain	ваннасы менен	vannası menen
avec une douche	душ менен	duʃ menen
télévision (f) par satellite	спутник	sputnik
climatiseur (m)	аба желдеткич	aba dʒeldetkitʃ
serviette (f)	сүлгү	sylgy
clé (f)	ачкыч	atʃkıtʃ

administrateur (m)	администратор	administrator
femme (f) de chambre	үй кызматкери	yj kızmatkeri
porteur (m)	жүк ташуучу	dʒyk taʃuutʃu
portier (m)	эшик ачуучу	eʃik atʃuutʃu

restaurant (m)	ресторан	restoran
bar (m)	бар	bar
petit déjeuner (m)	таңкы тамак	taŋkı tamak
dîner (m)	кечки тамак	ketʃki tamak
buffet (m)	шведче стол	ʃvedtʃe stol

| hall (m) | вестибюль | vestibulʲ |
| ascenseur (m) | лифт | lift |

| PRIÈRE DE NE PAS DÉRANGER | ТЫНЧЫБЫЗДЫ АЛБАГЫЛА! | tıntʃıbızdı albagıla! |
| DÉFENSE DE FUMER | ТАМЕКИ ЧЕГҮҮГӨ БОЛБОЙТ! | tameki tʃegyygø bolbojt! |

157. Le livre. La lecture

livre (m)	китеп	kitep
auteur (m)	автор	avtor
écrivain (m)	жазуучу	dʒazuutʃu
écrire (~ un livre)	жазуу	dʒazuu

lecteur (m)	окурман	okurman
lire (vi, vt)	окуу	okuu
lecture (f)	окуу	okuu

| à part soi | үн чыгарбай | yn tʃıgarbaj |
| à haute voix | үн чыгарып | yn tʃıgarıp |

| éditer (vt) | басып чыгаруу | basıp tʃıgaruu |
| édition (f) (~ des livres) | басып чыгаруу | basıp tʃıgaruu |

éditeur (m)	басып чыгаруучу	basıp ʧıgaruutʃu
maison (f) d'édition	басмакана	basmakana
paraître (livre)	жарык көрүү	dʒarık køryy
sortie (f) (~ d'un livre)	чыгуу	ʧıguu
tirage (m)	нуска	nuska
librairie (f)	китеп дүкөнү	kitep dykøny
bibliothèque (f)	китепкана	kitepkana
nouvelle (f)	аңгеме	aŋgeme
récit (m)	окуя	okuja
roman (m)	роман	roman
roman (m) policier	детектив	detektiv
mémoires (m pl)	эсте калгандары	este kalgandarı
légende (f)	уламыш	ulamıʃ
mythe (m)	миф	mif
vers (m pl)	ыр	ır
autobiographie (f)	автобиография	avtobiografija
les œuvres choisies	тандалма	tandalma
science-fiction (f)	билим-жалган аралаш	bilim-dʒalgan aralaʃ
titre (m)	аталышы	atalıʃı
introduction (f)	кириш сөз	kiriʃ søz
page (f) de titre	наам барагы	naam baragı
chapitre (m)	бөлум	bølum
extrait (m)	үзүндү	yzyndy
épisode (m)	эпизод	epizod
sujet (m)	сюжет	sʊdʒet
sommaire (m)	мазмун	mazmun
table (f) des matières	мазмун	mazmun
protagoniste (m)	башкы каарман	baʃkı kaarman
volume (m)	том	tom
couverture (f)	мукаба	mukaba
reliure (f)	мукабалоо	mukabaloo
marque-page (m)	чөп кат	ʧøp kat
page (f)	бет	bet
feuilleter (vt)	барактоо	baraktoo
marges (f pl)	талаа	talaa
annotation (f)	белги	belgi
note (f) de bas de page	эскертүү	eskertyy
texte (m)	текст	tekst
police (f)	шрифт	ʃrift
faute (f) d'impression	ката	kata
traduction (f)	котормо	kotormo
traduire (vt)	которуу	kotoruu
original (m)	түпнуска	typnuska
célèbre (adj)	атактуу	ataktuu

inconnu (adj)	белгисиз	belgisiz
intéressant (adj)	кызыктуу	kızıktuu
best-seller (m)	талашып сатып алынган	talaʃip satıp alıngan

dictionnaire (m)	сөздүк	søzdyk
manuel (m)	китеп	kitep
encyclopédie (f)	энциклопедия	entsiklopedija

158. La chasse. La pêche

chasse (f)	аңчылык	aŋtʃılık
chasser (vi, vt)	аңчылык кылуу	aŋtʃılık kıluu
chasseur (m)	аңчы	aŋtʃı

tirer (vi)	атуу	atuu
fusil (m)	мылтык	mıltık
cartouche (f)	ок	ok
grains (m pl) de plomb	чачма	tʃatʃma

piège (m) à mâchoires	капкан	kapkan
piège (m)	тузак	tuzak
être pris dans un piège	капканга түшүү	kapkanga tyʃyy
mettre un piège	капкан коюу	kapkan kojʉu

braconnier (m)	браконьер	brakonjer
gibier (m)	илбээсин	ilbeesin
chien (m) de chasse	тайган	tajgan
safari (m)	сафари	safari
animal (m) empaillé	кеп	kep
pêcheur (m)	балыкчы	balıktʃı
pêche (f)	балык улоо	balık uloo
pêcher (vi)	балык улоо	balık uloo

canne (f) à pêche	кайырмак	kajırmak
ligne (f) de pêche	кайырмак жиби	kajırmak dʒibi
hameçon (m)	илгич	ilgitʃ
flotteur (m)	калкыма	kalkıma
amorce (f)	жем	dʒem

lancer la ligne	кайырмак таштоо	kajırmak taʃtoo
mordre (vt)	чокулоо	tʃokuloo
pêche (f) (poisson capturé)	кармалган балык	karmalgan balık
trou (m) dans la glace	муздагы оюк	muzdagı ojʉk

filet (m)	тор	tor
barque (f)	кайык	kajık
pêcher au filet	тор менен кармоо	tor menen karmoo
jeter un filet	тор таштоо	tor taʃtoo
retirer le filet	торду чыгаруу	tordu tʃıgaruu
tomber dans le filet	торго түшүү	torgo tyʃyy

baleinier (m)	кит уулоочу	kit uulootʃu
baleinière (f)	кит уулоочу кеме	kit uulootʃu keme
harpon (m)	гарпун	garpun

159. Les jeux. Le billard

billard (m)	бильярд	biljard
salle (f) de billard	бильярдкана	biljardkana
bille (f) de billard	бильярд шары	biljard ʃarı
empocher une bille	шарды киргизүү	ʃardı kirgizyy
queue (f)	кий	kij
poche (f)	луза	luza

160. Les jeux de cartes

carreau (m)	момун	momun
pique (m)	карга	karga
cœur (m)	кызыл ача	kızıl atʃa
trèfle (m)	чырым	tʃırım
as (m)	туз	tuz
roi (m)	король	korolʲ
dame (f)	матке	matke
valet (m)	балта	balta
carte (f)	оюн картасы	ojɥn kartası
jeu (m) de cartes	карталар	kartalar
atout (m)	көзүр	køzyr
paquet (m) de cartes	колода	koloda
point (m)	очко	otʃko
distribuer (les cartes)	таратуу	taratuu
battre les cartes	аралаштыруу	aralaʃtıruu
tour (m) de jouer	жүрүү	dʒyryy
tricheur (m)	шумпай	ʃumpaj

161. Le casino. La roulette

casino (m)	казино	kazino
roulette (f)	рулетка	ruletka
mise (f)	коюм	kojɥm
miser (vt)	коюм коюу	kojɥm kojɥu
rouge (m)	кызыл	kızıl
noir (m)	кара	kara
miser sur le rouge	кызылга коюу	kızılga kojɥu
miser sur le noir	карага коюу	karaga kojɥu
croupier (m)	крупье	krupje
faire tourner la roue	барабанды айлантуу	barabandı ajlantuu
règles (f pl) du jeu	оюн эрежеси	odʒɥn eredʒesi
fiche (f)	фишка	fiʃka
gagner (vi, vt)	утуу	utuu
gain (m)	утуу	utuu

| perdre (vi) | жеңилүү | dʒeŋilyy |
| perte (f) | уткузуу | utkuzuu |

joueur (m)	оюнчу	ojʉntʃu
black-jack (m)	блэк джек	blek dʒek
jeu (m) de dés	сөөк оюну	søøk ojʉnu
dés (m pl)	сөөктөр	søøktør
machine (f) à sous	оюн автоматы	ojʉn avtomatı

162. Les loisirs. Les jeux

se promener (vp)	сейилдөө	sejildøø
promenade (f)	жөө сейилдөө	dʒøø sejildøø
promenade (f) (en voiture)	саякат	sajakat
aventure (f)	укмуштуу окуя	ukmuʃtuu okuja
pique-nique (m)	пикник	piknik

jeu (m)	оюн	ojʉn
joueur (m)	оюнчу	ojʉntʃu
partie (f) (~ de cartes, etc.)	партия	partija

collectionneur (m)	жыйнакчы	dʒıjnaktʃı
collectionner (vt)	жыйноо	dʒıjnoo
collection (f)	жыйнак	dʒıjnak

mots (m pl) croisés	кроссворд	krossvord
hippodrome (m)	ат майданы	at majdanı
discothèque (f)	дискотека	diskoteka

| sauna (m) | сауна | sauna |
| loterie (f) | лотерея | lotereja |

trekking (m)	жөө сапар	dʒøø sapar
camp (m)	лагерь	lagerʲ
tente (f)	чатыр	tʃatır
boussole (f)	компас	kompas
campeur (m)	турист	turist

regarder (la télé)	көрүү	køryy
téléspectateur (m)	телекөрүүчү	telekøryytʃy
émission (f) de télé	теле көрсөтүү	tele kørsøtyy

163. La photographie

| appareil (m) photo | фотоаппарат | fotoapparat |
| photo (f) | фото | foto |

photographe (m)	сүрөтчү	syrøttʃy
studio (m) de photo	фотостудия	fotostudija
album (m) de photos	фотоальбом	fotoalʲbom
objectif (m)	объектив	obʲjektiv
téléobjectif (m)	телеобъектив	teleobʲjektiv

filtre (m)	фильтр	fil'tr
lentille (f)	линза	linza

optique (f)	оптика	optika
diaphragme (m)	диафрагма	diafragma
temps (m) de pose	тушугуу	tuʃuguu
viseur (m)	көрүнүш табуучу	kørynyʃ tabuutʃu

appareil (m) photo numérique	санарип камерасы	sanarip kamerası
trépied (m)	үч бут	ytʃ but
flash (m)	жарк этүү	dʒark etyy

photographier (vt)	сүрөткө тартуу	syrøtkø tartuu
prendre en photo	тартуу	tartuu
se faire prendre en photo	сүрөткө түшүү	syrøtkø tyʃyy

mise (f) au point	фокус	fokus
mettre au point	фокусту оңдоо	fokustu oŋdoo
net (adj)	фокуста	fokusta
netteté (f)	дааналык	daanalık

contraste (m)	контраст	kontrast
contrasté (adj)	контрасттагы	kontrasttagı

épreuve (f)	сүрөт	syrøt
négatif (m)	негатив	negativ
pellicule (f)	фотоплёнка	fotopl'onka
image (f)	кадр	kadr
tirer (des photos)	басып чыгаруу	basıp tʃıgaruu

164. La plage. La baignade

plage (f)	суу жээги	suu dʒeegi
sable (m)	кум	kum
désert (plage ~e)	ээн суу жээги	een suu dʒeegi

bronzage (m)	күнгө күйүү	kyngø kyjyy
se bronzer (vp)	күнгө кактануу	kyngø kaktanuu
bronzé (adj)	күнгө күйгөн	kyngø kyjgøn
crème (f) solaire	күнгө күйүш үчүн крем	kyngø kyjyʃ ytʃyn krem

bikini (m)	бикини	bikini
maillot (m) de bain	купальник	kupal'nik
slip (m) de bain	плавки	plavki

piscine (f)	бассейн	bassejn
nager (vi)	сүзүү	syzyy
douche (f)	душ	duʃ
se changer (vp)	кийим алмаштыруу	kijim almaʃtıruu
serviette (f)	сүлгү	sylgy

barque (f)	кайык	kajık
canot (m) à moteur	катер	kater
ski (m) nautique	суу чаңгысы	suu tʃaŋgısı

pédalo (m)	суу велосипеди	suu velosipedi
surf (m)	тактай тебүү	taktaj tebyy
surfeur (m)	тактай тебүүчү	taktaj tebyytʃy

scaphandre (m) autonome	акваланг	akvalang
palmes (f pl)	ласты	lastı
masque (m)	маска	maska
plongeur (m)	сууга сүңгүү	suuga syŋgyy
plonger (vi)	сүңгүү	syŋgyy
sous l'eau (adv)	суу астында	suu astında

parasol (m)	зонт	zont
chaise (f) longue	шезлонг	ʃezlong
lunettes (f pl) de soleil	көз айнек	køz ajnek
matelas (m) pneumatique	сүзүү үчүн матрас	syzyy ytʃyn matras

| jouer (s'amuser) | ойноо | ojnoo |
| se baigner (vp) | сууга түшүү | suuga tyʃyy |

ballon (m) de plage	топ	top
gonfler (vt)	үйлөө	yjløø
gonflable (adj)	үйлөнмө	yjlønmø

vague (f)	толкун	tolkun
bouée (f)	буй	buj
se noyer (vp)	чөгүү	tʃøgyy

sauver (vt)	куткаруу	kutkaruu
gilet (m) de sauvetage	куткаруучу күрмө	kutkaruutʃu kyrmø
observer (vt)	байкоо	bajkoo
maître nageur (m)	куткаруучу	kutkaruutʃu

LE MATÉRIEL TECHNIQUE. LES TRANSPORTS

Le matériel technique

165. L'informatique

ordinateur (m)	компьютер	kompjuter
PC (m) portable	ноутбук	noutbuk
allumer (vt)	күйгүзүү	kyjgyzyy
éteindre (vt)	өчүрүү	øʧyryy
clavier (m)	ариптакта	ariptakta
touche (f)	баскыч	baskıʧ
souris (f)	чычкан	ʧıʧkan
tapis (m) de souris	килемче	kilemʧe
bouton (m)	баскыч	baskıʧ
curseur (m)	курсор	kursor
moniteur (m)	монитор	monitor
écran (m)	экран	ekran
disque (m) dur	катуу диск	katuu disk
capacité (f) du disque dur	катуу дисктин көлөмү	katuu disktin kølømy
mémoire (f)	эс тутум	es tutum
mémoire (f) vive	оперативдик эс тутум	operativdik es tutum
fichier (m)	файл	fajl
dossier (m)	папка	papka
ouvrir (vt)	ачуу	aʧuu
fermer (vt)	жабуу	dʒabuu
sauvegarder (vt)	сактоо	saktoo
supprimer (vt)	жок кылуу	dʒok kıluu
copier (vt)	көчүрүү	køʧyryy
trier (vt)	иреттөө	irettøø
copier (vt)	өткөрүү	øtkøryy
programme (m)	программа	programma
logiciel (m)	программалык	programmalık
programmeur (m)	программист	programmist
programmer (vt)	программалаштыруу	programmalaʃtıruu
hacker (m)	хакер	χaker
mot (m) de passe	сырсөз	sırsøz
virus (m)	вирус	virus
découvrir (détecter)	издеп табуу	izdep tabuu
bit (m)	байт	bajt

mégabit (m)	мегабайт	megabajt
données (f pl)	маалыматтар	maalımattar
base (f) de données	маалымат базасы	maalımat bazası
câble (m)	кабель	kabelʲ
déconnecter (vt)	ажыратуу	adʒıratuu
connecter (vt)	туташтыруу	tutaʃtıruu

166. L'Internet. Le courrier électronique

Internet (m)	интернет	internet
navigateur (m)	браузер	brauzer
moteur (m) de recherche	издөө аспабы	izdøø aspabı
fournisseur (m) d'accès	провайдер	provajder
administrateur (m) de site	веб-мастер	web-master
site (m) web	веб-сайт	web-sajt
page (f) web	веб-баракча	web-baraktʃa
adresse (f)	дарек	darek
carnet (m) d'adresses	дарек китепчеси	darek kiteptʃesi
boîte (f) de réception	почта ящиги	potʃta jaʃtʃigi
courrier (m)	почта	potʃta
pleine (adj)	толуп калган	tolup kalgan
message (m)	кабар	kabar
messages (pl) entrants	келген кабарлар	kelgen kabarlar
messages (pl) sortants	жөнөтүлгөн кабарлар	dʒønøtylgøn kabarlar
expéditeur (m)	жөнөтүүчү	dʒønøtyytʃy
envoyer (vt)	жөнөтүү	dʒønøtyy
envoi (m)	жөнөтүү	dʒønøtyy
destinataire (m)	алуучу	aluutʃu
recevoir (vt)	алуу	aluu
correspondance (f)	жазышуу	dʒazıʃuu
être en correspondance	жазышуу	dʒazıʃuu
fichier (m)	файл	fajl
télécharger (vt)	жүктөө	dʒyktøø
créer (vt)	жаратуу	dʒaratuu
supprimer (vt)	жок кылуу	dʒok kıluu
supprimé (adj)	жок кылынган	dʒok kılıngan
connexion (f) (ADSL, etc.)	байланыш	bajlanıʃ
vitesse (f)	ылдамдык	ıldamdık
modem (m)	модем	modem
accès (m)	жеткирилүү	dʒetkirilyy
port (m)	порт	port
connexion (f) (établir la ~)	туташуу	tutaʃuu
se connecter à ...	... туташуу	... tutaʃuu

| sélectionner (vt) | тандоо | tandoo |
| rechercher (vt) | ... издее | ... izdøø |

167. L'électricité

électricité (f)	электр кубаты	elektr kubatı
électrique (adj)	электрикалык	elektrikalık
centrale (f) électrique	электростанция	elektrostantsija
énergie (f)	энергия	energija
énergie (f) électrique	электр кубаты	elektr kubatı

ampoule (f)	лампочка	lampotʃka
torche (f)	шам	ʃam
réverbère (m)	шам	ʃam

lumière (f)	жарык	dʒarık
allumer (vt)	күйгүзүү	kyjgyzyy
éteindre (vt)	өчүрүү	øtʃyryy
éteindre la lumière	жарыкты өчүрүү	dʒarıktı øtʃyryy

être grillé	күйүп кетүү	kyjyp ketyy
court-circuit (m)	кыска туташуу	kıska tutaʃuu
rupture (f)	үзүлүү	yzylyy
contact (m)	контакт	kontakt

interrupteur (m)	өчүргүч	øtʃyrgytʃ
prise (f)	розетка	rozetka
fiche (f)	сайгыч	sajgıtʃ
rallonge (f)	узарткыч	uzartkıtʃ

fusible (m)	эриме сактагыч	erime saktagıtʃ
fil (m)	зым	zım
installation (f) électrique	электр зымы	elektr zımı

ampère (m)	ампер	amper
intensité (f) du courant	токтун күчү	toktun kytʃy
volt (m)	вольт	volʲt
tension (f)	чыңалуу	tʃıŋaluu

| appareil (m) électrique | электр алет | elektr alet |
| indicateur (m) | көрсөткүч | kørsøtkytʃ |

électricien (m)	электрик	elektrik
souder (vt)	кандоо	kandoo
fer (m) à souder	кандагыч аспап	kandagıtʃ aspap
courant (m)	электр тогу	elektr togu

168. Les outils

outil (m)	аспап	aspap
outils (m pl)	аспаптар	aspaptar
équipement (m)	жабдуу	dʒabduu

marteau (m)	балка	balka
tournevis (m)	бурагыч	buragıtʃ
hache (f)	балта	balta
scie (f)	араа	araa
scier (vt)	аралоо	araloo
rabot (m)	тактай сүргүч	taktaj syrgytʃ
raboter (vt)	сүргү	syryy
fer (m) à souder	кандагыч аспап	kandagıtʃ aspap
souder (vt)	кандоо	kandoo
lime (f)	өгөө	øgøø
tenailles (f pl)	аттиш	attiʃ
pince (f) plate	жалпак тиштүү кычкач	dʒalpak tiʃtyy kıtʃkatʃ
ciseau (m)	тешкич	teʃkitʃ
foret (m)	бургу	burgu
perceuse (f)	үшкү	yʃky
percer (vt)	бургулап тешүү	burgulap teʃyy
couteau (m)	бычак	bıtʃak
canif (m)	чөнтөк бычак	tʃøntøk bıtʃak
lame (f)	миз	miz
bien affilé (adj)	курч	kurtʃ
émoussé (adj)	мокок	mokok
s'émousser (vp)	мокотулуу	mokotuluu
affiler (vt)	курчутуу	kurtʃutuu
boulon (m)	буроо	buroo
écrou (m)	бурама	burama
filetage (m)	бураманын сайы	buramanın sajı
vis (f) à bois	буроо мык	buroo mık
clou (m)	мык	mık
tête (f) de clou	баш	baʃ
règle (f)	сызгыч	sızgıtʃ
mètre (m) à ruban	рулетка	ruletka
niveau (m) à bulle	денгээл	dengeel
loupe (f)	чоңойтуч	tʃoŋojtutʃ
appareil (m) de mesure	ченөөчү аспап	tʃenøøtʃy aspap
mesurer (vt)	ченөө	tʃenøø
échelle (f) (~ métrique)	шкала	ʃkala
relevé (m)	көрсөтүү ченем	kørsøtyy tʃenem
compresseur (m)	компрессор	kompressor
microscope (m)	микроскоп	mikroskop
pompe (f)	соргу	sorgu
robot (m)	робот	robot
laser (m)	лазер	lazer
clé (f) de serrage	гайка ачкычы	gajka atʃkıtʃı
ruban (m) adhésif	жабышкак тасма	dʒabıʃkak tasma

colle (f)	желим	dʒelim
papier (m) d'émeri	кум кагаз	kum kagaz
ressort (m)	серпилгич	serpilgitʃ
aimant (m)	магнит	magnit
gants (m pl)	колкап	kolkap

corde (f)	аркан	arkan
cordon (m)	жип	dʒip
fil (m) (~ électrique)	зым	zım
câble (m)	кабель	kabelʲ

masse (f)	барскан	barskan
pic (m)	лом	lom
escabeau (m)	шаты	ʃatı
échelle (f) double	кичинекей шаты	kitʃinekej ʃatı

visser (vt)	бурап бекитүү	burap bekityy
dévisser (vt)	бурап чыгаруу	burap tʃıgaruu
serrer (vt)	кысуу	kısuu
coller (vt)	жабыштыруу	dʒabıʃtıruu
couper (vt)	кесүү	kesyy

défaut (m)	бузулгандык	buzulgandık
réparation (f)	оңдоо	oŋdoo
réparer (vt)	оңдоо	oŋdoo
régler (vt)	тууралоо	tuuraloo

vérifier (vt)	текшерүү	tekʃeryy
vérification (f)	текшерүү	tekʃeryy
relevé (m)	көрсөтүү ченем	kørsøtyy tʃenem

| fiable (machine ~) | ишеничтүү | iʃenitʃtyy |
| complexe (adj) | кыйын | kıjın |

rouiller (vi)	дат басуу	dat basuu
rouillé (adj)	дат баскан	dat baskan
rouille (f)	дат	dat

Les transports

169. L'avion

avion (m)	учак	utʃak
billet (m) d'avion	авиабилет	aviabilet
compagnie (f) aérienne	авиакомпания	aviakompanija
aéroport (m)	аэропорт	aeroport
supersonique (adj)	сверхзвуковой	sverχzvukovoj
commandant (m) de bord	кеме командири	keme komandiri
équipage (m)	экипаж	ekipadʒ
pilote (m)	учкуч	utʃkutʃ
hôtesse (f) de l'air	стюардесса	stɯardessa
navigateur (m)	штурман	ʃturman
ailes (f pl)	канаттар	kanattar
queue (f)	куйрук	kujruk
cabine (f)	кабина	kabina
moteur (m)	кыймылдаткыч	kɯjmɯldatkɯtʃ
train (m) d'atterrissage	шасси	ʃassi
turbine (f)	турбина	turbina
hélice (f)	пропеллер	propeller
boîte (f) noire	кара куту	kara kutu
gouvernail (m)	штурвал	ʃturval
carburant (m)	күйүүчү май	kyjyytʃy may
consigne (f) de sécurité	коопсуздук көрсөтмөсү	koopsuzduk kørsøtmøsy
masque (m) à oxygène	кислород чүмбөтү	kislorod tʃymbøty
uniforme (m)	бир беткей кийим	bir betkey kijim
gilet (m) de sauvetage	куткаруучу күрмө	kutkaruutʃu kyrmø
parachute (m)	парашют	paraʃɯt
décollage (m)	учуп көтөрүлүү	utʃup køtørylyy
décoller (vi)	учуп көтөрүлүү	utʃup køtørylyy
piste (f) de décollage	учуп чыгуу тилкеси	utʃup tʃɯguu tilkesi
visibilité (f)	көрүнүш	kørynyʃ
vol (m) (~ d'oiseau)	учуу	utʃuu
altitude (f)	бийиктик	bijiktik
trou (m) d'air	аба чүңкуру	aba tʃyŋkuru
place (f)	орун	orun
écouteurs (m pl)	кулакчын	kulaktʃɯn
tablette (f)	бүктөлмө стол	byktølmø stol
hublot (m)	иллюминатор	illɯminator
couloir (m)	өтмөк	øtmøk

170. Le train

train (m)	поезд	poezd
train (m) de banlieue	электричка	elektriʧka
TGV (m)	бат журүүчү поезд	bat dʒyryytʃy poezd
locomotive (f) diesel	тепловоз	teplovoz
locomotive (f) à vapeur	паровоз	parovoz

| wagon (m) | вагон | vagon |
| wagon-restaurant (m) | вагон-ресторан | vagon-restoran |

rails (m pl)	рельсалар	relʲsalar
chemin (m) de fer	темир жолу	temir dʒolu
traverse (f)	шпала	ʃpala

quai (m)	платформа	platforma
voie (f)	жол	dʒol
sémaphore (m)	семафор	semafor
station (f)	бекет	beket

conducteur (m) de train	машинист	maʃinist
porteur (m)	жук ташуучу	dʒuk taʃuutʃu
steward (m)	проводник	provodnik
passager (m)	жургунчу	dʒyrgyntʃy
contrôleur (m) de billets	текшерүүчү	tekʃeryytʃy

| couloir (m) | коридор | koridor |
| frein (m) d'urgence | стоп-кран | stop-kran |

compartiment (m)	купе	kupe
couchette (f)	текче	tektʃe
couchette (f) d'en haut	устунку текче	ystynky tektʃe
couchette (f) d'en bas	ылдыйкы текче	ıldıjkı tektʃe
linge (m) de lit	жууркан-төшөк	dʒuurkan-tøʃøk

ticket (m)	билет	bilet
horaire (m)	ырааттама	ıraattama
tableau (m) d'informations	табло	tablo

partir (vi)	жөнөө	dʒønøø
départ (m) (du train)	жөнөө	dʒønøø
arriver (le train)	келүү	kelyy
arrivée (f)	келүү	kelyy

arriver en train	поезд менен келүү	poezd menen kelyy
prendre le train	поездге отуруу	poezdge oturuu
descendre du train	поездден түшүү	poezdden tyʃyy

| accident (m) ferroviaire | кыйроо | kıjroo |
| dérailler (vi) | рельсадан чыгып кетүү | relʲsadan ʧıgıp ketyy |

locomotive (f) à vapeur	паровоз	parovoz
chauffeur (m)	от жагуучу	ot dʒaguutʃu
chauffe (f)	меш	meʃ
charbon (m)	көмүр	kømyr

171. Le bateau

bateau (m)	кеме	keme
navire (m)	кеме	keme
bateau (m) à vapeur	пароход	paroχod
paquebot (m)	теплоход	teploχod
bateau (m) de croisière	лайнер	lajner
croiseur (m)	крейсер	krejser
yacht (m)	яхта	jaχta
remorqueur (m)	буксир	buksir
péniche (f)	баржа	bardʒa
ferry (m)	паром	parom
voilier (m)	парус	parus
brigantin (m)	бригантина	brigantina
brise-glace (m)	муз жаргыч кеме	muz dʒargɪtʃ keme
sous-marin (m)	суу астында жүрүүчү кеме	suu astında dʒyryytʃy keme
canot (m) à rames	кайык	kajık
dinghy (m)	шлюпка	ʃlʉpka
canot (m) de sauvetage	куткаруу шлюпкасы	kutkaruu ʃlʉpkası
canot (m) à moteur	катер	kater
capitaine (m)	капитан	kapitan
matelot (m)	матрос	matros
marin (m)	деңизчи	deŋiztʃi
équipage (m)	экипаж	ekipadʒ
maître (m) d'équipage	боцман	botsman
mousse (m)	юнга	jʉnga
cuisinier (m) du bord	кок	kok
médecin (m) de bord	кеме доктуру	keme dokturu
pont (m)	палуба	paluba
mât (m)	мачта	matʃta
voile (f)	парус	parus
cale (f)	трюм	trʉm
proue (f)	тумшук	tumʃuk
poupe (f)	кеменин арткы бөлүгү	kemenin artkı bølygy
rame (f)	калак	kalak
hélice (f)	винт	vint
cabine (f)	каюта	kajʉta
carré (m) des officiers	кают-компания	kajʉt-kompanija
salle (f) des machines	машина бөлүгү	maʃina bølygy
passerelle (f)	капитан мостиги	kapitan mostigi
cabine (f) de T.S.F.	радиорубка	radiorubka
onde (f)	толкун	tolkun
journal (m) de bord	кеме журналы	keme dʒurnalı
longue-vue (f)	дүрбү	dyrby

| cloche (f) | коңгуроо | koŋguroo |
| pavillon (m) | байрак | bajrak |

| grosse corde (f) tressée | аркан | arkan |
| nœud (m) marin | түйүн | tyjyn |

| rampe (f) | туткуч | tutkutʃ |
| passerelle (f) | трап | trap |

ancre (f)	кеме казык	keme kazık
lever l'ancre	кеме казыкты көтөрүү	keme kazıktı kötöryy
jeter l'ancre	кеме казыкты таштоо	keme kazıktı taʃtoo
chaîne (f) d'ancrage	казык чынжыры	kazık tʃındʒırı

port (m)	порт	port
embarcadère (m)	причал	pritʃal
accoster (vi)	келип токтоо	kelip toktoo
larguer les amarres	жээктен алыстоо	dʒeekten alıstoo

voyage (m) (à l'étranger)	саякат	sajakat
croisière (f)	деңиз саякаты	deŋiz sajakatı
cap (m) (suivre un ~)	курс	kurs
itinéraire (m)	каттам	kattam

chenal (m)	фарватер	farvater
bas-fond (m)	тайыз жер	tajız dʒer
échouer sur un bas-fond	тайыз жерге отуруу	tajız dʒerge oturuu

tempête (f)	бороон чапкын	boroon tʃapkın
signal (m)	сигнал	signal
sombrer (vi)	чөгүү	tʃøgyy
Un homme à la mer!	Сууда адам бар!	suuda adam bar!
SOS (m)	SOS	sos
bouée (f) de sauvetage	куткаруучу тегерек	kutkaruutʃu tegerek

172. L'aéroport

aéroport (m)	аэропорт	aeroport
avion (m)	учак	utʃak
compagnie (f) aérienne	авиакомпания	aviakompanija
contrôleur (m) aérien	авиадиспетчер	aviadispettʃer

départ (m)	учуп кетүү	utʃup ketyy
arrivée (f)	учуп келүү	utʃup kelyy
arriver (par avion)	учуп келүү	utʃup kelyy

| temps (m) de départ | учуп кетүү убактысы | utʃup ketyy ubaktısı |
| temps (m) d'arrivée | учуп келүү убактысы | utʃup kelyy ubaktısı |

| être retardé | кармалуу | karmaluu |
| retard (m) de l'avion | учуп кетүүнүн кечигиши | utʃup ketyynyn ketʃigiʃi |

| tableau (m) d'informations | маалымат таблосу | maalımat tablosu |
| information (f) | маалымат | maalımat |

annoncer (vt)	кулактандыруу	kulaktandıruu
vol (m)	рейс	rejs
douane (f)	бажыкана	badʒıkana
douanier (m)	бажы кызматкери	badʒı kızmatkeri
déclaration (f) de douane	бажы декларациясы	badʒı deklaratsijası
remplir (vt)	толтуруу	tolturuu
remplir la déclaration	декларация толтуруу	deklaratsija tolturuu
contrôle (m) de passeport	паспорт текшерүү	pasport tekʃeryy
bagage (m)	жүк	dʒyk
bagage (m) à main	кол жүгү	kol dʒygy
chariot (m)	араба	araba
atterrissage (m)	конуу	konuu
piste (f) d'atterrissage	конуу тилкеси	konuu tilkesi
atterrir (vi)	конуу	konuu
escalier (m) d'avion	трап	trap
enregistrement (m)	катталуу	kattaluu
comptoir (m) d'enregistrement	каттоо стойкасы	kattoo stojkası
s'enregistrer (vp)	катталуу	kattaluu
carte (f) d'embarquement	отуруу үчүн талон	oturuu ytʃyn talon
porte (f) d'embarquement	чыгуу	tʃıguu
transit (m)	транзит	tranzit
attendre (vt)	күтүү	kytyy
salle (f) d'attente	күтүү залы	kutyy zalı
raccompagner (à l'aéroport, etc.)	узатуу	uzatuu
dire au revoir	коштошуу	koʃtoʃuu

173. Le vélo. La moto

vélo (m)	велосипед	velosiped
scooter (m)	мотороллер	motoroller
moto (f)	мотоцикл	mototsikl
faire du vélo	велосипедде жүрүү	velosipedde dʒyryy
guidon (m)	руль	rulʲ
pédale (f)	педаль	pedalʲ
freins (m pl)	тормоз	tormoz
selle (f)	отургуч	oturgutʃ
pompe (f)	соркыскыч	sorkıskıtʃ
porte-bagages (m)	багажник	bagadʒnik
phare (m)	фонарь	fonarʲ
casque (m)	шлем	ʃlem
roue (f)	дөңгөлөк	døŋgøløk
garde-boue (m)	калкан	kalkan
jante (f)	дөңгөлөктүн алкагы	døŋgøløktyn alkagı
rayon (m)	чабак	tʃabak

La voiture

174. Les différents types de voiture

automobile (f)	автоунаа	avtounaa
voiture (f) de sport	спорттук автоунаа	sporttuk avtounaa
limousine (f)	лимузин	limuzin
tout-terrain (m)	жолтандабас	dʒoltandabas
cabriolet (m)	кабриолет	kabriolet
minibus (m)	микроавтобус	mikroavtobus
ambulance (f)	тез жардам	tez dʒardam
chasse-neige (m)	кар күрөөчү машина	kar kyrøøtʃy maʃina
camion (m)	жүк ташуучу машина	dʒyk taʃuutʃu maʃina
camion-citerne (m)	бензовоз	benzovoz
fourgon (m)	фургон	furgon
tracteur (m) routier	тягач	tʲagatʃ
remorque (f)	чиркегич	tʃirkegitʃ
confortable (adj)	жайлуу	dʒajluu
d'occasion (adj)	колдонулган	koldonulgan

175. La voiture. La carrosserie

capot (m)	капот	kapot
aile (f)	калкан	kalkan
toit (m)	үстү	ysty
pare-brise (m)	шамалдан тоскон айнек	ʃamaldan toskon ajnek
rétroviseur (m)	арткы күзгү	artkı kyzgy
lave-glace (m)	айнек жуугуч	ajnek dʒuugutʃ
essuie-glace (m)	щётка	ʃtʃʲotka
fenêtre (f) latéral	каптал айнек	kaptal ajnek
lève-glace (m)	айнек көтөргүч	ajnek køtørgytʃ
antenne (f)	антенна	antenna
toit (m) ouvrant	люк	lʉk
pare-chocs (m)	бампер	bamper
coffre (m)	жүк салгыч	dʒyk salgıtʃ
galerie (f) de toit	жүк салгыч	dʒyk salgıtʃ
portière (f)	эшик	eʃik
poignée (f)	кармагыч	karmagıtʃ
serrure (f)	кулпу	kulpu
plaque (f) d'immatriculation	номер	nomer
silencieux (m)	глушитель	gluʃitelʲ

réservoir (m) d'essence	бензобак	benzobak
pot (m) d'échappement	калдыктар түтүгү	kaldıktar tytygy
accélérateur (m)	газ	gaz
pédale (f)	педаль	pedalı
pédale (f) d'accélérateur	газ педали	gaz pedali
frein (m)	тормоз	tormoz
pédale (f) de frein	тормоздун педалы	tormozdun pedalı
freiner (vi)	тормоз басуу	tormoz basuu
frein (m) à main	токтомо тормозу	toktomo tormozu
embrayage (m)	илиштирүү	iliʃtiryy
pédale (f) d'embrayage	илиштирүү педали	iliʃtiryy pedali
disque (m) d'embrayage	илиштирүү диски	iliʃtiryy diski
amortisseur (m)	амортизатор	amortizator
roue (f)	дөңгөлөк	døŋgøløk
roue (f) de rechange	запас дөңгөлөгү	zapas døŋgøløgy
pneu (m)	покрышка	pokrıʃka
enjoliveur (m)	жапкыч	dʒapkıtʃ
roues (f pl) motrices	салма дөңгөлөктөр	salma døŋgøløktør
à traction avant	алдыңкы дөңгөлөк салмалуу	aldıŋkı døŋgøløk salmaluu
à traction arrière	арткы дөңгөлөк салмалуу	artkı døŋgøløk salmaluu
à traction intégrale	бардык дөңгөлөк салмалуу	bardık døŋgøløk salmaluu
boîte (f) de vitesses	бергилик куту	bergilik kutu
automatique (adj)	автоматтык	avtomattık
mécanique (adj)	механикалуу	meχanikaluu
levier (m) de vitesse	бергилик кутунун жылышуусу	bergilik kutunun dʒılıʃuusu
phare (m)	фара	fara
feux (m pl)	фаралар	faralar
feux (m pl) de croisement	жакынкы чырак	dʒakınkı tʃırak
feux (m pl) de route	алыскы чырак	alıskı tʃırak
feux (m pl) stop	стоп-сигнал	stop-signal
feux (m pl) de position	габарит чырактары	gabarit tʃıraktarı
feux (m pl) de détresse	авария чырактары	avarija tʃıraktarı
feux (m pl) de brouillard	туманга каршы чырактар	tumanga karʃı tʃıraktar
clignotant (m)	бурулуш чырагы	buruluʃ tʃıragı
feux (m pl) de recul	арткы чырак	artkı tʃırak

176. La voiture. L'habitacle

habitacle (m)	салон	salon
en cuir (adj)	тери	teri
en velours (adj)	велюр	velʉr
revêtement (m)	каптоо	kaptoo

instrument (m)	алет	alet
tableau (m) de bord	алет панели	alet paneli
indicateur (m) de vitesse	спидометр	spidometr
aiguille (f)	жебе	dʒebe

compteur (m) de kilomètres	эсептегич	eseptegitʃ
indicateur (m)	көрсөткүч	kørsøtkytʃ
niveau (m)	деңгээл	deŋgeel
témoin (m)	көрсөткүч	kørsøtkytʃ

volant (m)	руль	rulʲ
klaxon (m)	сигнал	signal
bouton (m)	баскыч	baskıtʃ
interrupteur (m)	которгуч	kotorgutʃ

siège (m)	орун	orun
dossier (m)	жөлөнгүч	dʒøløngytʃ
appui-tête (m)	баш жөлөгүч	baʃ dʒøløgytʃ
ceinture (f) de sécurité	орундук куру	orunduk kuru
mettre la ceinture	курду тагынуу	kurdu tagınuu
réglage (m)	жөндөө	dʒøndøø

| airbag (m) | аба жаздыкчасы | aba dʒazdıktʃası |
| climatiseur (m) | аба желдеткич | aba dʒeldetkitʃ |

radio (f)	үналгы	ynalgı
lecteur (m) de CD	CD-ойноткуч	sidi-ojnotkutʃ
allumer (vt)	жүргүзүү	dʒyrgyzyy
antenne (f)	антенна	antenna
boîte (f) à gants	колкап бөлүмү	kolkap bølymy
cendrier (m)	күл салгыч	kyl salgıtʃ

177. La voiture. Le moteur

moteur (m)	кыймылдаткыч	kıjmıldatkıtʃ
moteur (m)	мотор	motor
diesel (adj)	дизель менен	dizelʲ menen
à essence (adj)	бензин менен	benzin menen

capacité (f) du moteur	кыймылдаткычтын көлөмү	kıjmıldatkıtʃtın kølømy
puissance (f)	кубатуулугу	kubatuulugu
cheval-vapeur (m)	ат күчү	at kytʃy
piston (m)	бишкек	biʃkek
cylindre (m)	цилиндр	tsılindr
soupape (f)	сарпкапкак	sarpkapkak

injecteur (m)	бүрккүч	byrkkytʃ
générateur (m)	генератор	generator
carburateur (m)	карбюратор	karbʉrator
huile (f) moteur	мотор майы	motor majı

| radiateur (m) | радиатор | radiator |
| liquide (m) de refroidissement | суутуучу суюктук | suutuutʃu sujʉktuk |

ventilateur (m)	желдеткич	ʤeldetkitʃ
batterie (f)	аккумулятор	akkumulʲator
starter (m)	стартер	starter
allumage (m)	от алдыруу	ot aldıruu
bougie (f) d'allumage	от алдыруу шамы	ot aldıruu ʃamı

borne (f)	клемма	klemma
borne (f) positive	плюс	plɥs
borne (f) négative	минус	minus
fusible (m)	эриме сактагыч	erime saktagıʧ

filtre (m) à air	аба чыпкасы	aba ʧıpkası
filtre (m) à huile	май чыпкасы	maj ʧıpkası
filtre (m) à essence	күйгүчү май чыпкасы	kyjyyʧy may ʧıpkası

178. La voiture. La réparation

accident (m) de voiture	авто урунушу	avto urunuʃu
accident (m) de route	жол кырсыгы	ʤol kırsıgı
percuter contre ...	урунуу	urunuu
s'écraser (vp)	талкалануу	talkalanuu
dégât (m)	бузулуу	buzuluu
intact (adj)	бүтүн	bytyn

panne (f)	бузулуу	buzuluu
tomber en panne	бузулуп калуу	buzulup kaluu
corde (f) de remorquage	сүйрөө арканы	syjrøø arkanı

crevaison (f)	тешилип калуу	teʃilip kaluu
crever (vi) (pneu)	желин чыгаруу	ʤelin ʧıgaruu
gonfler (vt)	үйлөтүү	yjløtyy
pression (f)	басым	basım
vérifier (vt)	текшерүү	tekʃeryy

réparation (f)	оңдоо	oŋdoo
garage (m) (atelier)	автосервис	avtoservis
pièce (f) détachée	белен тетик	belen tetik
pièce (f)	тетик	tetik

boulon (m)	буроо	buroo
vis (f)	буралма	buralma
écrou (m)	бурама	burama
rondelle (f)	эбелек	ebelek
palier (m)	мунажаздам	munakʤazdam

tuyau (m)	түтүк	tytyk
joint (m)	төшөм	tøʃøm
fil (m)	зым	zım

cric (m)	домкрат	domkrat
clé (f) de serrage	гайка ачкычы	gajka atʃkıʧı
marteau (m)	балка	balka
pompe (f)	соркыскыч	sorkıskıʧ
tournevis (m)	бурагыч	buragıʧ

| extincteur (m) | өрт өчүргүч | ørt øtʃyrgytʃ |
| triangle (m) de signalisation | эскертүү үчбурчтук | eskertyy ytʃburtʃtuk |

caler (vi)	өчүп калуу	øtʃyp kaluu
calage (m)	иштебей калуу	iʃtebej kaluu
être en panne	бузулуп калуу	buzulup kaluu

surchauffer (vi)	кайнап кетүү	kajnap ketyy
se boucher (vp)	тыгылуу	tıgıluu
geler (vi)	тоңуп калуу	toŋup kaluu
éclater (tuyau, etc.)	жарылып кетүү	dʒarılıp ketyy

pression (f)	басым	basım
niveau (m)	деңгээл	deŋgeel
lâche (courroie ~)	бош	boʃ

fosse (f)	кабырылуу	kabırıluu
bruit (m) anormal	такылдоо	takıldoo
fissure (f)	жарака	dʒaraka
égratignure (f)	чийилип калуу	tʃijilip kaluu

179. La voiture. La route

route (f)	жол	dʒol
grande route (autoroute)	кан жол	kan dʒol
autoroute (f)	шоссе	ʃosse
direction (f)	багыт	bagıt
distance (f)	аралык	aralık

pont (m)	көпүрө	køpyrø
parking (m)	унаа токтоочу жай	unaa toktootʃu dʒaj
place (f)	аянт	ajant
échangeur (m)	баштан өйдө өткөн жол	baʃtan øjdø øtkøn dʒol
tunnel (m)	тоннель	tonnelʲ

station-service (f)	май куюучу станция	maj kujuutʃu stantsija
parking (m)	унаа токтоочу жай	unaa toktootʃu dʒaj
poste (m) d'essence	колонка	kolonka
garage (m) (atelier)	автосервис	avtoservis
se ravitailler (vp)	май кую	maj kujuu
carburant (m)	күйүүчү май	kyjyytʃy may
jerrycan (m)	канистра	kanistra

asphalte (m)	асфальт	asfalʲt
marquage (m)	салынган тамга	salıngan tamga
bordure (f)	бордюр	bordur
barrière (f) de sécurité	тосмо	tosmo
fossé (m)	арык	arık
bas-côté (m)	жол чети	dʒol tʃeti
réverbère (m)	чырак мамы	tʃırak mamı

conduire (une voiture)	айдоо	ajdoo
tourner (~ à gauche)	бурулуу	buruluu
faire un demi-tour	артка кайтуу	artka kajtuu

marche (f) arrière	артка айдоо	artka ajdoo
klaxonner (vi)	сигнал берүү	signal beryy
coup (m) de klaxon	дабыш сигналы	dabıʃ signalı
s'embourber (vp)	тыгылып калуу	tıgılıp kaluu
déraper (vi)	сүйрөө	syjrøø
couper (le moteur)	басаңдатуу	basaŋdatuu

vitesse (f)	ылдамдык	ıldamdık
dépasser la vitesse	ылдамдыктан ашуу	ıldamdıktan aʃuu
mettre une amende	айып салуу	ajıp saluu
feux (m pl) de circulation	светофор	svetofor
permis (m) de conduire	айдоочу күбөлүгү	ajdootʃu kybølygy

passage (m) à niveau	кесип өтмө	kesip øtmø
carrefour (m)	кесилиш	kesiliʃ
passage (m) piéton	жөө жүрүүчүлөр жолу	dʒøø dʒyryytʃylør dʒolu
virage (m)	бурулуш	buruluʃ
zone (f) piétonne	жөө жүрүүчүлөр алкагы	dʒøø dʒyryytʃylør alkagı

180. Les panneaux de signalisation

code (m) de la route	жол эрежеси	dʒol eredʒesi
signe (m)	белги	belgi
dépassement (m)	озуп өтүү	ozup øtyy
virage (m)	бурулуш	buruluʃ
demi-tour (m)	артка кайтуу	artka kajtuu
sens (m) giratoire	айланма кыймыл	ajlanma kıjmıl

sens interdit	кирүүгө болбойт	kiryygø bolbojt
circulation interdite	жол кыймылы жок	dʒol kıjmılı dʒok
interdiction de dépasser	озуп өтүү жок	ozup øtyy dʒok
stationnement interdit	унаа токтотуу жок	unaa toktotuu dʒok
arrêt interdit	токтолуу жок	toktoluu dʒok

virage dangereux	кескин бурулуш	keskin buruluʃ
descente dangereuse	тик эңкейиш	tik eŋkejiʃ
sens unique	бир тараптуу	bir taraptuu
passage (m) piéton	жөө жүрүүчүлөр жолу	dʒøø dʒyryytʃylør dʒolu
chaussée glissante	тайгалак жол	tajgalak dʒol
cédez le passage	жолду бер	dʒoldu ber

LES GENS. LES ÉVÉNEMENTS

Les grands événements de la vie

181. Les fêtes et les événements

fête (f)	майрам	majram
fête (f) nationale	улуттук	uluttuk
jour (m) férié	майрам күнү	majram kyny
fêter (vt)	майрамдоо	majramdoo
événement (m) (~ du jour)	окуя	okuja
événement (m) (soirée, etc.)	иш-чара	iʃ-tʃara
banquet (m)	банкет	banket
réception (f)	кабыл алуу	kabıl aluu
festin (m)	той	toj
anniversaire (m)	жылдык	dʒıldık
jubilé (m)	юбилей	jʉbilej
célébrer (vt)	белгилөө	belgiløø
Nouvel An (m)	Жаңы жыл	dʒanı dʒıl
Bonne année!	Жаңы Жылыңар менен!	dʒanı dʒılıŋar menen!
Père Noël (m)	Аяз ата, Санта Клаус	ajaz ata, santa klaus
Noël (m)	Рождество	rodʒdestvo
Joyeux Noël!	Рождество майрамыңыз менен!	rodʒdestvo majramıŋız menen!
arbre (m) de Noël	Жаңы жылдык балаты	dʒaŋı dʒıldık balatı
feux (m pl) d'artifice	салют	salʉt
mariage (m)	үйлөнүү той	yjlønyy toy
fiancé (m)	күйөө	kyjøø
fiancée (f)	колукту	koluktu
inviter (vt)	чакыруу	tʃakıruu
lettre (f) d'invitation	чакыруу	tʃakıruu
invité (m)	конок	konok
visiter (~ les amis)	конокко баруу	konokko baruu
accueillir les invités	конок тосуу	konok tosuu
cadeau (m)	белек	belek
offrir (un cadeau)	белек берүү	belek beryy
recevoir des cadeaux	белек алуу	belek aluu
bouquet (m)	десте	deste
félicitations (f pl)	куттуктоо	kuttuktoo
féliciter (vt)	куттуктоо	kuttuktoo

carte (f) de veux	куттуктоо ачык каты	kuttuktoo atʃık katı
envoyer une carte	ачык катты жөнөтүү	atʃık kattı dʒønøtyy
recevoir une carte	ачык катты алуу	atʃık kattı aluu

toast (m)	каалоо тилек	kaaloo tilek
offrir (un verre, etc.)	ооз тийгизүү	ooz tijgizyy
champagne (m)	шампан	ʃampan

s'amuser (vp)	көңүл ачуу	køŋyl atʃuu
gaieté (f)	көңүлдүүлүк	køŋyldyylyk
joie (f) (émotion)	кубаныч	kubanıtʃ

| danse (f) | бий | bij |
| danser (vi, vt) | бийлөө | bijløø |

| valse (f) | вальс | valʲs |
| tango (m) | танго | tango |

182. L'enterrement. Le deuil

cimetière (m)	мүрзө	myrzø
tombe (f)	мүрзө	myrzø
croix (f)	крест	krest
pierre (f) tombale	мүрзө үстүндөгү жазуу	myrzø ystyndøgy dʒazuu
clôture (f)	тосмо	tosmo
chapelle (f)	кичинекей чиркөө	kitʃinekej tʃirkøø

mort (f)	өлүм	ølym
mourir (vi)	өлүү	ølyy
défunt (m)	маркум	markum
deuil (m)	аза	aza

enterrer (vt)	көмүү	kømyy
maison (f) funéraire	ырасым бюросу	ırasım bʉrosu
enterrement (m)	сөөк узатуу жана көмүү	søøk uzatuu dʒana kømyy
couronne (f)	гүлчамбар	gyltʃambar
cercueil (m)	табыт	tabıt
corbillard (m)	катафалк	katafalk
linceul (m)	кепин	kepin

cortège (m) funèbre	узатуу жүрүшү	uzatuu dʒyryʃy
urne (f) funéraire	сөөк күлдүн кутусу	søøk kyldyn kutusu
crématoire (m)	крематорий	krematorij

nécrologue (m)	некролог	nekrolog
pleurer (vi)	ыйлоо	ıjloo
sangloter (vi)	боздоп ыйлоо	bozdop ıjloo

183. La guerre. Les soldats

| section (f) | взвод | vzvod |
| compagnie (f) | рота | rota |

régiment (m)	полк	polk
armée (f)	армия	armija
division (f)	дивизия	divizija

| détachement (m) | отряд | otriad |
| armée (f) (Moyen Âge) | куралдуу аскер | kuralduu asker |

| soldat (m) (un militaire) | аскер | asker |
| officier (m) | офицер | ofitser |

soldat (m) (grade)	катардагы жоокер	katardagı dʒooker
sergent (m)	сержант	serdʒant
lieutenant (m)	лейтенант	lejtenant
capitaine (m)	капитан	kapitan
commandant (m)	майор	major
colonel (m)	полковник	polkovnik
général (m)	генерал	general

marin (m)	деңизчи	deŋiztʃi
capitaine (m)	капитан	kapitan
maître (m) d'équipage	боцман	botsman

artilleur (m)	артиллерист	artillerist
parachutiste (m)	десантник	desantnik
pilote (m)	учкуч	utʃkutʃ
navigateur (m)	штурман	ʃturman
mécanicien (m)	механик	meχanik

démineur (m)	сапёр	sapior
parachutiste (m)	парашютист	paraʃutist
éclaireur (m)	чалгынчы	tʃalgıntʃı
tireur (m) d'élite	көзатар	køzatar

patrouille (f)	жол-күзөт	dʒol-kyzøt
patrouiller (vi)	жол-күзөткө чыгуу	dʒol-kyzøtkø tʃıguu
sentinelle (f)	сакчы	saktʃı

| guerrier (m) | жоокер | dʒooker |
| patriote (m) | мекенчил | mekentʃil |

| héros (m) | баатыр | baatır |
| héroïne (f) | баатыр айым | baatır ajım |

| traître (m) | чыккынчы | tʃıkkıntʃı |
| trahir (vt) | кыянаттык кылуу | kıjanattık kıluu |

| déserteur (m) | качкын | katʃkın |
| déserter (vt) | качуу | katʃuu |

mercenaire (m)	жалданма	dʒaldanma
recrue (f)	жаңы алынган аскер	dʒaŋı alıngan asker
volontaire (m)	ыктыярчы	ıktıjartʃı

mort (m)	өлтүрүлгөн	øltyrylgøn
blessé (m)	жарадар	dʒaradar
prisonnier (m) de guerre	туткун	tutkun

184. La guerre. Partie 1

guerre (f)	согуш	soguʃ
faire la guerre	согушуу	soguʃuu
guerre (f) civile	жарандык согуш	dʒarandık soguʃ
perfidement (adv)	жүзү каралык менен кол салуу	dʒyzy karalık menen kol saluu
déclaration (f) de guerre	согушту жарыялоо	soguʃtu dʒarıjaloo
déclarer (la guerre)	согуш жарыялоо	soguʃ dʒarıjaloo
agression (f)	агрессия	agressija
attaquer (~ un pays)	кол салуу	kol saluu
envahir (vt)	басып алуу	basıp aluu
envahisseur (m)	баскынчы	baskıntʃı
conquérant (m)	басып алуучу	basıp aluutʃu
défense (f)	коргонуу	korgonuu
défendre (vt)	коргоо	korgoo
se défendre (vp)	коргонуу	korgonuu
ennemi (m)	душман	duʃman
adversaire (m)	каршылаш	karʃılaʃ
ennemi (adj) (territoire ~)	душмандын	duʃmandın
stratégie (f)	стратегия	strategija
tactique (f)	тактика	taktika
ordre (m)	буйрук	bujruk
commande (f)	команда	komanda
ordonner (vt)	буйрук берүү	bujruk beryy
mission (f)	тапшырма	tapʃırma
secret (adj)	жашыруун	dʒaʃıruun
bataille (f)	салгылаш	salgılaʃ
bataille (f)	согуш	soguʃ
combat (m)	салгылаш	salgılaʃ
attaque (f)	чабуул	tʃabuul
assaut (m)	чабуул	tʃabuul
prendre d'assaut	чабуул жасоо	tʃabuul dʒasoo
siège (m)	тегеректеп курчоо	tegerektep kurtʃoo
offensive (f)	чабуул	tʃabuul
passer à l'offensive	чабуул салуу	tʃabuul saluu
retraite (f)	чегинүү	tʃeginyy
faire retraite	чегинүү	tʃeginyy
encerclement (m)	курчоо	kurtʃoo
encercler (vt)	курчоого алуу	kurtʃoogo aluu
bombardement (m)	бомба жаадыруу	bomba dʒaadıruu
lancer une bombe	бомба таштоо	bomba taʃtoo
bombarder (vt)	бомба жаадыруу	bomba dʒaadıruu

explosion (f)	жарылуу	dʒarıluu
coup (m) de feu	атылуу	atıluu
tirer un coup de feu	атуу	atuu
fusillade (f)	атуу	atuu

viser ... (cible)	мээлөө	meeløø
pointer (sur ...)	мээлөө	meeløø
atteindre (cible)	тийүү	tijyy

faire sombrer	чөктүрүү	tʃøktyryy
trou (m) (dans un bateau)	тешик	teʃik
sombrer (navire)	суу астына кетүү	suu astına ketyy

front (m)	майдан	majdan
évacuation (f)	эвакуация	evakuatsija
évacuer (vt)	эвакуациялоо	evakuatsijaloo

tranchée (f)	окоп	okop
barbelés (m pl)	тикендүү зым	tikendyy zım
barrage (m) (~ antichar)	тосмо	tosmo
tour (f) de guet	мунара	munara

hôpital (m)	госпиталь	gospitalʲ
blesser (vt)	жарадар кылуу	dʒaradar kıluu
blessure (f)	жара	dʒara
blessé (m)	жарадар	dʒaradar
être blessé	жаракат алуу	dʒarakat aluu
grave (blessure)	оор жаракат	oor dʒarakat

185. La guerre. Partie 2

captivité (f)	туткун	tutkun
captiver (vt)	туткунга алуу	tutkunga aluu
être prisonnier	туткунда болуу	tutkunda boluu
être fait prisonnier	туткунга түшүү	tutkunga tyʃyy

camp (m) de concentration	концлагерь	kontslagerʲ
prisonnier (m) de guerre	туткун	tutkun
s'enfuir (vp)	качуу	katʃuu

trahir (vt)	кыянаттык кылуу	kıjanattık kıluu
traître (m)	чыккынчы	tʃıkkıntʃı
trahison (f)	чыккынчылык	tʃıkkıntʃılık

| fusiller (vt) | атып өлтүрүү | atıp øltyryy |
| fusillade (f) (exécution) | атып өлтүрүү | atıp øltyryy |

équipement (m) (uniforme, etc.)	аскер кийими	asker kijimi
épaulette (f)	погон	pogon
masque (m) à gaz	противогаз	protivogaz

| émetteur (m) radio | рация | ratsija |
| chiffre (m) (code) | шифр | ʃifr |

conspiration (f)	жекеликте сактоо	dʒekelikte saktoo
mot (m) de passe	сырсөз	sırsøz
mine (f) terrestre	мина	mina
miner (poser des mines)	миналоо	minaloo
champ (m) de mines	мина талаасы	mina talaası
alerte (f) aérienne	аба айгайы	aba ajgajı
signal (m) d'alarme	айгай	ajgaj
signal (m)	сигнал	signal
fusée signal (f)	сигнал ракетасы	signal raketası
état-major (m)	штаб	ʃtab
reconnaissance (f)	чалгын	tʃalgın
situation (f)	кырдаал	kırdaal
rapport (m)	рапорт	raport
embuscade (f)	буктурма	bukturma
renfort (m)	кошумча күч	koʃumtʃa kytʃ
cible (f)	бута	buta
polygone (m)	полигон	poligon
manœuvres (f pl)	манервлер	manervler
panique (f)	дүрбөлөң	dyrbøløŋ
dévastation (f)	кыйроо	kıjroo
destructions (f pl) (ruines)	кыйроо	kıjroo
détruire (vt)	кыйратуу	kıjratuu
survivre (vi)	тирүү калуу	tiryy kaluu
désarmer (vt)	куралсыздандыруу	kuralsızdandıruu
manier (une arme)	мамиле кылуу	mamile kıluu
Garde-à-vous! Fixe!	Түз тур!	tyz tur!
Repos!	Эркин!	erkin!
exploit (m)	эрдик	erdik
serment (m)	ант	ant
jurer (de faire qch)	ант берүү	ant beryy
décoration (f)	сыйлык	sıjlık
décorer (de la médaille)	сыйлоо	sıjloo
médaille (f)	медаль	medalʲ
ordre (m) (~ du Mérite)	орден	orden
victoire (f)	жеңиш	dʒeŋiʃ
défaite (f)	жеңилүү	dʒeŋilyy
armistice (m)	жарашуу	dʒaraʃuu
drapeau (m)	байрак	bajrak
gloire (f)	даңк	daŋk
défilé (m)	парад	parad
marcher (défiler)	маршта басуу	marʃta basuu

186. Les armes

arme (f)	курал	kural
armes (f pl) à feu	курал жарак	kural dʒarak
armes (f pl) blanches	атылбас курал	atılbas kural
arme (f) chimique	химиялык курал	χimijalık kural
nucléaire (adj)	ядерлүү	jaderlyy
arme (f) nucléaire	ядерлүү курал	jaderlyy kural
bombe (f)	бомба	bomba
bombe (f) atomique	атом бомбасы	atom bombası
pistolet (m)	тапанча	tapantʃa
fusil (m)	мылтык	mıltık
mitraillette (f)	автомат	avtomat
mitrailleuse (f)	пулемёт	pulemʲot
bouche (f)	мылтыктын оозу	mıltıktın oozu
canon (m)	ствол	stvol
calibre (m)	калибр	kalibr
gâchette (f)	курок	kurok
mire (f)	кароолго алуу	karoolgo aluu
magasin (m)	магазин	magazin
crosse (f)	күндак	kyndak
grenade (f) à main	граната	granata
explosif (m)	жарылуучу зат	dʒarıluutʃu zat
balle (f)	ок	ok
cartouche (f)	патрон	patron
charge (f)	дүрмөк	dyrmøk
munitions (f pl)	ок-дары	ok-darı
bombardier (m)	бомбалоочу	bombalootʃu
avion (m) de chasse	кыйраткыч учак	kıjratkıtʃ utʃak
hélicoptère (m)	вертолёт	vertolʲot
pièce (f) de D.C.A.	зенитка	zenitka
char (m)	танк	tank
canon (m) d'un char	замбирек	zambirek
artillerie (f)	артиллерия	artillerija
canon (m)	замбирек	zambirek
pointer (~ l'arme)	мээлөө	meeløø
obus (m)	снаряд	snarʲad
obus (m) de mortier	мина	mina
mortier (m)	миномёт	minomʲot
éclat (m) d'obus	сыныктар	sınıktar
sous-marin (m)	суу астында жүрүүчү кеме	suu astında dʒyryytʃy keme
torpille (f)	торпеда	torpeda

missile (m)	ракета	raketa
charger (arme)	октоо	oktoo
tirer (vi)	атуу	atuu
viser ... (cible)	мээлөө	meeløø
baïonnette (f)	найза	najza
épée (f)	шпага	ʃpaga
sabre (m)	кылыч	kılıtʃ
lance (f)	найза	najza
arc (m)	жаа	dʒaa
flèche (f)	жебе	dʒebe
mousquet (m)	мушкет	muʃket
arbalète (f)	арбалет	arbalet

187. Les hommes préhistoriques

primitif (adj)	алгачкы	algatʃkı
préhistorique (adj)	тарыхтан илгери	tarıxtan ilgeri
ancien (adj)	байыркы	bajırkı
Âge (m) de pierre	Таш доору	taʃ dooru
Âge (m) de bronze	Коло доору	kolo dooru
période (f) glaciaire	Муз доору	muz dooru
tribu (f)	уруу	uruu
cannibale (m)	адам жегич	adam dʒegitʃ
chasseur (m)	аңчы	aŋtʃı
chasser (vi, vt)	аңчылык кылуу	aŋtʃılık kıluu
mammouth (m)	мамонт	mamont
caverne (f)	үңкүр	yŋkyr
feu (m)	от	ot
feu (m) de bois	от	ot
dessin (m) rupestre	ташка чегерилген сүрөт	taʃka tʃegerilgen syrøt
outil (m)	эмгек куралы	emgek kuralı
lance (f)	найза	najza
hache (f) en pierre	таш балта	taʃ balta
faire la guerre	согушуу	soguʃuu
domestiquer (vt)	колго көндүрүү	kolgo køndyryy
idole (f)	бут	but
adorer, vénérer (vt)	сыйынуу	sıjınuu
superstition (f)	жок нерсеге ишенүү	dʒok nersege iʃenyy
rite (m)	ырым-жырым	ırım-dʒırım
évolution (f)	эволюция	evolutsija
développement (m)	өнүгүү	ønygyy
disparition (f)	жок болуу	dʒok boluu
s'adapter (vp)	ылайыкташуу	ılajıktaʃuu
archéologie (f)	археология	arxeologija
archéologue (m)	археолог	arxeolog
archéologique (adj)	археологиялык	arxeologijalık

site (m) d'excavation	казуу жери	kazuu dʒeri
fouilles (f pl)	казуу иштери	kazuu iʃteri
trouvaille (f)	табылга	tabılga
fragment (m)	фрагмент	fragment

188. Le Moyen Âge

peuple (m)	эл	el
peuples (m pl)	элдер	elder
tribu (f)	уруу	uruu
tribus (f pl)	уруулар	uruular

Barbares (m pl)	варварлар	varvarlar
Gaulois (m pl)	галлдар	galldar
Goths (m pl)	готтор	gottor
Slaves (m pl)	славяндар	slavʲandar
Vikings (m pl)	викингдер	vikingder

| Romains (m pl) | римдиктер | rimdikter |
| romain (adj) | римдик | rimdik |

byzantins (m pl)	византиялыктар	vizantijalıktar
Byzance (f)	Византия	vizantija
byzantin (adj)	византиялык	vizantijalık

empereur (m)	император	imperator
chef (m)	башчы	baʃtʃı
puissant (adj)	кудуреттүү	kudurettyy
roi (m)	король, падыша	korolʲ, padıʃa
gouverneur (m)	башкаруучу	baʃkaruutʃu

chevalier (m)	рыцарь	rıtsarʲ
féodal (m)	феодал	feodal
féodal (adj)	феодалдуу	feodalduu
vassal (m)	вассал	vassal

duc (m)	герцог	gertsog
comte (m)	граф	graf
baron (m)	барон	baron
évêque (m)	епископ	episkop

armure (f)	курал жана соот-шайман	kural dʒana soot-ʃajman
bouclier (m)	калкан	kalkan
glaive (m)	кылыч	kılıtʃ
visière (f)	туулганын бет калканы	tuulganın bet kalkanı
cotte (f) de mailles	зоот	zoot

| croisade (f) | крест астындагы черүү | krest astındagı tʃeryy |
| croisé (m) | черүүгө чыгуучу | tʃeryygø tʃıguutʃu |

territoire (m)	аймак	ajmak
attaquer (~ un pays)	кол салуу	kol saluu
conquérir (vt)	ээ болуу	ee boluu
occuper (envahir)	басып алуу	basıp aluu

siège (m)	тегеректеп курчоо	tegerektep kurtʃoo
assiégé (adj)	курчалган	kurtʃalgan
assiéger (vt)	курчоого алуу	kurtʃoogo aluu
inquisition (f)	инквизиция	inkvizitsija
inquisiteur (m)	инквизитор	inkvizitor
torture (f)	кыйноо	kıjnoo
cruel (adj)	ырайымсыз	ırajımsız
hérétique (m)	еретик	eretik
hérésie (f)	ересь	eresj
navigation (f) en mer	деңизде сүзүү	deŋizde syzyy
pirate (m)	деңиз каракчысы	deŋiz karaktʃısı
piraterie (f)	деңиз каракчылыгы	deŋiz karaktʃılıgı
abordage (m)	абордаж	abordadʒ
butin (m)	олжо	oldʒo
trésor (m)	казына	kazına
découverte (f)	ачылыш	atʃılıʃ
découvrir (vt)	таап ачуу	taap atʃuu
expédition (f)	экспедиция	ekspeditsija
mousquetaire (m)	мушкетёр	muʃketjor
cardinal (m)	кардинал	kardinal
héraldique (f)	геральдика	geraljdika
héraldique (adj)	гералдык	geraldık

189. Les dirigeants. Les responsables. Les autorités

roi (m)	король, падыша	korolj, padıʃa
reine (f)	ханыша	χanıʃa
royal (adj)	падышалык	padıʃalık
royaume (m)	падышалык	padıʃalık
prince (m)	канзаада	kanzaada
princesse (f)	ханбийке	χanbijke
président (m)	президент	prezident
vice-président (m)	вице-президент	vitse-prezident
sénateur (m)	сенатор	senator
monarque (m)	монарх	monarχ
gouverneur (m)	башкаруучу	baʃkaruutʃu
dictateur (m)	диктатор	diktator
tyran (m)	зулум	zulum
magnat (m)	магнат	magnat
directeur (m)	директор	direktor
chef (m)	башчы	baʃtʃı
gérant (m)	башкаруучу	baʃkaruutʃu
boss (m)	шеф	ʃef
patron (m)	кожоюн	kodʒodʒʉn
leader (m)	алдыңкы катардагы	aldıŋkı katardagı
chef (m) (~ d'une délégation)	башчы	baʃtʃı

autorités (f pl)	бийликтер	bijlikter
supérieurs (m pl)	башчылар	baʃtʃılar
gouverneur (m)	губернатор	gubernator
consul (m)	консул	konsul
diplomate (m)	дипломат	diplomat
maire (m)	мэр	mer
shérif (m)	шериф	ʃerif
empereur (m)	император	imperator
tsar (m)	падыша	padıʃa
pharaon (m)	фараон	faraon
khan (m)	хан	χan

190. L'itinéraire. La direction. Le chemin

route (f)	жол	dʒol
voie (f)	жол	dʒol
autoroute (f)	шоссе	ʃosse
grande route (autoroute)	кан жол	kan dʒol
route (f) nationale	улуттук жол	uluttuk dʒol
route (f) principale	негизги жол	negizgi dʒol
route (f) de campagne	кыштактар арасындагы жол	kıʃtaktar arasındagı dʒol
chemin (m) (sentier)	чыйыр жол	tʃıjır dʒol
sentier (m)	чыйыр жол	tʃıjır dʒol
Où?	Каерде?	kaerde?
Où? (~ vas-tu?)	Каяка?	kajaka?
D'où?	Каяктан?	kajaktan?
direction (f)	багыт	bagıt
indiquer (le chemin)	көрсөтүү	kørsøtyy
à gauche (tournez ~)	солго	solgo
à droite (tournez ~)	оңго	oŋgo
tout droit (adv)	түз	tyz
en arrière (adv)	артка	artka
virage (m)	бурулуш	buruluʃ
tourner (~ à gauche)	бурулуу	buruluu
faire un demi-tour	артка кайтуу	artka kajtuu
se dessiner (vp)	көрүнүп туруу	kørynyp turuu
apparaître (vi)	көрүнүү	kørynyy
halte (f)	токтоо	toktoo
se reposer (vp)	эс алуу	es aluu
repos (m)	эс алуу	es aluu
s'égarer (vp)	адашып кетүү	adaʃıp ketyy
mener à ... (le chemin)	...га алып баруу	...ga alıp baruu

arriver à ...	...га чыгуу	...ga ʧɪguu
tronçon (m) (de chemin)	жолдун бир бөлүгү	dʒoldun bir bølygy
asphalte (m)	асфальт	asfalʲt
bordure (f)	бордюр	bordʉr
fossé (m)	арык	arɪk
bouche (f) d'égout	люк	lʉk
bas-côté (m)	жол чети	dʒol ʧeti
nid-de-poule (m)	чуңкур	ʧuŋkur
aller (à pied)	жөө басуу	dʒøø basuu
dépasser (vt)	ашып кетүү	aʃɪp ketyy
pas (m)	кадам	kadam
à pied	жөө	dʒøø
barrer (vt)	тосуу	tosuu
barrière (f)	шлагбаум	ʃlagbaum
impasse (f)	туюк көчө	tujʉk køʧø

191. Les crimes. Les criminels. Partie 1

bandit (m)	ууру-кески	uuru-keski
crime (m)	кылмыш	kɪlmɪʃ
criminel (m)	кылмышкер	kɪlmɪʃker
voleur (m)	ууру	uuru
voler (qch à qn)	уурдоо	uurdoo
vol (m) (activité)	уруулук	uruuluk
vol (m) (~ à la tire)	уурдоо	uurdoo
kidnapper (vt)	ала качуу	ala kaʧuu
kidnapping (m)	ала качуу	ala kaʧuu
kidnappeur (m)	ала качуучу	ala kaʧuuʧu
rançon (f)	кутказуу акчасы	kutkazuu akʧası
exiger une rançon	кутказуу акчага	kutkazuu akʧaga
	талап коюу	talap kojʉu
cambrioler (vt)	тоноо	tonoo
cambriolage (m)	тоноо	tonoo
cambrioleur (m)	тоноочу	tonooʧu
extorquer (vt)	опузалоо	opuzaloo
extorqueur (m)	опузалоочу	opuzalooʧu
extorsion (f)	опуза	opuza
tuer (vt)	өлтүрүү	øltyryy
meurtre (m)	өлтүрүү	øltyryy
meurtrier (m)	киши өлтүргүч	kiʃi øltyrgyʧ
coup (m) de feu	атылуу	atɪluu
tirer un coup de feu	атуу	atuu
abattre (par balle)	атып салуу	atɪp saluu

tirer (vi)	атуу	atuu
coups (m pl) de feu	атышуу	atıʃuu
incident (m)	окуя	okuja
bagarre (f)	уруш	uruʃ
Au secours!	Жардамга!	dʒardamga!
victime (f)	жапа чеккен	dʒapa tʃekken
endommager (vt)	зыян келтирүү	zıjan keltiryy
dommage (m)	залал	zalal
cadavre (m)	өлүк	ølyk
grave (~ crime)	оор	oor
attaquer (vt)	кол салуу	kol saluu
battre (frapper)	уруу	uruu
passer à tabac	ур-токмокко алуу	ur-tokmokko aluu
prendre (voler)	тартып алуу	tartıp aluu
poignarder (vt)	союп өлтүрүү	sojup øltyryy
mutiler (vt)	майып кылуу	majıp kıluu
blesser (vt)	жарадар кылуу	dʒaradar kıluu
chantage (m)	шантаж кылуу	ʃantadʒ kıluu
faire chanter	шантаждоо	ʃantadʒdoo
maître (m) chanteur	шантажист	ʃantadʒist
racket (m) de protection	рэкет	reket
racketteur (m)	рэкетир	reketir
gangster (m)	гангстер	gangster
mafia (f)	мафия	mafija
pickpocket (m)	чөнтөк ууру	tʃøntøk uuru
cambrioleur (m)	бузуп алуучу ууру	buzup aluutʃu uuru
contrebande (f) (trafic)	контрабанда	kontrabanda
contrebandier (m)	контрабандачы	kontrabandatʃı
contrefaçon (f)	окшотуп жасоо	okʃotup dʒasoo
falsifier (vt)	жасалмалоо	dʒasalmaloo
faux (falsifié)	жасалма	dʒasalma

192. Les crimes. Les criminels. Partie 2

viol (m)	зордуктоо	zorduktoo
violer (vt)	зордуктоо	zorduktoo
violeur (m)	зордукчул	zorduktʃul
maniaque (m)	маньяк	manjak
prostituée (f)	сойку	sojku
prostitution (f)	сойкучулук	sojkutʃuluk
souteneur (m)	жак бакты	dʒak baktı
drogué (m)	баңги	baŋgi
trafiquant (m) de drogue	баңгизат сатуучу	baŋgizat satuutʃu
faire exploser	жардыруу	dʒardıruu
explosion (f)	жарылуу	dʒarıluu

| mettre feu | өрттөө | ørttøø |
| incendiaire (m) | өрттөөчү | ørttøøʧy |

terrorisme (m)	терроризм	terrorizm
terroriste (m)	террорист	terrorist
otage (m)	заложник	zaloʤnik

escroquer (vt)	алдоо	aldoo
escroquerie (f)	алдамчылык	aldamʧılık
escroc (m)	алдамчы	aldamʧı

soudoyer (vt)	сатып алуу	satıp aluu
corruption (f)	сатып алуу	satıp aluu
pot-de-vin (m)	пара	para

poison (m)	уу	uu
empoisonner (vt)	ууландыруу	uulandıruu
s'empoisonner (vp)	ууланyy	uulanuu

| suicide (m) | жанын кыюу | ʤanın kıʤɐu |
| suicidé (m) | жанын кыйгыч | ʤanın kıjgıʧ |

menacer (vt)	коркутуу	korkutuu
menace (f)	коркунуч	korkunuʧ
attenter (vt)	кол салуу	kol saluu
attentat (m)	кол салуу	kol saluu

| voler (un auto) | айдап кетүү | ajdap ketyy |
| détourner (un avion) | ала качуу | ala kaʧuu |

| vengeance (f) | кек | kek |
| se venger (vp) | өч алуу | øʧ aluu |

torturer (vt)	кыйноо	kıjnoo
torture (f)	кыйноо	kıjnoo
tourmenter (vt)	азапка салуу	azapka saluu

pirate (m)	деңиз каракчысы	deŋiz karakʧısı
voyou (m)	бейбаш	bejbaʃ
armé (adj)	куралданган	kuraldangan
violence (f)	зордук	zorduk
illégal (adj)	мыйзамдан тыш	mıjzamdan tıʃ

| espionnage (m) | тыңчылык | tıɲʧılık |
| espionner (vt) | тыңчылык кылуу | tıɲʧılık kıluu |

193. La police. La justice. Partie 1

| justice (f) | адилеттүү сот | adilettyy sot |
| tribunal (m) | сот | sot |

juge (m)	сот	sot
jury (m)	сот калыстары	sot kalıstarı
cour (f) d'assises	калыстар соту	sot

juger (vt)	сотко тартуу	sotko tartuu
avocat (m)	жактоочу	dʒaktootʃu
accusé (m)	сот жообуна тартылган киши	sot dʒoobuna tartılgan kiʃi
banc (m) des accusés	соттуулар отуруучу орун	sottuular oturuutʃu orun
inculpation (f)	айыптоо	ajıptoo
inculpé (m)	айыпталуучу	ajıptaluutʃu
condamnation (f)	θκγм	økym
condamner (vt)	θκγм чыгаруу	økym tʃıgaruu
coupable (m)	күнөөкөр	kynøøkør
punir (vt)	жазалоо	dʒazaloo
punition (f)	жаза	dʒaza
amende (f)	айып	ajıp
détention (f) à vie	θмγр бою	ømyr bojʉ
peine (f) de mort	θлγм жазасы	ølym dʒazası
chaise (f) électrique	электр столу	elektr stolu
potence (f)	дарга	darga
exécuter (vt)	θлγм жазасын аткаруу	ølym dʒazasın atkaruu
exécution (f)	θлγм жазасын аткаруу	ølym dʒazasın atkaruu
prison (f)	түрмθ	tyrmø
cellule (f)	камера	kamera
escorte (f)	конвой	konvoj
gardien (m) de prison	түрмθ сакчысы	tyrmø saktʃısı
prisonnier (m)	камактагы адам	kamaktagı adam
menottes (f pl)	кишен	kiʃen
mettre les menottes	кишен кийгизүү	kiʃen kijgizyy
évasion (f)	качуу	katʃuu
s'évader (vp)	качуу	katʃuu
disparaître (vi)	жоголуп кетүγ	dʒogolup ketyy
libérer (vt)	бошотуу	boʃotuu
amnistie (f)	амнистия	amnistija
police (f)	полиция	politsija
policier (m)	полиция кызматкери	politsija kızmatkeri
commissariat (m) de police	полиция бθлγмγ	politsija bølymy
matraque (f)	резина союлчасы	rezina sojultʃası
haut parleur (m)	керней	kernej
voiture (f) de patrouille	жол күзθт машинасы	dʒol kyzøt maʃinası
sirène (f)	сирена	sirena
enclencher la sirène	сиренаны басуу	sirenanı basuu
hurlement (m) de la sirène	сиренанын боздошу	sirenanın bozdoʃu
lieu (m) du crime	кылмыш болгон жер	kılmıʃ bolgon dʒer
témoin (m)	күбθ	kybø
liberté (f)	эркиндик	erkindik
complice (m)	шерик	ʃerik

| s'enfuir (vp) | из жашыруу | iz dʒaʃıruu |
| trace (f) | из | iz |

194. La police. La justice. Partie 2

recherche (f)	издөө	izdøø
rechercher (vt)	... издөө	... izdøø
suspicion (f)	шек	ʃek
suspect (adj)	шектүү	ʃektyy
arrêter (dans la rue)	токтотуу	toktotuu
détenir (vt)	кармоо	karmoo

affaire (f) (~ pénale)	иш	iʃ
enquête (f)	териштирүү	teriʃtiryy
détective (m)	аңдуучу	aŋduutʃu
enquêteur (m)	тергөөчү	tergøøtʃy
hypothèse (f)	жоромол	dʒoromol

motif (m)	себеп	sebep
interrogatoire (m)	сурак	surak
interroger (vt)	суракка алуу	surakka aluu
interroger (~ les voisins)	сураштыруу	suraʃtıruu
inspection (f)	текшерүү	tekʃeryy

rafle (f)	тегеректөө	tegerektøø
perquisition (f)	тинтүү	tintyy
poursuite (f)	куу	kuu
poursuivre (vt)	изине түшүү	izine tyʃyy
dépister (vt)	изине түшүү	izine tyʃyy

arrestation (f)	камак	kamak
arrêter (vt)	камакка алуу	kamakka aluu
attraper (~ un criminel)	кармоо	karmoo
capture (f)	колго түшүрүү	kolgo tyʃyryy

document (m)	документ	dokument
preuve (f)	далил	dalil
prouver (vt)	далилдөө	dalildøø
empreinte (f) de pied	из	iz
empreintes (f pl) digitales	манжанын изи	mandʒanın izi
élément (m) de preuve	далил	dalil

alibi (m)	алиби	alibi
innocent (non coupable)	бейкүнөө	bejkynøø
injustice (f)	адилетсиздик	adiletsizdik
injuste (adj)	адилетсиз	adiletsiz

criminel (adj)	кылмыштуу	kılmıʃtuu
confisquer (vt)	тартып алуу	tartıp aluu
drogue (f)	баңгизат	baŋgizat
arme (f)	курал	kural
désarmer (vt)	куралсыздандыруу	kuralsızdandıruu
ordonner (vt)	буйрук берүү	bujruk beryy
disparaître (vi)	жоголуп кетүү	dʒogolup ketyy

loi (f)	мыйзам	mɪjzam
légal (adj)	мыйзамдуу	mɪjzamduu
illégal (adj)	мыйзамдан тыш	mɪjzamdan tɪʃ
responsabilité (f)	жоопкерчилик	dʒoopkertʃilik
responsable (adj)	жоопкерчиликтүү	dʒoopkertʃiliktyy

LA NATURE

La Terre. Partie 1

195. L'espace cosmique

cosmos (m)	космос	kosmos
cosmique (adj)	космос	kosmos
espace (m) cosmique	космос мейкиндиги	kosmos mejkindigi
monde (m)	дүйнө	dyjnø
univers (m)	аалам	aalam
galaxie (f)	галактика	galaktika
étoile (f)	жылдыз	dʒıldız
constellation (f)	жылдыздар	dʒıldızdar
planète (f)	планета	planeta
satellite (m)	жолдош	dʒoldoʃ
météorite (m)	метеорит	meteorit
comète (f)	комета	kometa
astéroïde (m)	астероид	asteroid
orbite (f)	орбита	orbita
tourner (vi)	айлануу	ajlanuu
atmosphère (f)	атмосфера	atmosfera
Soleil (m)	күн	kyn
système (m) solaire	күн системасы	kyn sistemasɪ
éclipse (f) de soleil	күндүн тутулушу	kyndyn tutuluʃu
Terre (f)	Жер	dʒer
Lune (f)	Ай	aj
Mars (m)	Марс	mars
Vénus (f)	Венера	venera
Jupiter (m)	Юпитер	jupiter
Saturne (m)	Сатурн	saturn
Mercure (m)	Меркурий	merkurij
Uranus (m)	Уран	uran
Neptune	Нептун	neptun
Pluton (m)	Плутон	pluton
la Voie Lactée	Саманчынын жолу	samantʃının dʒolu
la Grande Ours	Чоң Жетиген	tʃoŋ dʒetigen
la Polaire	Полярдык Жылдыз	polʲardık dʒıldız
martien (m)	марсианин	marsianin
extraterrestre (m)	инопланетянин	inoplanetʲanin

alien (m)	келгин	kelgin
soucoupe (f) volante	учуучу табак	utʃuutʃu tabak
vaisseau (m) spatial	космос кемеси	kosmos kemesi
station (f) orbitale	орбитадагы станция	orbitadagı stantsija
lancement (m)	старт	start
moteur (m)	кыймылдаткыч	kıjmıldatkıtʃ
tuyère (f)	сопло	soplo
carburant (m)	күйүүчү май	kyjyytʃy may
cabine (f)	кабина	kabina
antenne (f)	антенна	antenna
hublot (m)	иллюминатор	illɯminator
batterie (f) solaire	күн батареясы	kyn batarejası
scaphandre (m)	скафандр	skafandr
apesanteur (f)	салмаксыздык	salmaksızdık
oxygène (m)	кислород	kislorod
arrimage (m)	жалгаштыруу	dʒalgaʃtıruu
s'arrimer à ...	жалгаштыруу	dʒalgaʃtıruu
observatoire (m)	обсерватория	observatorija
télescope (m)	телескоп	teleskop
observer (vt)	байкоо	bajkoo
explorer (un cosmos)	изилдөө	izildøø

196. La Terre

Terre (f)	Жер	dʒer
globe (m) terrestre	жер шары	dʒer ʃarı
planète (f)	планета	planeta
atmosphère (f)	атмосфера	atmosfera
géographie (f)	география	geografija
nature (f)	табийгат	tabijgat
globe (m) de table	глобус	globus
carte (f)	карта	karta
atlas (m)	атлас	atlas
Europe (f)	Европа	evropa
Asie (f)	Азия	azija
Afrique (f)	Африка	afrika
Australie (f)	Австралия	avstralija
Amérique (f)	Америка	amerika
Amérique (f) du Nord	Северная Америка	severnaja amerika
Amérique (f) du Sud	Южная Америка	jɯdʒnaja amerika
l'Antarctique (m)	Антарктида	antarktida
l'Arctique (m)	Арктика	arktika

197. Les quatre parties du monde

nord (m)	түндүк	tyndyk
vers le nord	түндүккө	tyndykkø
au nord	түндүктө	tyndyktø
du nord (adj)	түндүк	tyndyk
sud (m)	түштүк	tyʃtyk
vers le sud	түштүккө	tyʃtykkø
au sud	түштүктө	tyʃtyktø
du sud (adj)	түштүк	tyʃtyk
ouest (m)	батыш	batıʃ
vers l'occident	батышка	batıʃka
à l'occident	батышта	batıʃta
occidental (adj)	батыш	batıʃ
est (m)	чыгыш	ʧıgıʃ
vers l'orient	чыгышка	ʧıgıʃka
à l'orient	чыгышта	ʧıgıʃta
oriental (adj)	чыгыш	ʧıgıʃ

198. Les océans et les mers

mer (f)	деңиз	deŋiz
océan (m)	мухит	muχit
golfe (m)	булуң	buluŋ
détroit (m)	кысык	kısık
terre (f) ferme	жер	dʒer
continent (m)	материк	materik
île (f)	арал	aral
presqu'île (f)	жарым арал	dʒarım aral
archipel (m)	архипелаг	arχipelag
baie (f)	булуң	buluŋ
port (m)	гавань	gavanʲ
lagune (f)	лагуна	laguna
cap (m)	тумшук	tumʃuk
atoll (m)	атолл	atoll
récif (m)	риф	rif
corail (m)	маржан	mardʒan
récif (m) de corail	маржан рифи	mardʒan rifi
profond (adj)	терең	tereŋ
profondeur (f)	терeңдик	tereŋdik
abîme (m)	түбү жок	tyby dʒok
fosse (f) océanique	ойдуң	ojduŋ
courant (m)	агым	agım
baigner (vt) (mer)	курчап туруу	kurʧap turuu

| littoral (m) | жээк | dʒeek |
| côte (f) | жээк | dʒeek |

marée (f) haute	суунун көтөрүлүшү	suunun køtørylyʃy
marée (f) basse	суунун тартылуусу	suunun tartıluusu
banc (m) de sable	тайыздык	tajızdık
fond (m)	суунун түбү	suunun tyby

vague (f)	толкун	tolkun
crête (f) de la vague	толкундун кыры	tolkundun kırı
mousse (f)	көбүк	købyk

tempête (f) en mer	бороон чапкын	boroon ʧapkın
ouragan (m)	бороон	boroon
tsunami (m)	цунами	tsunami
calme (m)	штиль	ʃtilʲ
calme (tranquille)	тынч	tıntʃ

| pôle (m) | уюл | ujʉl |
| polaire (adj) | полярдык | polʲardık |

latitude (f)	кеңдик	keŋdik
longitude (f)	узундук	uzunduk
parallèle (f)	параллель	parallelʲ
équateur (m)	экватор	ekvator

ciel (m)	асман	asman
horizon (m)	горизонт	gorizont
air (m)	аба	aba

phare (m)	маяк	majak
plonger (vi)	сүңгүү	syŋgyy
sombrer (vi)	чөгүп кетүү	ʧøgyp ketyy
trésor (m)	казына	kazına

199. Les noms des mers et des océans

océan (m) Atlantique	Атлантика мухити	atlantika muxiti
océan (m) Indien	Индия мухити	indija muxiti
océan (m) Pacifique	Тынч мухити	tıntʃ muxiti
océan (m) Glacial	Түндүк Муз мухити	tyndyk muz muxiti

mer (f) Noire	Кара деңиз	kara deŋiz
mer (f) Rouge	Кызыл деңиз	kızıl deŋiz
mer (f) Jaune	Сары деңиз	sarı deŋiz
mer (f) Blanche	Ак деңиз	ak deŋiz

mer (f) Caspienne	Каспий деңизи	kaspij deŋizi
mer (f) Morte	Өлүк деңиз	ølyk deŋiz
mer (f) Méditerranée	Жер Ортолук деңиз	dʒer ortoluk deŋiz

mer (f) Égée	Эгей деңизи	egej deŋizi
mer (f) Adriatique	Адриатика деңизи	adriatika deŋizi
mer (f) Arabique	Аравия деңизи	aravija deŋizi

mer (f) du Japon	Япон деңизи	japon deŋizi
mer (f) de Béring	Беринг деңизи	bering deŋizi
mer (f) de Chine Méridionale	Түштүк-Кытай деңизи	tyʃtyk-kıtaj deŋizi

mer (f) de Corail	Маржан деңизи	mardʒan deŋizi
mer (f) de Tasman	Тасман деңизи	tasman deŋizi
mer (f) Caraïbe	Кариб деңизи	karib deŋizi

| mer (f) de Barents | Баренц деңизи | barents deŋizi |
| mer (f) de Kara | Карск деңизи | karsk deŋizi |

mer (f) du Nord	Түндүк деңиз	tyndyk deŋiz
mer (f) Baltique	Балтика деңизи	baltika deŋizi
mer (f) de Norvège	Норвегиялык деңизи	norvegijalık deŋizi

200. Les montagnes

montagne (f)	тоо	too
chaîne (f) de montagnes	тоо тизмеги	too tizmegi
crête (f)	тоо кыркалары	too kırkaları

sommet (m)	чоку	tʃoku
pic (m)	чоку	tʃoku
pied (m)	тоо этеги	too etegi
pente (f)	эңкейиш	eŋkejiʃ

volcan (m)	вулкан	vulkan
volcan (m) actif	күйүп жаткан	kyjyp dʒatkan
volcan (m) éteint	өчүп калган вулкан	øtʃyp kalgan vulkan

éruption (f)	атырылып чыгуу	atırılıp tʃıguu
cratère (m)	кратер	krater
magma (m)	магма	magma
lave (f)	лава	lava
en fusion (lave ~)	кызыган	kızıgan

canyon (m)	каньон	kanion
défilé (m) (gorge)	капчыгай	kaptʃıgaj
crevasse (f)	жарака	dʒaraka
précipice (m)	жар	dʒar

col (m) de montagne	ашуу	aʃuu
plateau (m)	дөңсөө	døŋsøø
rocher (m)	зоока	zooka
colline (f)	дөбө	døbø

glacier (m)	муз	muz
chute (f) d'eau	шаркыратма	ʃarkıratma
geyser (m)	гейзер	gejzer
lac (m)	көл	køl

plaine (f)	түздүк	tyzdyk
paysage (m)	теребел	terebel
écho (m)	жаңырык	dʒaŋırık

alpiniste (m)	альпинист	alʲpinist
varappeur (m)	скалолаз	skalolaz
conquérir (vt)	багындыруу	bagındıruu
ascension (f)	тоонун чокусуна чыгуу	toonun tʃokusuna tʃıguu

201. Les noms des chaînes de montagne

Alpes (f pl)	Альп тоолору	alʲp tooloru
Mont Blanc (m)	Монблан	monblan
Pyrénées (f pl)	Пиреней тоолору	pirenej tooloru
Carpates (f pl)	Карпат тоолору	karpat tooloru
Monts Oural (m pl)	Урал тоолору	ural tooloru
Caucase (m)	Кавказ тоолору	kavkaz tooloru
Elbrous (m)	Эльбрус	elʲbrus
Altaï (m)	Алтай тоолору	altaj tooloru
Tian Chan (m)	Тянь-Шань	tjanʲ-ʃanʲ
Pamir (m)	Памир тоолору	pamir tooloru
Himalaya (m)	Гималай тоолору	gimalaj tooloru
Everest (m)	Эверест	everest
Andes (f pl)	Анд тоолору	and tooloru
Kilimandjaro (m)	Килиманджаро	kilimandʒaro

202. Les fleuves

rivière (f), fleuve (m)	дарыя	darıja
source (f)	булак	bulak
lit (m) (d'une rivière)	сай	saj
bassin (m)	бассейн	bassejn
se jeter dans …	… куюу	… kujʉu
affluent (m)	куйма	kujma
rive (f)	жээк	dʒeek
courant (m)	агым	agım
en aval	агым боюнча	agım bojʉntʃa
en amont	агымга каршы	agımga karʃı
inondation (f)	ташкын	taʃkın
les grandes crues	суу ташкыны	suu taʃkını
déborder (vt)	дайранын ташышы	dajranın taʃıʃı
inonder (vt)	суу каптоо	suu kaptoo
bas-fond (m)	тайыздык	tajızdık
rapide (m)	босого	bosogo
barrage (m)	тогоон	togoon
canal (m)	канал	kanal
lac (m) de barrage	суу сактагыч	suu saktagıtʃ
écluse (f)	шлюз	ʃlʉz

plan (m) d'eau	көлмө	kølmø
marais (m)	саз	saz
fondrière (f)	баткак	batkak
tourbillon (m)	айлампа	ajlampa
ruisseau (m)	суу	suu
potable (adj)	ичилчү суу	iʧilʧy suu
douce (l'eau ~)	тузсуз	tuzsuz
glace (f)	муз	muz
être gelé	тоңуп калуу	toŋup kaluu

203. Les noms des fleuves

Seine (f)	Сена	sena
Loire (f)	Луара	luara
Tamise (f)	Темза	temza
Rhin (m)	Рейн	rejn
Danube (m)	Дунай	dunaj
Volga (f)	Волга	volga
Don (m)	Дон	don
Lena (f)	Лена	lena
Huang He (m)	Хуанхэ	χuanχe
Yangzi Jiang (m)	Янцзы	janʦzɪ
Mékong (m)	Меконг	mekong
Gange (m)	Ганг	gang
Nil (m)	Нил	nil
Congo (m)	Конго	kongo
Okavango (m)	Окаванго	okavango
Zambèze (m)	Замбези	zambezi
Limpopo (m)	Лимпопо	limpopo
Mississippi (m)	Миссисипи	missisipi

204. La forêt

forêt (f)	токой	tokoj
forestier (adj)	токойлуу	tokojluu
fourré (m)	чытырман токой	ʧɪtɪrman tokoj
bosquet (m)	токойчо	tokojʧo
clairière (f)	аянт	ajant
broussailles (f pl)	бадал	badal
taillis (m)	бадал	badal
sentier (m)	чыйыр жол	ʧɪjɪr dʒol
ravin (m)	жар	dʒar
arbre (m)	дарак	darak

| feuille (f) | жалбырак | ʤalbırak |
| feuillage (m) | жалбырак | ʤalbırak |

chute (f) de feuilles	жалбырак түшүү мезгили	ʤalbırak tyʃyy mezgili
tomber (feuilles)	түшүү	tyʃyy
sommet (m)	чоку	tʃoku

rameau (m)	бутак	butak
branche (f)	бутак	butak
bourgeon (m)	бүчүр	bytʃyr
aiguille (f)	ийне	ijne
pomme (f) de pin	тобурчак	toburtʃak

creux (m)	көңдөй	køŋdøj
nid (m)	уя	uja
terrier (m) (~ d'un renard)	ийин	ijin

tronc (m)	сөңгөк	søŋgøk
racine (f)	тамыр	tamır
écorce (f)	кыртыш	kırtıʃ
mousse (f)	мох	moχ

déraciner (vt)	дүмүрүн казуу	dymyryn kazuu
abattre (un arbre)	кыюу	kijɐu
déboiser (vt)	токойду кыюу	tokojdu kijɐu
souche (f)	дүмүр	dymyr

feu (m) de bois	от	ot
incendie (m)	өрт	ørt
éteindre (feu)	өчүрүү	øtʃyryy

garde (m) forestier	токойчу	tokojtʃu
protection (f)	өсүмдүктөрдү коргоо	øsymdyktørdy korgoo
protéger (vt)	сактоо	saktoo
braconnier (m)	браконьер	brakonjer
piège (m) à mâchoires	капкан	kapkan

cueillir (champignons)	терүү	teryy
cueillir (baies)	терүү	teryy
s'égarer (vp)	адашып кетүү	adaʃıp ketyy

205. Les ressources naturelles

ressources (f pl) naturelles	жаратылыш байлыктары	ʤaratılıʃ bajlıktarı
minéraux (m pl)	пайдалуу кендер	pajdaluu kender
gisement (m)	кен	ken
champ (m) (~ pétrolifère)	кендүү жер	kendyy ʤer

extraire (vt)	казуу	kazuu
extraction (f)	казуу	kazuu
minerai (m)	кен	ken
mine (f) (site)	шахта	ʃaχta
puits (m) de mine	шахта	ʃaχta
mineur (m)	кенчи	kentʃi

gaz (m)	газ	gaz
gazoduc (m)	газопровод	gazoprovod

pétrole (m)	мунайзат	munajzat
pipeline (m)	мунайзар түтүгү	munajzar tytygy
tour (f) de forage	мунайзат скважинасы	munajzat skvadʒinası
derrick (m)	мунайзат мунарасы	munajzat munarası
pétrolier (m)	танкер	tanker

sable (m)	кум	kum
calcaire (m)	акиташ	akitaʃ
gravier (m)	шагыл	ʃagıl
tourbe (f)	торф	torf
argile (f)	ылай	ılaj
charbon (m)	көмүр	kømyr

fer (m)	темир	temir
or (m)	алтын	altın
argent (m)	күмүш	kymyʃ
nickel (m)	никель	nikelʲ
cuivre (m)	жез	dʒez

zinc (m)	цинк	ʦınk
manganèse (m)	марганец	marganeʦ
mercure (m)	сымап	sımap
plomb (m)	коргошун	korgoʃun

minéral (m)	минерал	mineral
cristal (m)	кристалл	kristall
marbre (m)	мрамор	mramor
uranium (m)	уран	uran

La Terre. Partie 2

206. Le temps

temps (m)	аба-ырайы	aba-ırajı
météo (f)	аба-ырайы боюнча маалымат	aba-ırajı bojuntʃa maalımat
température (f)	температура	temperatura
thermomètre (m)	термометр	termometr
baromètre (m)	барометр	barometr
humide (adj)	нымдуу	nımduu
humidité (f)	ным	nım
chaleur (f) (canicule)	ысык	ısık
torride (adj)	кыйын ысык	kıjın ısık
il fait très chaud	ысык	ısık
il fait chaud	жылуу	dʒıluu
chaud (modérément)	жылуу	dʒıluu
il fait froid	суук	suuk
froid (adj)	суук	suuk
soleil (m)	күн	kyn
briller (soleil)	күн тийүү	kyn tijyy
ensoleillé (jour ~)	күн ачык	kyn atʃık
se lever (vp)	чыгуу	tʃıguu
se coucher (vp)	батуу	batuu
nuage (m)	булут	bulut
nuageux (adj)	булуттуу	buluttuu
nuée (f)	булут	bulut
sombre (adj)	күн бүркөк	kyn byrkøk
pluie (f)	жамгыр	dʒamgır
il pleut	жамгыр жаап жатат	dʒamgır dʒaap dʒatat
pluvieux (adj)	жаандуу	dʒaanduu
bruiner (v imp)	дыбыратуу	dıbıratuu
pluie (f) torrentielle	нөшөрлөгөн жаан	nøʃørløgøn dʒaan
averse (f)	нөшөр	nøʃør
forte (la pluie ~)	катуу	katuu
flaque (f)	көлчүк	køltʃyk
se faire mouiller	суу болуу	suu boluu
brouillard (m)	туман	tuman
brumeux (adj)	тумандуу	tumanduu
neige (f)	кар	kar
il neige	кар жаап жатат	kar dʒaap dʒatat

207. Les intempéries. Les catastrophes naturelles

orage (m)	чагылгандуу жаан	tʃagılganduu dʒaan
éclair (m)	чагылган	tʃagılgan
éclater (foudre)	жарк этүү	dʒark etyy
tonnerre (m)	күн күркүрөө	kyn kyrkyrøø
gronder (tonnerre)	күн күркүрөө	kyn kyrkyrøø
le tonnerre gronde	күн күркүрөп жатат	kyn kyrkyrøp dʒatat
grêle (f)	мөндүр	møndyr
il grêle	мөндүр түшүп жатат	møndyr tyʃyp dʒatat
inonder (vt)	суу каптоо	suu kaptoo
inondation (f)	ташкын	taʃkın
tremblement (m) de terre	жер титирөө	dʒer titirøø
secousse (f)	жердин силкиниши	dʒerdin silkiniʃi
épicentre (m)	эпицентр	epitsentr
éruption (f)	атырылып чыгуу	atırılıp tʃıguu
lave (f)	лава	lava
tourbillon (m)	куюн	kujʉn
tornade (f)	торнадо	tornado
typhon (m)	тайфун	tajfun
ouragan (m)	бороон	boroon
tempête (f)	бороон чапкын	boroon tʃapkın
tsunami (m)	цунами	tsunami
cyclone (m)	циклон	tsıklon
intempéries (f pl)	жаан-чачындуу күн	dʒaan-tʃatʃınduu kyn
incendie (m)	өрт	ørt
catastrophe (f)	кыйроо	kıjroo
météorite (m)	метеорит	meteorit
avalanche (f)	көчкү	køtʃky
éboulement (m)	кар көчкүсү	kar køtʃkysy
blizzard (m)	кар бороону	kar boroonu
tempête (f) de neige	бурганак	burganak

208. Les bruits. Les sons

silence (m)	жымжырттык	dʒımdʒırttık
son (m)	добуш	dobuʃ
bruit (m)	ызы-чуу	ızı-tʃuu
faire du bruit	чуулдоо	tʃuuldoo
bruyant (adj)	дуулдаган	duuldagan
fort (adv)	катуу	katuu
fort (voix ~e)	катуу	katuu
constant (bruit, etc.)	үзгүлтүксүз	yzgyltyksyz

cri (m)	кыйкырык	kɯjkɯrɯk
crier (vi)	кыйкыруу	kɯjkɯruu
chuchotement (m)	шыбыр	ʃɯbɯr
chuchoter (vi, vt)	шыбырап айтуу	ʃɯbɯrap ajtuu
aboiement (m)	үрүү	yryy
aboyer (vi)	үрүү	yryy
gémissement (m)	онтоо	ontoo
gémir (vi)	онтоо	ontoo
toux (f)	жөтөл	dʒøtøl
tousser (vi)	жөтөлүү	dʒøtølyy
sifflement (m)	ышкырык	ɯʃkɯrɯk
siffler (vi)	ышкыруу	ɯʃkɯruu
coups (m pl) à la porte	такылдатуу	takɯldatuu
frapper (~ à la porte)	такылдатуу	takɯldatuu
craquer (vi)	чыртылдоо	tʃɯrtɯldoo
craquement (m)	чыртылдоо	tʃɯrtɯldoo
sirène (f)	сирена	sirena
sifflement (m) (de train)	гудок	gudok
siffler (train, etc.)	гудок чалуу	gudok tʃaluu
coup (m) de klaxon	сигнал	signal
klaxonner (vi)	сигнал басуу	signal basuu

209. L'hiver

hiver (m)	кыш	kɯʃ
d'hiver (adj)	кышкы	kɯʃkɯ
en hiver	кышында	kɯʃɯnda
neige (f)	кар	kar
il neige	кар жаап жатат	kar dʒaap dʒatat
chute (f) de neige	кар жаашы	kar dʒaaʃɯ
congère (f)	күрткү	kyrtky
flocon (m) de neige	кар учкуну	kar utʃkunu
boule (f) de neige	томолоктолгон кар	tomoloktolgon kar
bonhomme (m) de neige	кар адам	kar adam
glaçon (m)	тоңгон муз	toŋgon muz
décembre (m)	декабрь	dekabrʲ
janvier (m)	январь	janvarʲ
février (m)	февраль	fevralʲ
gel (m)	аяз	ajaz
glacial (nuit ~)	аяздуу	ajazduu
au-dessous de zéro	нольдон төмөн	nolʲdon tømøn
premières gelées (f pl)	үшүк	yʃyk
givre (m)	кыроо	kɯroo
froid (m)	суук	suuk

il fait froid	суук	suuk
manteau (m) de fourrure	тон	ton
moufles (f pl)	мээлей	meelej

tomber malade	ооруп калуу	oorup kaluu
refroidissement (m)	суук тийүү	suuk tijyy
prendre froid	суук тийгизип алуу	suuk tijgizip aluu

glace (f)	муз	muz
verglas (m)	кара тоңголок	kara toŋgolok
être gelé	тоңуп калуу	toŋup kaluu
bloc (m) de glace	муздун чоң сыныгы	muzdun ʧoŋ sınıgı

skis (m pl)	чаңгы	ʧaŋgı
skieur (m)	чаңычы	ʧaŋıʧı
faire du ski	чаңгы тебүү	ʧaŋgı tebyy
patiner (vi)	коньки тебүү	konʲki tebyy

La faune

210. Les mammifères. Les prédateurs

prédateur (m)	жырткыч	dʒɪrtkɪtʃ
tigre (m)	жолборс	dʒolbors
lion (m)	арстан	arstan
loup (m)	карышкыр	karɪʃkɪr
renard (m)	түлкү	tylky
jaguar (m)	ягуар	jaguar
léopard (m)	леопард	leopard
guépard (m)	гепард	gepard
panthère (f)	пантера	pantera
puma (m)	пума	puma
léopard (m) de neiges	илбирс	ilbirs
lynx (m)	сүлөөсүн	syløøsyn
coyote (m)	койот	kojot
chacal (m)	чөө	tʃøø
hyène (f)	гиена	giena

211. Les animaux sauvages

animal (m)	жаныбар	dʒanɪbar
bête (f)	жапайы жаныбар	dʒapajɪ dʒanɪbar
écureuil (m)	тыйын чычкан	tɪjɪn tʃɪtʃkan
hérisson (m)	кирпичечен	kirpitʃetʃen
lièvre (m)	коен	koen
lapin (m)	коен	koen
blaireau (m)	кашкулак	kaʃkulak
raton (m)	енот	enot
hamster (m)	хомяк	χomʲak
marmotte (f)	суур	suur
taupe (f)	момолой	momoloj
souris (f)	чычкан	tʃɪtʃkan
rat (m)	келемиш	kelemiʃ
chauve-souris (f)	жарганат	dʒarganat
hermine (f)	арс чычкан	ars tʃɪtʃkan
zibeline (f)	киш	kiʃ
martre (f)	суусар	suusar
belette (f)	ласка	laska
vison (m)	норка	norka

191

| castor (m) | кемчет | kemtʃet |
| loutre (f) | кундуз | kunduz |

cheval (m)	жылкы	dʒɪlkɪ
élan (m)	багыш	bagɪʃ
cerf (m)	бугу	bugu
chameau (m)	төө	tøø

bison (m)	бизон	bizon
aurochs (m)	зубр	zubr
buffle (m)	буйвол	bujvol

zèbre (m)	зебра	zebra
antilope (f)	антилопа	antilopa
chevreuil (m)	элик	elik
biche (f)	лань	lanʲ
chamois (m)	жейрен	dʒejren
sanglier (m)	каман	kaman

baleine (f)	кит	kit
phoque (m)	тюлень	tʉlenʲ
morse (m)	морж	mordʒ
ours (m) de mer	деңиз мышыгы	deŋiz mɪʃɪgɪ
dauphin (m)	дельфин	delʲfin

ours (m)	аюу	ajʉu
ours (m) blanc	ак аюу	ak ajʉu
panda (m)	панда	panda

singe (m)	маймыл	majmɪl
chimpanzé (m)	шимпанзе	ʃimpanze
orang-outang (m)	орангутанг	orangutang
gorille (m)	горилла	gorilla
macaque (m)	макака	makaka
gibbon (m)	гиббон	gibbon

éléphant (m)	пил	pil
rhinocéros (m)	керик	kerik
girafe (f)	жираф	dʒiraf
hippopotame (m)	бегемот	begemot

| kangourou (m) | кенгуру | kenguru |
| koala (m) | коала | koala |

mangouste (f)	мангуст	mangust
chinchilla (m)	шиншилла	ʃinʃilla
mouffette (f)	скунс	skuns
porc-épic (m)	чүткөр	tʃytkør

212. Les animaux domestiques

chat (m) (femelle)	ургаачы мышык	urgaatʃɪ mɪʃɪk
chat (m) (mâle)	эркек мышык	erkek mɪʃɪk
chien (m)	ит	it

cheval (m)	жылкы	dʒɪlkɪ
étalon (m)	айгыр	ajgɪr
jument (f)	бээ	bee
vache (f)	уй	uj
taureau (m)	бука	buka
bœuf (m)	өгүз	øgyz
brebis (f)	кой	koj
mouton (m)	кочкор	kotʃkor
chèvre (f)	эчки	etʃki
bouc (m)	теке	teke
âne (m)	эшек	eʃek
mulet (m)	качыр	katʃɪr
cochon (m)	чочко	tʃotʃko
pourceau (m)	торопой	toropoj
lapin (m)	коен	koen
poule (f)	тоок	took
coq (m)	короз	koroz
canard (m)	өрдөк	ørdøk
canard (m) mâle	эркек өрдөк	erkek ørdøk
oie (f)	каз	kaz
dindon (m)	күрп	kyrp
dinde (f)	ургаачы күрп	urgaatʃɪ kyrp
animaux (m pl) domestiques	үй жаныбарлары	yj dʒanɪbarlarɪ
apprivoisé (adj)	колго үйрөтүлгөн	kolgo yjrøtylgøn
apprivoiser (vt)	колго үйрөтүү	kolgo yjrøtyy
élever (vt)	өстүрүү	østyryy
ferme (f)	ферма	ferma
volaille (f)	үй канаттулары	yj kanattularɪ
bétail (m)	мал	mal
troupeau (m)	бада	bada
écurie (f)	аткана	atkana
porcherie (f)	чочкокана	tʃotʃkokana
vacherie (f)	уйкана	ujkana
cabane (f) à lapins	коенкана	koenkana
poulailler (m)	тоокана	tookana

213. Le chien. Les races

chien (m)	ит	it
berger (m)	овчарка	ovtʃarka
berger (m) allemand	немис овчаркасы	nemis ovtʃarkasɪ
caniche (f)	пудель	pudelʲ
teckel (m)	такса	taksa
bouledogue (m)	бульдог	bulʲdog

boxer (m)	боксёр	boksⁱor
mastiff (m)	мастиф	mastif
rottweiler (m)	ротвейлер	rotvejler
doberman (m)	доберман	doberman

basset (m)	бассет	basset
bobtail (m)	бобтейл	bobtejl
dalmatien (m)	далматинец	dalmatinets
cocker (m)	кокер-спаниэль	koker-spanielʲ

| terre-neuve (m) | ньюфаундленд | njʉfaundlend |
| saint-bernard (m) | сенбернар | senbernar |

husky (m)	хаски	χaski
chow-chow (m)	чау-чау	ʧau-ʧau
spitz (m)	шпиц	ʃpits
carlin (m)	мопс	mops

214. Les cris des animaux

aboiement (m)	үрүү	yryy
aboyer (vi)	үрүү	yryy
miauler (vi)	миёлоо	mijoloo
ronronner (vi)	мырылдоо	mırıldoo

meugler (vi)	маароо	maaroo
beugler (taureau)	өкүрүү	økyryy
rugir (chien)	ырылдоо	ırıldoo

hurlement (m)	уулуу	uuluu
hurler (loup)	уулуу	uuluu
geindre (vi)	кыңшылоо	kıɲʃiloo

bêler (vi)	маароо	maaroo
grogner (cochon)	коркулдоо	korkuldoo
glapir (cochon)	чаңыруу	ʧaɲruu

coasser (vi)	чардоо	ʧardoo
bourdonner (vi)	зыңылдоо	zıɲıldoo
striduler (vi)	чырылдоо	ʧırıldoo

215. Les jeunes animaux

bébé (m) (~ lapin)	жаныбарлардын баласы	dʒanıbarlardın balası
chaton (m)	мышыктын баласы	mıʃiktın balası
souriceau (m)	чычкандын баласы	ʧiʧkandın balası
chiot (m)	күчүк	kyʧyk

levraut (m)	бөжөк	bødʒøk
lapereau (m)	бөжөк	bødʒøk
louveteau (m)	бөлтүрүк	bøltyryk
renardeau (m)	түлкү баласы	tylky balası

ourson (m)	мамалак	mamalak
lionceau (m)	арстан баласы	arstan balası
bébé (m) tigre	жолборс баласы	dʒolbors balası
éléphanteau (m)	пилдин баласы	pildin balası
pourceau (m)	торопой	toropoj
veau (m)	музоо	muzoo
chevreau (m)	улак	ulak
agneau (m)	козу	kozu
faon (m)	бугунун музоосу	bugunun muzoosu
bébé (m) chameau	бото	boto
serpenteau (m)	жылан баласы	dʒılan balası
bébé (m) grenouille	бака баласы	baka balası
oisillon (m)	балапан	balapan
poussin (m)	балапан	balapan
canardeau (m)	өрдөктүн баласы	ørdøktyn balası

216. Les oiseaux

oiseau (m)	куш	kuʃ
pigeon (m)	көгүчкөн	køgytʃkøn
moineau (m)	таранчы	tarantʃı
mésange (f)	синица	sinitsa
pie (f)	сагызган	sagızgan
corbeau (m)	кузгун	kuzgun
corneille (f)	карга	karga
choucas (m)	таан	taan
freux (m)	чаркарга	tʃarkarga
canard (m)	өрдөк	ørdøk
oie (f)	каз	kaz
faisan (m)	кыргоол	kırgool
aigle (m)	бүркүт	byrkyt
épervier (m)	ителги	itelgi
faucon (m)	шумкар	ʃumkar
vautour (m)	жору	dʒoru
condor (m)	кондор	kondor
cygne (m)	аккуу	akkuu
grue (f)	турна	turna
cigogne (f)	илегилек	ilegilek
perroquet (m)	тотукуш	totukuʃ
colibri (m)	колибри	kolibri
paon (m)	тоос	toos
autruche (f)	төө куш	tøø kuʃ
héron (m)	көк кытан	køk kıtan
flamant (m)	фламинго	flamingo
pélican (m)	биргазан	birgazan

rossignol (m)	булбул	bulbul
hirondelle (f)	чабалекей	ʧabalekej

merle (m)	таркылдак	tarkıldak
grive (f)	сайрагыч таркылдак	sajragıʧ tarkıldak
merle (m) noir	кара таңдай таркылдак	kara taŋdaj tarkıldak

martinet (m)	кардыгач	kardıgaʧ
alouette (f) des champs	торгой	torgoj
caille (f)	бөдөнө	bødønø

pivert (m)	тоңкулдак	toŋkuldak
coucou (m)	күкүк	kykyk
chouette (f)	мыкый үкү	mıkıj yky
hibou (m)	үкү	yky
tétras (m)	керең кур	kereŋ kur
tétras-lyre (m)	кара кур	kara kur
perdrix (f)	кекилик	kekilik

étourneau (m)	чыйырчык	ʧıjırʧık
canari (m)	канарейка	kanarejka
gélinotte (f) des bois	токой чили	tokoj ʧili
pinson (m)	зяблик	zʲablik
bouvreuil (m)	снегирь	snegirʲ

mouette (f)	ак чардак	ak ʧardak
albatros (m)	альбатрос	alʲbatros
pingouin (m)	пингвин	pingvin

217. Les oiseaux. Le chant, les cris

chanter (vi)	сайроо	sajroo
crier (vi)	кыйкыруу	kıjkıruu
chanter (le coq)	"күкирику" деп кыйкыруу	kykiriky' dep kıjkıruu
cocorico (m)	күкирику	kykiriky

glousser (vi)	какылдоо	kakıldoo
croasser (vi)	каркылдоо	karkıldoo
cancaner (vi)	бакылдоо	bakıldoo
piauler (vi)	чыйылдоо	ʧıjıldoo
pépier (vi)	чырылдоо	ʧırıldoo

218. Les poissons. Les animaux marins

brème (f)	лещ	leʃʧ
carpe (f)	карп	karp
perche (f)	окунь	okunʲ
silure (m)	жаян	dʒajan
brochet (m)	чортон	ʧorton

saumon (m)	лосось	lososʲ
esturgeon (m)	осётр	osʲotr

hareng (m)	сельдь	selʲdʲ
saumon (m) atlantique	сёмга	sʲomga
maquereau (m)	скумбрия	skumbrija
flet (m)	камбала	kambala
sandre (f)	судак	sudak
morue (f)	треска	treska
thon (m)	тунец	tunets
truite (f)	форель	forelʲ
anguille (f)	угорь	ugorʲ
torpille (f)	скат	skat
murène (f)	мурена	murena
piranha (m)	пиранья	piranja
requin (m)	акула	akula
dauphin (m)	дельфин	delʲfin
baleine (f)	кит	kit
crabe (m)	краб	krab
méduse (f)	медуза	meduza
pieuvre (f), poulpe (m)	сегиз бут	segiz but
étoile (f) de mer	деңиз жылдызы	deŋiz dʒıldızı
oursin (m)	деңиз кирписи	deŋiz kirpisi
hippocampe (m)	деңиз тайы	deŋiz tajı
huître (f)	устрица	ustritsa
crevette (f)	креветка	krevetka
homard (m)	омар	omar
langoustine (f)	лангуст	langust

219. Les amphibiens. Les reptiles

serpent (m)	жылан	dʒılan
venimeux (adj)	уулуу	uuluu
vipère (f)	кара чаар жылан	kara tʃaar dʒılan
cobra (m)	кобра	kobra
python (m)	питон	piton
boa (m)	удав	udav
couleuvre (f)	сары жылан	sarı dʒılan
serpent (m) à sonnettes	шакылдак жылан	ʃakıldak dʒılan
anaconda (m)	анаконда	anakonda
lézard (m)	кескелдирик	keskeldirik
iguane (m)	игуана	iguana
varan (m)	эчкемер	etʃkemer
salamandre (f)	саламандра	salamandra
caméléon (m)	хамелеон	χameleon
scorpion (m)	чаян	tʃajan
tortue (f)	ташбака	taʃbaka
grenouille (f)	бака	baka

| crapaud (m) | курбака | kurbaka |
| crocodile (m) | крокодил | krokodil |

220. Les insectes

insecte (m)	курт-кумурска	kurt-kumurska
papillon (m)	көпөлөк	køpøløk
fourmi (f)	кумурска	kumurska
mouche (f)	чымын	tʃımın
moustique (m)	чиркей	tʃirkej
scarabée (m)	коңуз	koŋuz

guêpe (f)	аары	aarı
abeille (f)	бал аары	bal aarı
bourdon (m)	жапан аары	dʒapan aarı
œstre (m)	көгөөн	køgøøn

| araignée (f) | жөргөмүш | dʒørgømyʃ |
| toile (f) d'araignée | желе | dʒele |

libellule (f)	ийнелик	ijnelik
sauterelle (f)	чегиртке	tʃegirtke
papillon (m)	көпөлөк	køpøløk

cafard (m)	таракан	tarakan
tique (f)	кене	kene
puce (f)	бүргө	byrgø
moucheron (m)	майда чымын	majda tʃımın

criquet (m)	чегиртке	tʃegirtke
escargot (m)	улул	ylyl
grillon (m)	кара чегиртке	kara tʃegirtke
luciole (f)	жалтырак коңуз	dʒaltırak koŋuz
coccinelle (f)	айланкөчөк	ajlankøtʃøk
hanneton (m)	саратан коңуз	saratan koŋuz

sangsue (f)	сүлүк	sylyk
chenille (f)	каз таман	kaz taman
ver (m)	жер курту	dʒer kurtu
larve (f)	курт	kurt

221. Les parties du corps des animaux

bec (m)	тумшук	tumʃuk
ailes (f pl)	канаттар	kanattar
patte (f)	чеңгел	tʃeŋgel
plumage (m)	куштун жүнү	kuʃtun dʒyny
plume (f)	канат	kanat
houppe (f)	көкүлчө	køkyltʃø

| ouïes (f pl) | бакалоор | bakaloor |
| œufs (m pl) | балык уругу | balık urugu |

larve (f)	курт	kurt
nageoire (f)	сүзгүч	syzgytʃ
écaille (f)	кабырчык	kabırtʃık
croc (m)	азуу тиш	azuu tiʃ
patte (f)	таман	taman
museau (m)	тумшук	tumʃuk
gueule (f)	ооз	ooz
queue (f)	куйрук	kujruk
moustaches (f pl)	мурут	murut
sabot (m)	туяк	tujak
corne (f)	мүйүз	myjyz
carapace (f)	калканч	kalkantʃ
coquillage (m)	үлүл кабыгы	ylyl kabıgı
coquille (f) d'œuf	кабык	kabık
poil (m)	жүн	dʒyn
peau (f)	тери	teri

222. Les mouvements des animaux

voler (vi)	учуу	utʃuu
faire des cercles	айлануу	ajlanuu
s'envoler (vp)	учуп кетүү	utʃup ketyy
battre des ailes	канаттарын кагуу	kanattarın kaguu
picorer (vt)	чукуу	tʃukuu
couver (vt)	жумуртка басуу	dʒumurtka basuu
éclore (vt)	жумуртадан чыгуу	dʒumurtkadan tʃıguu
faire un nid	уя токуу	uja tokuu
ramper (vi)	сойлоо	sojloo
piquer (insecte)	чагуу	tʃaguu
mordre (animal)	каап алуу	kaap aluu
flairer (vt)	жыттоо	dʒıttoo
aboyer (vi)	үрүү	yryy
siffler (serpent)	ышкыруу	ıʃkıruu
effrayer (vt)	коркутуу	korkutuu
attaquer (vt)	тап берүү	tap beryy
ronger (vt)	кемирүү	kemiryy
griffer (vt)	тытуу	tıtuu
se cacher (vp)	жашынуу	dʒaʃınuu
jouer (chatons, etc.)	ойноо	ojnoo
chasser (vi, vt)	аңчылык кылуу	aŋtʃılık kıluu
être en hibernation	чээнге кирүү	tʃeenge kiryy
disparaître (dinosaures)	кырылуу	kırıluu

223. Les habitats des animaux

habitat (m) naturel	жашоо чөйрөсү	dʒaʃoo ʧøjrøsy
migration (f)	миграция	migratsija
montagne (f)	тоо	too
récif (m)	риф	rif
rocher (m)	зоока	zooka
forêt (f)	токой	tokoj
jungle (f)	джунгли	dʒungli
savane (f)	саванна	savanna
toundra (f)	тундра	tundra
steppe (f)	талаа	talaa
désert (m)	чөл	ʧøl
oasis (f)	оазис	oazis
mer (f)	деңиз	deŋiz
lac (m)	көл	køl
océan (m)	мухит	muχit
marais (m)	саз	saz
d'eau douce (adj)	тузсуз суулу көл	tuzsuz suulu køl
étang (m)	жасалма көлмө	dʒasalma kølmø
rivière (f), fleuve (m)	дарыя	darija
tanière (f)	ийин	ijin
nid (m)	уя	uja
creux (m)	көңдөй	køŋdøj
terrier (m) (~ d'un renard)	ийин	ijin
fourmilière (f)	кумурска уюгу	kumurska ujʉgu

224. Les soins aux animaux

zoo (m)	зоопарк	zoopark
réserve (f) naturelle	корук	koruk
pépinière (f)	питомник	pitomnik
volière (f)	вольер	voljer
cage (f)	капас	kapas
niche (f)	иттин кепеси	ittin kepesi
pigeonnier (m)	кептеркана	kepterkana
aquarium (m)	аквариум	akvarium
delphinarium (m)	дельфинарий	delʲfinarij
élever (vt)	багуу	baguu
nichée (f), portée (f)	тукум	tukum
apprivoiser (vt)	колго үйрөтүү	kolgo yjrøtyy
dresser (un chien)	үйрөтүү	yjrøtyy
aliments (pl) pour animaux	жем, чөп	dʒem, ʧøp
nourrir (vt)	жем берүү	dʒem beryy

magasin (m) d'animaux	зоодукөн	zoodykøn
muselière (f)	тумшук кап	tumʃuk kap
collier (m)	ит каргысы	it kargısı
nom (m) (d'un animal)	лакап ат	lakap at
pedigree (m)	мал теги	mal tegi

225. Les animaux. Divers

meute (f) (~ de loups)	үйүр	yjyr
volée (f) d'oiseaux	топ	top
banc (m) de poissons	топ	top
troupeau (m)	үйүр	yjyr
mâle (m)	эркек	erkek
femelle (f)	ургаачы	urgaatʃı
affamé (adj)	ачка	atʃka
sauvage (adj)	жапайы	dʒapajı
dangereux (adj)	коркунучтуу	korkunutʃtuu

226. Les chevaux

cheval (m)	жылкы	dʒılkı
race (f)	тукум	tukum
poulain (m)	кулун	kulun
jument (f)	бээ	bee
mustang (m)	мустанг	mustang
poney (m)	пони	poni
cheval (m) de trait	жүк ташуучу ат	dʒyk taʃuutʃu at
crin (m)	жал	dʒal
queue (f)	куйрук	kujruk
sabot (m)	туяк	tujak
fer (m) à cheval	така	taka
ferrer (vt)	такалоо	takaloo
maréchal-ferrant (m)	темирчи	temirtʃi
selle (f)	ээр	eer
étrier (m)	үзөнгү	yzøngy
bride (f)	жүгөн	dʒygøn
rênes (f pl)	тизгин	tizgin
fouet (m)	камчы	kamtʃı
cavalier (m)	чабандес	tʃabandes
seller (vt)	ээр токуу	eer tokuu
se mettre en selle	ээрге отуруу	eerge oturuu
galop (m)	текирең-таскак	tekireŋ-taskak
aller au galop	таскактатуу	taskaktatuu

trot (m)	таскак	taskak
au trot (adv)	таскактап	taskaktap
aller au trot	таскактатуу	taskaktatuu

cheval (m) de course	күлүк ат	kylyk at
courses (f pl) à chevaux	ат чабыш	at tʃabɪʃ

écurie (f)	аткана	atkana
nourrir (vt)	жем берүү	dʒem beryy
foin (m)	чөп	tʃøp
abreuver (vt)	сугаруу	sugaruu
laver (le cheval)	тазалоо	tazaloo

charrette (f)	араба	araba
paître (vi)	оттоо	ottoo
hennir (vi)	кишенөө	kiʃenøø
ruer (vi)	тээп жиберүү	teep dʒiberyy

La flore

227. Les arbres

arbre (m)	дарак	darak
à feuilles caduques	жалбырактуу	dʒalbıraktuu
conifère (adj)	ийне жалбырактуулар	ijne dʒalbıraktuular
à feuilles persistantes	дайым жашыл	dajım dʒaʃıl
pommier (m)	алма бак	alma bak
poirier (m)	алмурут бак	almurut bak
merisier (m)	гилас	gilas
cerisier (m)	алча	altʃa
prunier (m)	кара өрүк	kara øryk
bouleau (m)	ак кайың	ak kajıŋ
chêne (m)	эмен	emen
tilleul (m)	жөкө дарак	dʒøkø darak
tremble (m)	бай терек	baj terek
érable (m)	клён	klʲon
épicéa (m)	кара карагай	kara karagaj
pin (m)	карагай	karagaj
mélèze (m)	лиственница	listvennitsa
sapin (m)	пихта	piχta
cèdre (m)	кедр	kedr
peuplier (m)	терек	terek
sorbier (m)	четин	tʃetin
saule (m)	мажүрүм тал	madʒyrym tal
aune (m)	ольха	olʲχa
hêtre (m)	бук	buk
orme (m)	кара жыгач	kara dʒıgatʃ
frêne (m)	ясень	jasenʲ
marronnier (m)	каштан	kaʃtan
magnolia (m)	магнолия	magnolija
palmier (m)	пальма	palʲma
cyprès (m)	кипарис	kiparis
palétuvier (m)	мангро дарагы	mangro daragı
baobab (m)	баобаб	baobab
eucalyptus (m)	эвкалипт	evkalipt
séquoia (m)	секвойя	sekvoja

228. Les arbustes

buisson (m)	бадал	badal
arbrisseau (m)	бадал	badal

| vigne (f) | жүзүм | dʒyzym |
| vigne (f) (vignoble) | жүзүмдүк | dʒyzymdyk |

framboise (f)	дан куурай	dan kuuraj
cassis (m)	кара карагат	kara karagat
groseille (f) rouge	кызыл карагат	kızıl karagat
groseille (f) verte	крыжовник	krıdʒovnik

acacia (m)	акация	akatsija
berbéris (m)	бөрү карагат	børy karagat
jasmin (m)	жасмин	dʒasmin

genévrier (m)	кара арча	kara artʃa
rosier (m)	роза бадалы	roza badalı
églantier (m)	ит мурун	it murun

229. Les champignons

champignon (m)	козу карын	kozu karın
champignon (m) comestible	желе турган козу карын	dʒele turgan kozu karın
champignon (m) vénéneux	уулуу козу карын	uuluu kozu karın
chapeau (m)	козу карындын телпеги	kozu karındın telpegi
pied (m)	аякчасы	ajaktʃası

cèpe (m)	ак козу карын	ak kozu karın
bolet (m) orangé	подосиновик	podosinovik
bolet (m) bai	подберёзовик	podberʲozovik
girolle (f)	лисичка	lisitʃka
russule (f)	сыроежка	sıroedʒka

morille (f)	сморчок	smortʃok
amanite (f) tue-mouches	мухомор	muxomor
oronge (f) verte	поганка	poganka

230. Les fruits. Les baies

| fruit (m) | мөмө-жемиш | mømø-dʒemiʃ |
| fruits (m pl) | мөмө-жемиш | mømø-dʒemiʃ |

pomme (f)	алма	alma
poire (f)	алмурут	almurut
prune (f)	кара өрүк	kara øryk

fraise (f)	кулпунай	kulpunaj
cerise (f)	алча	altʃa
merise (f)	гилас	gilas
raisin (m)	жүзүм	dʒyzym

framboise (f)	дан куурай	dan kuuraj
cassis (m)	кара карагат	kara karagat
groseille (f) rouge	кызыл карагат	kızıl karagat
groseille (f) verte	крыжовник	krıdʒovnik

canneberge (f)	клюква	klʉkva
orange (f)	апельсин	apelʲsin
mandarine (f)	мандарин	mandarin
ananas (m)	ананас	ananas
banane (f)	банан	banan
datte (f)	курма	kurma

citron (m)	лимон	limon
abricot (m)	өрүк	øryk
pêche (f)	шабдаалы	ʃabdaalɯ
kiwi (m)	киви	kivi
pamplemousse (m)	грейпфрут	grejpfrut

baie (f)	жер жемиш	dʒer dʒemiʃ
baies (f pl)	жер жемиштер	dʒer dʒemiʃter
airelle (f) rouge	брусника	brusnika
fraise (f) des bois	кызылгат	kɯzɯlgat
myrtille (f)	кара моюл	kara mojʉl

231. Les fleurs. Les plantes

fleur (f)	гүл	gyl
bouquet (m)	десте	deste

rose (f)	роза	roza
tulipe (f)	жоогазын	dʒoogazɯn
oeillet (m)	гвоздика	gvozdika
glaïeul (m)	гладиолус	gladiolus

bleuet (m)	ботокөз	botokøz
campanule (f)	коңгуроо гүл	koŋguroo gyl
dent-de-lion (f)	каакым-кукум	kaakɯm-kukum
marguerite (f)	ромашка	romaʃka

aloès (m)	алоэ	aloe
cactus (m)	кактус	kaktus
ficus (m)	фикус	fikus

lis (m)	лилия	lilija
géranium (m)	герань	geranʲ
jacinthe (f)	гиацинт	giatsint

mimosa (m)	мимоза	mimoza
jonquille (f)	нарцисс	nartsiss
capucine (f)	настурция	nasturtsija

orchidée (f)	орхидея	orχideja
pivoine (f)	пион	pion
violette (f)	бинапша	binapʃa

pensée (f)	алагүл	alagyl
myosotis (m)	незабудка	nezabudka
pâquerette (f)	маргаритка	margaritka
coquelicot (m)	кызгалдак	kɯzgaldak

| chanvre (m) | наша | naʃa |
| menthe (f) | жалбыз | dʒalbız |

| muguet (m) | ландыш | landıʃ |
| perce-neige (f) | байчечекей | bajʧeʧekej |

ortie (f)	чалкан	ʧalkan
oseille (f)	ат кулак	at kulak
nénuphar (m)	чөмүч баш	ʧømyʧ baʃ
fougère (f)	папоротник	paporotnik
lichen (m)	лишайник	liʃajnik

serre (f) tropicale	күнөскана	kynøskana
gazon (m)	газон	gazon
parterre (m) de fleurs	клумба	klumba

plante (f)	өсүмдүк	øsymdyk
herbe (f)	чөп	ʧøp
brin (m) d'herbe	бир тал чөп	bir tal ʧøp

feuille (f)	жалбырак	dʒalbırak
pétale (m)	гүлдүн желекчеси	gyldyn dʒelekʧesi
tige (f)	сабак	sabak
tubercule (m)	жемиш тамыр	dʒemiʃ tamır

| pousse (f) | өсмө | øsmø |
| épine (f) | тикен | tiken |

fleurir (vi)	гүлдөө	gyldøø
se faner (vp)	соолуу	sooluu
odeur (f)	жыт	dʒıt
couper (vt)	кесүү	kesyy
cueillir (fleurs)	үзүү	yzyy

232. Les céréales

grains (m pl)	дан	dan
céréales (f pl) (plantes)	дан эгиндери	dan eginderi
épi (m)	машак	maʃak

blé (m)	буудай	buudaj
seigle (m)	кара буудай	kara buudaj
avoine (f)	сулу	sulu
millet (m)	таруу	taruu
orge (f)	арпа	arpa
maïs (m)	жүгөрү	dʒygøry
riz (m)	күрүч	kyryʧ
sarrasin (m)	гречиха	greʧixa

pois (m)	нокот	nokot
haricot (m)	төө буурчак	tøø buurʧak
soja (m)	соя	soja
lentille (f)	жасмык	dʒasmık
fèves (f pl)	буурчак	buurʧak

233. Les légumes

légumes (m pl)	жашылча	dʒaʃɪltʃa
verdure (f)	көк чөп	køk tʃøp
tomate (f)	помидор	pomidor
concombre (m)	бадыраң	badıraŋ
carotte (f)	сабиз	sabiz
pomme (f) de terre	картошка	kartoʃka
oignon (m)	пияз	pijaz
ail (m)	сарымсак	sarımsak
chou (m)	капуста	kapusta
chou-fleur (m)	гүлдүү капуста	gyldyy kapusta
chou (m) de Bruxelles	брюссель капустасы	brʉsselʲ kapustası
brocoli (m)	брокколи капустасы	brokkoli kapustası
betterave (f)	кызылча	kızıltʃa
aubergine (f)	баклажан	bakladʒan
courgette (f)	кабачок	kabatʃok
potiron (m)	ашкабак	aʃkabak
navet (m)	шалгам	ʃalgam
persil (m)	петрушка	petruʃka
fenouil (m)	укроп	ukrop
laitue (f) (salade)	салат	salat
céleri (m)	сельдерей	selʲderej
asperge (f)	спаржа	spardʒa
épinard (m)	шпинат	ʃpinat
pois (m)	нокот	nokot
fèves (f pl)	буурчак	buurtʃak
maïs (m)	жүгөрү	dʒygøry
haricot (m)	төө буурчак	tøø buurtʃak
poivron (m)	калемпир	kalempir
radis (m)	шалгам	ʃalgam
artichaut (m)	артишок	artiʃok

LA GÉOGRAPHIE RÉGIONALE

Les pays du monde. Les nationalités

234. L'Europe de l'Ouest

Europe (f)	Европа	evropa
Union (f) européenne	Европа Биримдиги	evropa birimdigi
européen (m)	европалык	evropalık
européen (adj)	европалык	evropalık
Autriche (f)	Австрия	avstrija
Autrichien (m)	австриялык	avstrijalık
Autrichienne (f)	австриялык аял	avstrijalık ajal
autrichien (adj)	австриялык	avstrijalık
Grande-Bretagne (f)	Улуу Британия	uluu britanija
Angleterre (f)	Англия	anglija
Anglais (m)	англичан	anglitʃan
Anglaise (f)	англичан аял	anglitʃan ajal
anglais (adj)	англиялык	anglijalık
Belgique (f)	Бельгия	belʲgija
Belge (m)	бельгиялык	belʲgijalık
Belge (f)	бельгиялык аял	belʲgijalık ajal
belge (adj)	бельгиялык	belʲgijalık
Allemagne (f)	Германия	germanija
Allemand (m)	немис	nemis
Allemande (f)	немис аял	nemis ajal
allemand (adj)	Германиялык	germanijalık
Pays-Bas (m)	Нидерланддар	niderlanddar
Hollande (f)	Голландия	gollandija
Hollandais (m)	голландиялык	gollandijalık
Hollandaise (f)	голландиялык аял	gollandijalık ajal
hollandais (adj)	голландиялык	gollandijalık
Grèce (f)	Греция	gretsija
Grec (m)	грек	grek
Grecque (f)	грек аял	grek ajal
grec (adj)	грециялык	gretsijalık
Danemark (m)	Дания	danija
Danois (m)	даниялык	danijalık
Danoise (f)	даниялык аял	danijalık ajal
danois (adj)	даниялык	danijalık
Irlande (f)	Ирландия	irlandija
Irlandais (m)	ирландиялык	irlandijalık

| Irlandaise (f) | ирланд аял | irland ajal |
| irlandais (adj) | ирландиялык | irlandijalık |

Islande (f)	Исландия	islandija
Islandais (m)	исландиялык	islandijalık
Islandaise (f)	исланд аял	island ajal
islandais (adj)	исландиялык	islandijalık

Espagne (f)	Испания	ispanija
Espagnol (m)	испаниялык	ispanijalık
Espagnole (f)	испан аял	ispan ajal
espagnol (adj)	испаниялык	ispanijalık

Italie (f)	Италия	italija
Italien (m)	итальялык	italjalık
Italienne (f)	итальялык аял	italjalık ajal
italien (adj)	итальялык	italjalık

Chypre (m)	Кипр	kipr
Chypriote (m)	кипрлик	kiprlik
Chypriote (f)	кипрлик аял	kiprlik ajal
chypriote (adj)	кипрлик	kiprlik

Malte (f)	Мальта	malʲta
Maltais (m)	мальталык	malʲtalık
Maltaise (f)	мальталык аял	malʲtalık ajal
maltais (adj)	мальталык	malʲtalık

Norvège (f)	Норвегия	norvegija
Norvégien (m)	норвегиялык	norvegijalık
Norvégienne (f)	норвегиялык аял	norvegijalık ajal
norvégien (adj)	норвегиялык	norvegijalık

Portugal (m)	Португалия	portugalija
Portugais (m)	португал	portugal
Portugaise (f)	португал аял	portugal ajal
portugais (adj)	португалиялык	portugalijalık

Finlande (f)	Финляндия	finlʲandija
Finlandais (m)	финн	finn
Finlandaise (f)	финн аял	finn ajal
finlandais (adj)	финляндиялык	finlʲandijalık

France (f)	Франция	frantsija
Français (m)	француз	frantsuz
Française (f)	француз аял	frantsuz ajal
français (adj)	француз	frantsuz

Suède (f)	Швеция	ʃvetsija
Suédois (m)	швед	ʃved
Suédoise (f)	швед аял	ʃved ajal
suédois (adj)	швед	ʃved

Suisse (f)	Швейцария	ʃvejtsarija
Suisse (m)	швейцариялык	ʃvejtsarijalık
Suissesse (f)	швейцар аял	ʃvejtsar ajal

suisse (adj)	швейцариялык	ʃvejtsarijalık
Écosse (f)	Шотландия	ʃotlandija
Écossais (m)	шотландиялык	ʃotlandijalık
Écossaise (f)	шотланд аял	ʃotland ajal
écossais (adj)	шотландиялык	ʃotlandijalık

Vatican (m)	Ватикан	vatikan
Liechtenstein (m)	Лихтенштейн	liхtenʃtejn
Luxembourg (m)	Люксембург	lʉksemburg
Monaco (m)	Монако	monako

235. L'Europe Centrale et l'Europe de l'Est

Albanie (f)	Албания	albanija
Albanais (m)	албан	alban
Albanaise (f)	албаниялык аял	albanijalık ajal
albanais (adj)	албаниялык	albanijalık

Bulgarie (f)	Болгария	bolgarija
Bulgare (m)	болгар	bolgar
Bulgare (f)	болгар аял	bolgar ajal
bulgare (adj)	болгар	bolgar

Hongrie (f)	Венгрия	vengrija
Hongrois (m)	венгр	vengr
Hongroise (f)	венгр аял	vengr ajal
hongrois (adj)	венгр	vengr

Lettonie (f)	Латвия	latvija
Letton (m)	латыш	latıʃ
Lettonne (f)	латыш аял	latıʃ ajal
letton (adj)	латвиялык	latvijalık

Lituanie (f)	Литва	litva
Lituanien (m)	литвалык	litvalık
Lituanienne (f)	литвалык аял	litvalık ajal
lituanien (adj)	литвалык	litvalık

Pologne (f)	Польша	polʲʃa
Polonais (m)	поляк	polʲak
Polonaise (f)	поляк аял	polʲak ajal
polonais (adj)	польшалык	polʲʃalık

Roumanie (f)	Румыния	rumınija
Roumain (m)	румын	rumın
Roumaine (f)	румын аял	rumın ajal
roumain (adj)	румын	rumın

Serbie (f)	Сербия	serbija
Serbe (m)	серб	serb
Serbe (f)	серб аял	serb ajal
serbe (adj)	сербиялык	serbijalık
Slovaquie (f)	Словакия	slovakija
Slovaque (m)	словак	slovak

| Slovaque (f) | словак аял | slovak ajal |
| slovaque (adj) | словакиялык | slovakijalık |

Croatie (f)	Хорватия	χorvatija
Croate (m)	хорват	χorvat
Croate (f)	хорват аял	χorvat ajal
croate (adj)	хорватиялык	χorvatijalık

République (f) Tchèque	Чехия	tʃeχija
Tchèque (m)	чех	tʃeχ
Tchèque (f)	чех аял	tʃeχ ajal
tchèque (adj)	чех	tʃeχ

Estonie (f)	Эстония	estonija
Estonien (m)	эстон	eston
Estonienne (f)	эстон аял	eston ajal
estonien (adj)	эстониялык	estonijalık

Bosnie (f)	Босния жана	bosnija dʒana
Macédoine (f)	Македония	makedonija
Slovénie (f)	Словения	slovenija
Monténégro (m)	Черногория	tʃernogorija

236. Les pays de l'ex-U.R.S.S.

Azerbaïdjan (m)	Азербайжан	azerbajdʒan
Azerbaïdjanais (m)	азербайжан	azerbajdʒan
Azerbaïdjanaise (f)	азербайжан аял	azerbajdʒan ajal
azerbaïdjanais (adj)	азербайжан	azerbajdʒan

Arménie (f)	Армения	armenija
Arménien (m)	армян	armʲan
Arménienne (f)	армян аял	armʲan ajal
arménien (adj)	армениялык	armenijalık

Biélorussie (f)	Беларусь	belarusʲ
Biélorusse (m)	белорус	belorus
Biélorusse (f)	белорус аял	belorus ajal
biélorusse (adj)	белорус	belorus

Géorgie (f)	Грузия	gruzija
Géorgien (m)	грузин	gruzin
Géorgienne (f)	грузин аял	gruzin ajal
géorgien (adj)	грузин	gruzin

Kazakhstan (m)	Казакстан	kazakstan
Kazakh (m)	казак	kazak
Kazakhe (f)	казак аял	kazak ajal
kazakh (adj)	казак	kazak

Kirghizistan (m)	Кыргызстан	kırgızstan
Kirghiz (m)	кыргыз	kırgız
Kirghize (f)	кыргыз аял	kırgız ajal
kirghiz (adj)	кыргыз	kırgız

Moldavie (f)	Молдова	moldova
Moldave (m)	молдаван	moldavan
Moldave (f)	молдаван аял	moldavan ajal
moldave (adj)	молдовалык	moldovalık

Russie (f)	Россия	rossija
Russe (m)	орус	orus
Russe (f)	орус аял	orus ajal
russe (adj)	орус	orus

Tadjikistan (m)	Тажикистан	tadʒikistan
Tadjik (m)	тажик	tadʒik
Tadjik (f)	тажик аял	tadʒik ajal
tadjik (adj)	тажик	tadʒik

Turkménistan (m)	Туркмения	turkmenija
Turkmène (m)	түркмөн	tyrkmøn
Turkmène (f)	түркмөн аял	tyrkmøn ajal
turkmène (adj)	түркмөн	tyrkmøn

Ouzbékistan (m)	Өзбекистан	øzbekistan
Ouzbek (m)	өзбек	øzbek
Ouzbek (f)	өзбек аял	øzbek ajal
ouzbek (adj)	өзбек	øzbek

Ukraine (f)	Украина	ukraina
Ukrainien (m)	украин	ukrain
Ukrainienne (f)	украин аял	ukrain ajal
ukrainien (adj)	украиналык	ukrainalık

237. L'Asie

Asie (f)	Азия	azija
asiatique (adj)	азиаттык	aziattık

Vietnam (m)	Вьетнам	vjetnam
Vietnamien (m)	вьетнамдык	vjetnamdık
Vietnamienne (f)	вьетнам аял	vjetnam ajal
vietnamien (adj)	вьетнамдык	vjetnamdık

Inde (f)	Индия	indija
Indien (m)	индиялык	indijalık
Indienne (f)	индиялык аял	indijalık ajal
indien (adj)	индиялык	indijalık

Israël (m)	Израиль	izrailʲ
Israélien (m)	израильдик	izrailʲdik
Israélienne (f)	израильдик аял	izrailʲdik ajal
israélien (adj)	израильдик	izrailʲdik

Juif (m)	еврей	evrej
Juive (f)	еврей аял	evrej ajal
juif (adj)	еврей	evrej
Chine (f)	Кытай	kıtaj

Chinois (m)	кытай	kıtaj
Chinoise (f)	кытай аял	kıtaj ajal
chinois (adj)	кытай	kıtaj
Coréen (m)	кореялык	korejalık
Coréenne (f)	кореялык аял	korejalık ajal
coréen (adj)	кореялык	korejalık
Liban (m)	Ливан	livan
Libanais (m)	ливан	livan
Libanaise (f)	ливан аял	livan ajal
libanais (adj)	ливандык	livandık
Mongolie (f)	Монголия	mongolija
Mongole (m)	монгол	mongol
Mongole (f)	монгол аял	mongol ajal
mongole (adj)	монгол	mongol
Malaisie (f)	Малазия	malazija
Malaisien (m)	малазиялык	malazijalık
Malaisienne (f)	малазиялык аял	malazijalık ajal
malais (adj)	малазиялык	malazijalık
Pakistan (m)	Пакистан	pakistan
Pakistanais (m)	пакистандык	pakistandık
Pakistanaise (f)	пакистан аял	pakistan ajal
pakistanais (adj)	пакистан	pakistan
Arabie (f) Saoudite	Сауд Аравиясы	saud aravijası
Arabe (m)	араб	arab
Arabe (f)	араб аял	arab ajal
arabe (adj)	араб	arab
Thaïlande (f)	Таиланд	tailand
Thaïlandais (m)	таиландык	tailandık
Thaïlandaise (f)	таиландык аял	tailandık ajal
thaïlandais (adj)	таиланд	tailand
Taïwan (m)	Тайвань	tajvanʲ
Taïwanais (m)	тайвандык	tajvandık
Taïwanaise (f)	тайвандык аял	tajvandık ajal
taïwanais (adj)	тайван	tajvan
Turquie (f)	Түркия	tyrkija
Turc (m)	түрк	tyrk
Turque (f)	түрк аял	tyrk ajal
turc (adj)	түрк	tyrk
Japon (m)	Япония	japonija
Japonais (m)	япондук	japonduk
Japonaise (f)	япондук аял	japonduk ajal
japonais (adj)	япондук	japonduk
Afghanistan (m)	Ооганстан	ooganstan
Bangladesh (m)	Бангладеш	bangladeʃ
Indonésie (f)	Индонезия	indonezija

Jordanie (f)	Иордания	iordanija
Iraq (m)	Ирак	irak
Iran (m)	Иран	iran
Cambodge (m)	Камбожа	kambodʒa
Koweït (m)	Кувейт	kuvejt

Laos (m)	Лаос	laos
Myanmar (m)	Мьянма	mjanma
Népal (m)	Непал	nepal
Fédération (f) des Émirats Arabes Unis	Бириккен Араб Эмираттары	birikken arab emirattarı

Syrie (f)	Сирия	sirija
Palestine (f)	Палестина	palestina
Corée (f) du Sud	Түштүк Корея	tyʃtyk koreja
Corée (f) du Nord	Түндүк Корея	tundyk koreja

238. L'Amérique du Nord

Les États Unis	Америка Кошмо Штаттары	amerika koʃmo ʃtattarı
Américain (m)	америкалык	amerikalık
Américaine (f)	америкалык аял	amerikalık ajal
américain (adj)	америкалык	amerikalık

Canada (m)	Канада	kanada
Canadien (m)	канадалык	kanadalık
Canadienne (f)	канадалык аял	kanadalık ajal
canadien (adj)	канадалык	kanadalık

Mexique (m)	Мексика	meksika
Mexicain (m)	мексикалык	meksikalık
Mexicaine (f)	мексикалык аял	meksikalık ajal
mexicain (adj)	мексикалык	meksikalık

239. L'Amérique Centrale et l'Amérique du Sud

Argentine (f)	Аргентина	argentina
Argentin (m)	аргенталык	argentinalık
Argentine (f)	аргенталык аял	argentinalık ajal
argentin (adj)	аргенталык	argentinalık

Brésil (m)	Бразилия	brazilija
Brésilien (m)	бразилиялык	brazilijalık
Brésilienne (f)	бразилиялык аял	brazilijalık ajal
brésilien (adj)	бразилиялык	brazilijalık

Colombie (f)	Колумбия	kolumbija
Colombien (m)	колумбиялык	kolumbijalık
Colombienne (f)	колумбиялык аял	kolumbijalık ajal
colombien (adj)	колумбиялык	kolumbijalık
Cuba (f)	Куба	kuba

Cubain (m)	кубалык	kubalık
Cubaine (f)	кубалык аял	kubalık ajal
cubain (adj)	кубалык	kubalık

Chili (m)	Чили	tʃili
Chilien (m)	чилилик	tʃililik
Chilienne (f)	чилилик аял	tʃililik ajal
chilien (adj)	чилилик	tʃililik

Bolivie (f)	Боливия	bolivija
Venezuela (f)	Венесуэла	venesuela
Paraguay (m)	Парагвай	paragvaj
Pérou (m)	Перу	peru
Surinam (m)	Суринам	surinam
Uruguay (m)	Уругвай	urugvaj
Équateur (m)	Эквадор	ekvador

Bahamas (f pl)	Багам аралдары	bagam araldarı
Haïti (m)	Гаити	gaiti
République (f) Dominicaine	Доминикан Республикасы	dominikan respublikası
Panamá (m)	Панама	panama
Jamaïque (f)	Ямайка	jamajka

240. L'Afrique

Égypte (f)	Египет	egipet
Égyptien (m)	египтик мырза	egiptik mırza
Égyptienne (f)	египтик аял	egiptik ajal
égyptien (adj)	египеттик	egipettik

Maroc (m)	Марокко	marokko
Marocain (m)	марокколук	marokkoluk
Marocaine (f)	марокколук аял	marokkoluk ajal
marocain (adj)	марокколук	marokkoluk

Tunisie (f)	Тунис	tunis
Tunisien (m)	тунистик	tunistik
Tunisienne (f)	тунистик аял	tunistik ajal
tunisien (adj)	тунистик	tunistik

Ghana (m)	Гана	gana
Zanzibar (m)	Занзибар	zanzibar
Kenya (m)	Кения	kenija
Libye (f)	Ливия	livija
Madagascar (f)	Мадагаскар	madagaskar

Namibie (f)	Намибия	namibija
Sénégal (m)	Сенегал	senegal
Tanzanie (f)	Танзания	tanzanija
République (f) Sud-africaine	ТАР	tar

Africain (m)	африкалык	afrikalık
Africaine (f)	африкалык аял	afrikalık ajal
africain (adj)	африкалык	afrikalık

241. L'Australie et Océanie

Australie (f)	Австралия	avstralija
Australien (m)	австралиялык	avstralijalık
Australienne (f)	австралиялык аял	avstralijalık ajal
australien (adj)	австралиялык	avstralijalık
Nouvelle Zélande (f)	Жаңы Зеландия	dʒaŋı zelandija
Néo-Zélandais (m)	жаңы зеландиялык	dʒaŋı zelandijalık
Néo-Zélandaise (f)	жаңы зеландиялык аял	dʒaŋı zelandijalık ajal
néo-zélandais (adj)	жаңы зеландиялык	dʒaŋı zelandijalık
Tasmanie (f)	Тасмания	tasmanija
Polynésie (f) Française	Француз Полинезиясы	frantsuz polinezijası

242. Les grandes villes

Amsterdam (f)	Амстердам	amsterdam
Ankara (m)	Анкара	ankara
Athènes (m)	Афина	afina
Bagdad (m)	Багдад	bagdad
Bangkok (m)	Бангкок	bangkok
Barcelone (f)	Барселона	barselona
Berlin (m)	Берлин	berlin
Beyrouth (m)	Бейрут	bejrut
Bombay (m)	Бомбей	bombej
Bonn (f)	Бонн	bonn
Bordeaux (f)	Бордо	bordo
Bratislava (m)	Братислава	bratislava
Bruxelles (m)	Брюссель	brusselʲ
Bucarest (m)	Бухарест	buxarest
Budapest (m)	Будапешт	budapeʃt
Caire (m)	Каир	kair
Calcutta (f)	Калькутта	kalʲkutta
Chicago (f)	Чикаго	tʃikago
Copenhague (f)	Копенгаген	kopengagen
Dar es-Salaam (f)	Дар-эс-Салам	dar-es-salam
Delhi (f)	Дели	deli
Dubaï (f)	Дубай	dubaj
Dublin (f)	Дублин	dublin
Düsseldorf (f)	Дюссельдорф	dusselʲdorf
Florence (f)	Флоренция	florentsija
Francfort (f)	Франкфурт	frankfurt
Genève (f)	Женева	dʒeneva
Hague (f)	Гаага	gaaga
Hambourg (f)	Гамбург	gamburg
Hanoï (f)	Ханой	xanoj

Havane (f)	Гавана	gavana
Helsinki (f)	Хельсинки	χelʲsinki
Hiroshima (f)	Хиросима	χirosima
Hong Kong (m)	Гонконг	gonkong
Istanbul (f)	Стамбул	stambul
Jérusalem (f)	Иерусалим	ierusalim
Kiev (f)	Киев	kiev
Kuala Lumpur (f)	Куала-Лумпур	kuala-lumpur
Lisbonne (f)	Лиссабон	lissabon
Londres (m)	Лондон	london
Los Angeles (f)	Лос-Анджелес	los-andʒeles
Lyon (f)	Лион	lion
Madrid (f)	Мадрид	madrid
Marseille (f)	Марсель	marselʲ
Mexico (f)	Мехико	meχiko
Miami (f)	Майями	majami
Montréal (f)	Монреаль	monrealʲ
Moscou (f)	Москва	moskva
Munich (f)	Мюнхен	mʉnχen
Nairobi (f)	Найроби	najrobi
Naples (f)	Неаполь	neapolʲ
New York (f)	Нью-Йорк	nju-jork
Nice (f)	Ницца	nitstsa
Oslo (m)	Осло	oslo
Ottawa (m)	Оттава	ottava
Paris (m)	Париж	paridʒ
Pékin (m)	Пекин	pekin
Prague (m)	Прага	praga
Rio de Janeiro (m)	Рио-де-Жанейро	rio-de-dʒanejro
Rome (f)	Рим	rim
Saint-Pétersbourg (m)	Санкт-Петербург	sankt-peterburg
Séoul (m)	Сеул	seul
Shanghai (m)	Шанхай	ʃanχaj
Sidney (m)	Сидней	sidnej
Singapour (f)	Сингапур	singapur
Stockholm (m)	Стокгольм	stokgolʲm
Taipei (m)	Тайпей	tajpej
Tokyo (m)	Токио	tokio
Toronto (m)	Торонто	toronto
Varsovie (f)	Варшава	varʃava
Venise (f)	Венеция	venetsija
Vienne (f)	Вена	vena
Washington (f)	Вашингтон	waʃington

243. La politique. Le gouvernement. Partie 1

politique (f)	саясат	sajasat
politique (adj)	саясий	sajasij

homme (m) politique	саясатчы	sajasattʃı
état (m)	мамлекет	mamleket
citoyen (m)	жаран	dʒaran
citoyenneté (f)	жарандык	dʒarandık

armoiries (f pl) nationales	улуттук герб	uluttuk gerb
hymne (m) national	мамлекеттик гимн	mamlekettik gimn

gouvernement (m)	өкмөт	økmøt
chef (m) d'état	мамлекет башчысы	mamleket baʃʧısı
parlement (m)	парламент	parlament
parti (m)	партия	partija

capitalisme (m)	капитализм	kapitalizm
capitaliste (adj)	капиталистик	kapitalistik

socialisme (m)	социализм	sotsializm
socialiste (adj)	социалистик	sotsialistik

communisme (m)	коммунизм	kommunizm
communiste (adj)	коммунистик	kommunistik
communiste (m)	коммунист	kommunist

démocratie (f)	демократия	demokratija
démocrate (m)	демократ	demokrat
démocratique (adj)	демократиялык	demokratijalık
parti (m) démocratique	демократиялык партия	demokratijalık partija

libéral (m)	либерал	liberal
libéral (adj)	либералдык	liberaldık

conservateur (m)	консерватор	konservator
conservateur (adj)	консервативдик	konservativdik

république (f)	республика	respublika
républicain (m)	республикачы	respublikatʃı
parti (m) républicain	республикалык	respublikalık

élections (f pl)	шайлоо	ʃajloo
élire (vt)	шайлоо	ʃajloo
électeur (m)	шайлоочу	ʃajlootʃu
campagne (f) électorale	шайлоо кампаниясы	ʃajloo kampanijası

vote (m)	добуш	dobuʃ
voter (vi)	добуш берүү	dobuʃ beryy
droit (m) de vote	добуш берүү укугу	dobuʃ beryy ukugu

candidat (m)	талапкер	talapker
poser sa candidature	талапкерлигин көрсөтүү	talapkerligin kørsøtyy
campagne (f)	кампания	kampanija

d'opposition (adj)	оппозициялык	oppozitsijalık
opposition (f)	оппозиция	oppozitsija

visite (f)	визит	vizit
visite (f) officielle	расмий визит	rasmij vizit

international (adj)	эл аралык	el aralık
négociations (f pl)	сүйлөшүүлөр	syjløʃyylør
négocier (vi)	сүйлөшүүлөр жүргүзүү	syjløʃyylør dʒyrgyzyy

244. La politique. Le gouvernement. Partie 2

société (f)	коом	koom
constitution (f)	конституция	konstitutsija
pouvoir (m)	бийлик	bijlik
corruption (f)	коррупция	korruptsija
loi (f)	мыйзам	mıjzam
légal (adj)	мыйзамдуу	mıjzamduu
justice (f)	адилеттик	adilettik
juste (adj)	адилеттүү	adilettyy
comité (m)	комитет	komitet
projet (m) de loi	мыйзам долбоору	mıjzam dolbooru
budget (m)	бюджет	bʉdʒet
politique (f)	саясат	sajasat
réforme (f)	реформа	reforma
radical (adj)	радикалдуу	radikalduu
puissance (f)	күч	kytʃ
puissant (adj)	кудуреттүү	kudurettyy
partisan (m)	жактоочу	dʒaktootʃu
influence (f)	таасир	taasir
régime (m)	түзүм	tyzym
conflit (m)	чыр-чатак	tʃır-tʃatak
complot (m)	заговор	zagovor
provocation (f)	айгак аракети	ajgak araketi
renverser (le régime)	кулатуу	kulatuu
renversement (m)	кулатуу	kulatuu
révolution (f)	ыңкылап	ıŋkılap
coup (m) d'État	төңкөрүш	tøŋkøryʃ
coup (m) d'État militaire	аскердик төңкөрүш	askerdik tøŋkøryʃ
crise (f)	каатчылык	kaattʃılık
baisse (f) économique	экономикалык төмөндөө	ekonomikalık tømøndøø
manifestant (m)	демонстрант	demonstrant
manifestation (f)	демонстрация	demonstratsija
loi (f) martiale	согуш абалында	soguʃ abalında
base (f) militaire	аскер базасы	asker bazası
stabilité (f)	туруктуулук	turuktuuluk
stable (adj)	туруктуу	turuktuu
exploitation (f)	эзүү	ezyy
exploiter (vt)	эзүү	ezyy
racisme (m)	расизм	rasizm

raciste (m)	расист	rasist
fascisme (m)	фашизм	faʃizm
fasciste (m)	фашист	faʃist

245. Les différents pays du monde. Divers

étranger (m)	чет өлкөлүк	ʧet ølkølyk
étranger (adj)	чет өлкөлүк	ʧet ølkølyk
à l'étranger (adv)	чет өлкөдө	ʧet ølkødø

émigré (m)	эмигрант	emigrant
émigration (f)	эмиграция	emigratsija
émigrer (vi)	башка өлкөгө көчүү	baʃka ølkøgø køʧyy

Ouest (m)	Батыш	batıʃ
Est (m)	Чыгыш	ʧıgıʃ
Extrême Orient (m)	Алыскы Чыгыш	alıskı ʧıgıʃ
civilisation (f)	цивилизация	tsıvilizatsija
humanité (f)	адамзат	adamzat
monde (m)	аалам	aalam
paix (f)	тынчтык	tınʧtık
mondial (adj)	дүйнөлүк	dyjnølyk

patrie (f)	мекен	meken
peuple (m)	эл	el
population (f)	калк	kalk
gens (m pl)	адамдар	adamdar
nation (f)	улут	ulut
génération (f)	муун	muun
territoire (m)	аймак	ajmak
région (f)	регион	region
état (m) (partie du pays)	штат	ʃtat

tradition (f)	салт	salt
coutume (f)	үрп-адат	yrp-adat
écologie (f)	экология	ekologija

indien (m)	индеец	indeets
bohémien (m)	цыган	tsıgan
bohémienne (f)	цыган аял	tsıgan ajal
bohémien (adj)	цыгандык	tsıgandık

empire (m)	империя	imperija
colonie (f)	колония	kolonija
esclavage (m)	кулчулук	kulʧuluk
invasion (f)	басып келүү	basıp kelyy
famine (f)	ачарчылык	aʧarʧılık

246. Les groupes religieux. Les confessions

| religion (f) | дин | din |
| religieux (adj) | диний | dinij |

foi (f)	диний ишеним	dinij iʃenim
croire (en Dieu)	ишенүү	iʃenyy
croyant (m)	динчил	dintʃil
athéisme (m)	атеизм	ateizm
athée (m)	атеист	ateist
christianisme (m)	Христианчылык	χristiantʃılık
chrétien (m)	христиан	χristian
chrétien (adj)	христиандык	χristiandık
catholicisme (m)	Католицизм	katolitsizm
catholique (m)	католик	katolik
catholique (adj)	католиктер	katolikter
protestantisme (m)	Протестантизм	protestantizm
Église (f) protestante	Протестанттык чиркөө	protestanttık tʃirkøø
protestant (m)	протестанттар	protestanttar
Orthodoxie (f)	Православие	pravoslavie
Église (f) orthodoxe	Православдык чиркөө	pravoslavdık tʃirkøø
orthodoxe (m)	православдык	pravoslavdık
Presbytérianisme (m)	Пресвитерианчылык	presviteriantʃılık
Église (f) presbytérienne	Пресвитериандык чиркөө	presviteriandık tʃirkøø
presbytérien (m)	пресвитериандык	presviteriandık
Église (f) luthérienne	Лютерандык чиркөө	lʉterandık tʃirkøø
luthérien (m)	лютерандык	lʉterandık
Baptisme (m)	Баптизм	baptizm
baptiste (m)	баптист	baptist
Église (f) anglicane	Англикан чиркөөсү	anglikan tʃirkøøsy
anglican (m)	англикан	anglikan
Mormonisme (m)	Мормондук	mormonduk
mormon (m)	мормон	mormon
judaïsme (m)	Иудаизм	iudaizm
juif (m)	иудей	iudej
Bouddhisme (m)	Буддизм	buddizm
bouddhiste (m)	буддист	buddist
hindouisme (m)	Индуизм	induizm
hindouiste (m)	индуист	induist
islam (m)	Ислам	islam
musulman (m)	мусулман	musulman
musulman (adj)	мусулмандык	musulmandık
Chiisme (m)	Шиизм	ʃiizm
chiite (m)	шиит	ʃiit
Sunnisme (m)	Суннизм	sunnizm
sunnite (m)	суннит	sunnit

247. Les principales religions. Le clergé

prêtre (m)	поп	pop
Pape (m)	Рим Папасы	rim papası
moine (m)	кечил	ketʃil
bonne sœur (f)	кечил аял	ketʃil ajal
pasteur (m)	пастор	pastor
abbé (m)	аббат	abbat
vicaire (m)	викарий	vikarij
évêque (m)	епископ	episkop
cardinal (m)	кардинал	kardinal
prédicateur (m)	диний үгүттөөчү	dinij ygyttøøtʃy
sermon (m)	үгүт	ygyt
paroissiens (m pl)	чиркөө коомунун мүчөлөрү	tʃirkøø koomunun mytʃøløry
croyant (m)	динчил	dintʃil
athée (m)	атеист	ateist

248. La foi. Le Christianisme. L'Islam

Adam	Адам ата	adam ata
Ève	Обо эне	obo ene
Dieu (m)	Кудай	kudaj
le Seigneur	Алла талаа	alla talaa
le Tout-Puissant	Кудуреттүү	kudurettyy
péché (m)	күнөө	kynøø
pécher (vi)	күнөө кылуу	kynøø kıluu
pécheur (m)	күнөөкөр	kynøøkør
pécheresse (f)	күнөөкөр аял	kynøøkør ajal
enfer (m)	тозок	tozok
paradis (m)	бейиш	bejiʃ
Jésus	Иса	isa
Jésus Christ	Иса Пайгамбар	isa pajgambar
le Saint-Esprit	Ыйык Рух	ıjık ruχ
le Sauveur	Куткаруучу	kutkaruutʃu
la Sainte Vierge	Бүбү Мариям	byby marijam
le Diable	Шайтан	ʃajtan
diabolique (adj)	шайтан	ʃajtan
Satan	Шайтан	ʃajtan
satanique (adj)	шайтандык	ʃajtandık
ange (m)	периште	periʃte
ange (m) gardien	сактагыч периште	saktagıtʃ periʃte

angélique (adj)	периште	periʃte
apôtre (m)	апостол	apostol
archange (m)	архангель	arχangelʲ
antéchrist (m)	антихрист	antiχrist
Église (f)	Чиркөө	ʧirkøø
Bible (f)	библия	biblija
biblique (adj)	библиялык	biblijalık
Ancien Testament (m)	Эзелки осуят	ezelki osujat
Nouveau Testament (m)	Жаңы осуят	dʒaŋı osujat
Évangile (m)	Евангелие	evangelie
Sainte Écriture (f)	Ыйык	ijık
Cieux (m pl)	Жаннат	dʒannat
commandement (m)	парз	parz
prophète (m)	пайгамбар	pajgambar
prophétie (f)	пайгамбар сөзү	pajgambar søzy
Allah	Аллах	allaχ
Mahomet	Мухаммед	muχammed
le Coran	Куран	kuran
mosquée (f)	мечит	meʧit
mulla (m)	мулла	mulla
prière (f)	дуба	duba
prier (~ Dieu)	дуба кылуу	duba kıluu
pèlerinage (m)	зыярат	zıjarat
pèlerin (m)	зыяратчы	zıjaratʧı
La Mecque	Мекке	mekke
église (f)	чиркөө	ʧirkøø
temple (m)	ибадаткана	ibadatkana
cathédrale (f)	чоң чиркөө	ʧoŋ ʧirkøø
gothique (adj)	готикалуу	gotikaluu
synagogue (f)	синагога	sinagoga
mosquée (f)	мечит	meʧit
chapelle (f)	кичинекей чиркөө	kiʧinekej ʧirkøø
abbaye (f)	аббаттык	abbattık
monastère (m)	монастырь	monastırʲ
cloche (f)	коңгуроо	koŋguroo
clocher (m)	коңгуроо мунарасы	koŋguroo munarası
sonner (vi)	коңгуроо кагуу	koŋguroo kaguu
croix (f)	крест	krest
coupole (f)	купол	kupol
icône (f)	икона	ikona
âme (f)	жан	dʒan
sort (m) (destin)	тагдыр	tagdır
mal (m)	жамандык	dʒamandık
bien (m)	жакшылык	dʒakʃılık
vampire (m)	кан соргуч	kan sorguʧ

sorcière (f)	жез тумшук	ʤez tumʃuk
démon (m)	шайтан	ʃajtan
esprit (m)	арбак	arbak
rachat (m)	күнөөнү жуу	kynøøny ʤuu
racheter (pécheur)	күнөөнү жуу	kynøøny ʤuu
office (m), messe (f)	ибадат	ibadat
dire la messe	ибадат кылуу	ibadat kıluu
confession (f)	сыр төгүү	sır tøgyy
se confesser (vp)	сыр төгүү	sır tøgyy
saint (m)	ыйык	ıjık
sacré (adj)	ыйык	ıjık
l'eau bénite	ыйык суу	ıjık suu
rite (m)	диний ырым-жырым	dinij ırım-ʤırım
rituel (adj)	диний ырым-жырым	dinij ırım-ʤırım
sacrifice (m)	курмандык	kurmandık
superstition (f)	ырым-жырым	ırım-ʤırım
superstitieux (adj)	ырымчыл	ırımʧıl
vie (f) après la mort	тиги дүйнө	tigi dyjnø
vie (f) éternelle	түбөлүк жашоо	tybølyk ʤaʃoo

DIVERS

249. Quelques mots et formules utiles

aide (f)	жардам	dʒardam
arrêt (m) (pause)	токтотуу	toktotuu
balance (f)	теңдем	teŋdem
barrière (f)	тоскоолдук	toskoolduk
base (f)	түп	typ
catégorie (f)	категория	kategorija
cause (f)	себеп	sebep
choix (m)	тандоо	tandoo
chose (f) (objet)	буюм	bujɯm
coïncidence (f)	дал келгендик	dal kelgendik
comparaison (f)	салыштырма	salıʃtırma
compensation (f)	ордун толтуруу	ordun tolturuu
confortable (adj)	ыңгайлуу	ıngajluu
croissance (f)	өсүү	øsyy
début (m)	башталыш	baʃtalıʃ
degré (m) (~ de liberté)	даража	daradʒa
développement (m)	өнүгүү	ønygyy
différence (f)	айырма	ajırma
d'urgence (adv)	шашылыш	ʃaʃılıʃ
effet (m)	таасир	taasir
effort (m)	күч аракет	kytʃ araket
élément (m)	элемент	element
exemple (m)	мисал	misal
fait (m)	далил	dalil
faute, erreur (f)	ката	kata
fin (f)	бүтүү	bytyy
fond (m) (arrière-plan)	фон	fon
forme (f)	тариз	tariz
fréquent (adj)	бат-бат	bat-bat
genre (m) (type, sorte)	түр	tyr
idéal (m)	идеал	ideal
labyrinthe (m)	лабиринт	labirint
mode (m) (méthode)	ыкма	ıkma
moment (m)	учур	utʃur
objet (m)	объект	obʰjekt
obstacle (m)	тоскоолдук	toskoolduk
original (m)	түпнуска	typnuska
part (f)	бөлүгү	bølygy
particule (f)	бөлүкчө	bølyktʃø

pause (f)	тыныгуу	tınıguu
position (f)	позиция	pozitsija
principe (m)	усул	usul
problème (m)	көйгөй	køjgøj
processus (m)	жараян	dʒarajan
progrès (m)	өнүгүү	ønygyy
propriété (f) (qualité)	касиет	kasiet
réaction (f)	реакция	reaktsija
risque (m)	тобокел	tobokel
secret (m)	сыр	sır
série (f)	катар	katar
situation (f)	кырдаал	kırdaal
solution (f)	чечүү	tʃetʃyy
standard (adj)	стандарттуу	standarttuu
standard (m)	стандарт	standart
style (m)	стиль	stilʲ
système (m)	тутум	tutum
tableau (m) (grille)	жадыбал	dʒadıbal
tempo (m)	темп	temp
terme (m)	атоо	atoo
tour (m) (attends ton ~)	кезек	kezek
type (m) (~ de sport)	түр	tyr
urgent (adj)	шашылыш	ʃaʃılıʃ
utilité (f)	пайда	pajda
vérité (f)	чындык	tʃındık
version (f)	вариант	variant
zone (f)	алкак	alkak

250. Les adjectifs. Partie 1

affamé (adj)	ачка	atʃka
agréable (la voix)	жагымдуу	dʒagımduu
aigre (fruits ~s)	кычкыл	kıtʃkıl
amer (adj)	ачуу	atʃuu
ancien (adj)	байыркы	bajırkı
arrière (roue, feu)	арткы	artkı
artificiel (adj)	жасалма	dʒasalma
attentionné (adj)	камкор	kamkor
aveugle (adj)	сокур	sokur
bas (voix ~se)	акырын	akırın
basané (adj)	кара тору	kara toru
beau (homme)	сулуу	suluu
beau, magnifique (adj)	укмуштай	ukmuʃtaj
bien affilé (adj)	курч	kurtʃ
bon (~ voyage!)	жакшы	dʒakʃı
bon (au bon cœur)	боорукер	booruker

bon (savoureux)	даамдуу	daamduu
bon marché (adj)	арзан	arzan
bronzé (adj)	күнгө күйгөн	kyngø kyjgøn
calme (tranquille)	тынч	tıntʃ
central (adj)	борбордук	borborduk
chaud (modérément)	жылуу	dʒıluu
cher (adj)	кымбат	kımbat
civil (droit ~)	жарандык	dʒarandık
clair (couleur)	ачык	atʃık
clair (explication ~e)	түшүнүктүү	tyʃynyktyy
clandestin (adj)	жашыруун	dʒaʃıruun
commun (projet ~)	бирге	birge
compatible (adj)	сыйышкыч	sıjıʃkıtʃ
considérable (adj)	маанилүү	maanilyy
content (adj)	курсант	kursant
continu (incessant)	үзгүлтүксүз	yzgyltyksyz
continu (usage ~)	узак	uzak
convenu (approprié)	жарактуу	dʒaraktuu
court (de taille)	кыска	kıska
court (en durée)	кыска мөөнөттүү	kıska møønøttyy
cru (non cuit)	чийки	tʃijki
d'à côté, voisin	жакынкы	dʒakınkı
dangereux (adj)	коркунучтуу	korkunutʃtuu
d'enfant (adj)	балдар	baldar
dense (brouillard ~)	коюу	kojʉu
dernier (final)	акыркы	akırkı
différent (adj)	ар кандай	ar kandaj
difficile (complexe)	кыйын	kıjın
difficile (décision)	оор	oor
divers (adj)	түрлүү	tyrlyy
d'occasion (adj)	мурдагы	murdagı
douce (l'eau ~)	тузсуз	tuzsuz
droit (pas courbe)	түз	tyz
droit (situé à droite)	оң	oŋ
dur (pas mou)	катуу	katuu
éloigné (adj)	алыс	alıs
ensoleillé (jour ~)	күн ачык	kyn atʃık
entier (adj)	бүтүн	bytyn
épais (brouillard ~)	коюу	kojʉu
épais (mur, etc.)	калың	kalıŋ
étranger (adj)	чет өлкөлүк	tʃet ølkølyk
étroit (passage, etc.)	кууш	kuuʃ
excellent (adj)	мыкты	mıktı
excessif (adj)	ашыкча	aʃıktʃa
extérieur (adj)	тышкы	tıʃkı
facile (adj)	женил	dʒenil
faible (lumière)	күңүрт	kyŋyrt

fatiguant (adj)	чарчатуучу	tʃartʃatuutʃu
fatigué (adj)	чарчаӊкы	tʃartʃaŋkı
fermé (adj)	жабык	dʒabık
fertile (le sol ~)	түшүмдүү	tyʃymdyy

fort (homme ~)	күчтүү	kytʃtyy
fort (voix ~e)	катуу	katuu
fragile (vaisselle, etc.)	морт	mort
frais (adj) (légèrement froid)	салкын	salkın
frais (du pain ~)	жаӊы	dʒaŋı

froid (boisson ~e)	муздак, суук	muzdak, suuk
gauche (adj)	сол	sol
géant (adj)	зор	zor
gentil (adj)	сүйкүмдүү	syjkymdyy
grand (dimension)	чоӊ	tʃoŋ

gras (repas ~)	майлуу	majluu
gratuit (adj)	акысыз	akısız
heureux (adj)	бактылуу	baktıluu
hostile (adj)	кастык	kastık
humide (adj)	нымдуу	nımduu

immobile (adj)	кыймылсыз	kıjmılsız
important (adj)	маанилүү	maanilyy
impossible (adj)	мүмкүн эмес	mymkyn emes
indéchiffrable (adj)	түшүнүксүз	tyʃynyksyz
indispensable (adj)	керектүү	kerektyy

intelligent (adj)	акылдуу	akılduu
intérieur (adj)	ички	itʃki
jeune (adj)	жаш	dʒaʃ
joyeux (adj)	кyyнак	kuunak
juste, correct (adj)	туура	tuura

251. Les adjectifs. Partie 2

large (~ route)	кеӊ	keŋ
le même, pareil (adj)	окшош	okʃoʃ
le plus important	эӊ маанилүү	eŋ maanilyy
le plus proche	эӊ жакынкы	eŋ dʒakınkı
légal (adj)	мыйзамдуу	mıjzamduu

léger (pas lourd)	жеӊил	dʒeŋil
libre (accès, etc.)	эркин	erkin
limité (adj)	чектелген	tʃektelgen
liquide (adj)	суюк	sujʉk
lisse (adj)	жылма	dʒɪlma

lointain (adj)	алыс	alıs
long (~ chemin)	узак	uzak
lourd (adj)	оор	oor
maigre (adj)	арык	arık
malade (adj)	оорулуу	ooruluu

mat (couleur)	жалтырабаган	dʒaltırabagan
mauvais (adj)	жаман	dʒaman
méticuleux (~ travail)	тыкан	tıkan

miséreux (adj)	кедей	kedej
mort (adj)	өлүк	ølyk
mou (souple)	жумшак	dʒumʃak
mûr (fruit ~)	бышкан	bıʃkan
myope (adj)	алыстан көрө албоо	alıstan kørø alboo

mystérieux (adj)	сырдуу	sırduu
natal (ville, pays)	өз	øz
nécessaire (adj)	керектүү	kerektyy
négatif (adj)	терс	ters
négligent (adj)	шалаакы	ʃalaakı

nerveux (adj)	тынчы кеткен	tıntʃı ketken
neuf (adj)	жаңы	dʒaŋı
normal (adj)	кадимки	kadimki
obligatoire (adj)	милдеттүү	mildettyy
opposé (adj)	карама-каршы	karama-karʃı

ordinaire (adj)	жөнөкөй	dʒønøkøj
original (peu commun)	бөтөнчө	bøtøntʃø
ouvert (adj)	ачык	atʃık
parfait (adj)	сонун	sonun
pas clair (adj)	ачык эмес	atʃık emes

pas difficile (adj)	анчейин оор эмес	antʃejin oor emes
pas grand (adj)	анчейин эмес	antʃejin emes
passé (le mois ~)	мурунку	murunku
passé (participe ~)	өтүп кеткен	øtyp ketken
pauvre (adj)	кедей	kedej

permanent (adj)	туруктуу	turuktuu
personnel (adj)	жекелик	dʒekelik
petit (adj)	кичине	kitʃine
peu expérimenté (adj)	тажрыйбасыз	tadʒrıjbasız
peu important (adj)	арзыбаган	arzıbagan

peu profond (adj)	тайыз	tajız
plat (l'écran ~)	жалпак	dʒalpak
plat (surface ~e)	тегиз	tegiz
plein (rempli)	толо	tolo

poli (adj)	сылык	sılık
ponctuel (adj)	так	tak
possible (adj)	мүмкүн	mymkyn
précédent (adj)	мурунку	murunku
précis, exact (adj)	так	tak

présent (moment ~)	учурда	utʃurda
principal (adj)	негизги	negizgi
principal (idée ~e)	негизги	negizgi
privé (réservé)	жеке	dʒeke
probable (adj)	ыктымал	ıktımal

proche (pas lointain)	жакын	dʒakın
propre (chemise ~)	таза	taza
public (adj)	коомдук	koomduk
rapide (adj)	тез	tez
rare (adj)	сейрек	sejrek
reconnaissant (adj)	ыраазы	ıraazı
risqué (adj)	тобокелдүү	tobokeldyy
salé (adj)	туздуу	tuzduu
sale (pas propre)	кир	kir
sans nuages (adj)	булутсуз	bulutsuz
satisfait (client, etc.)	ыраазы	ıraazı
sec (adj)	кургак	kurgak
serré, étroit (vêtement)	тар	tar
similaire (adj)	окшош	okʃoʃ
simple (adj)	жөнөкөй	dʒønøkøj
solide (bâtiment, etc.)	бекем	bekem
sombre (paysage ~)	караңгы	karaŋgı
sombre (pièce ~)	караңгы	karaŋgı
spacieux (adj)	кең	keŋ
spécial (adj)	атайын	atajın
stupide (adj)	акылсыз	akılsız
sucré (adj)	таттуу	tattuu
suivant (vol ~)	кийинки	kijinki
supplémentaire (adj)	кошумча	koʃumtʃa
suprême (adj)	жогорку	dʒogorku
sûr (pas dangereux)	коопсуз	koopsuz
surgelé (produits ~s)	тоңдурулган	toŋdurulgan
tendre (affectueux)	назик	nazik
tranquille (adj)	тынч	tıntʃ
transparent (adj)	тунук	tunuk
trempé (adj)	суу	suu
très chaud (adj)	ысык	ısık
triste (adj)	муңдуу	muŋduu
triste (regard ~)	кайгылуу	kajgıluu
trop maigre (émacié)	арык	arık
unique (exceptionnel)	окшоштугу жок	okʃoʃtugu dʒok
vide (bouteille, etc.)	бош	boʃ
vieux (bâtiment, etc.)	эски	eski
voisin (maison ~e)	коңшу	koŋʃu

LES 500 VERBES LES PLUS UTILISÉS

252. Les verbes les plus courants (de A à C)

abaisser (vt)	түшүрүү	tyʃyryy
accompagner (vt)	жолдоо	dʒoldoo
accoster (vi)	келип токтоо	kelip toktoo
accrocher (suspendre)	илүү	ilyy
accuser (vt)	айыптоо	ajıptoo
acheter (vt)	сатып алуу	satıp aluu
admirer (vt)	суктануу	suktanuu
affirmer (vt)	сөзүнө туруу	søzynø turuu
agir (vi)	аракет кылуу	araket kıluu
agiter (les bras)	жаңсоо	dʒaŋsoo
aider (vt)	жардам берүү	dʒardam beryy
aimer (apprécier)	сүйүү	syjyy
aimer (qn)	сүйүү	syjyy
ajouter (vt)	кошуу	koʃuu
aller (à pied)	басуу	basuu
aller (en voiture, etc.)	жүрүү	dʒyryy
aller bien (robe, etc.)	ылайык келүү	ılajık kelyy
aller se coucher	уйкуга кетүү	ujkuga ketyy
allumer (~ la cheminée)	от жагуу	ot dʒaguu
allumer (la radio, etc.)	жүргүзүү	dʒyrgyzyy
amener, apporter (vt)	алып келүү	alıp kelyy
amputer (vt)	кесип таштоо	kesip taʃtoo
amuser (vt)	көңүл көтөрүү	køŋyl køtøryy
annoncer (qch a qn)	билдирүү	bildiryy
annuler (vt)	жокко чыгаруу	dʒokko tʃıgaruu
apercevoir (vt)	байкоо	bajkoo
apparaître (vi)	көрүнүү	kørynyy
appartenir à ...	таандык болуу	taandık boluu
appeler (au secours)	чакыруу	tʃakıruu
appeler (dénommer)	атоо	atoo
appeler (vt)	чакыруу	tʃakıruu
applaudir (vi)	кол чабуу	kol tʃabuu
apprendre (qch à qn)	окутуу	okutuu
arracher (vt)	үзүп алуу	yzyp aluu
arriver (le train)	келүү	kelyy
arroser (plantes)	сугаруу	sugaruu
aspirer à ...	умтулуу	umtuluu
assister (vt)	жардам берүү	dʒardam beryy

attacher à ...	байлоо	bajloo
attaquer (mil.)	кол салуу	kol saluu
atteindre (lieu)	жетүү	dʒetyy
atteindre (objectif)	жетүү	dʒetyy
attendre (vt)	күтүү	kytyy
attraper (vt)	кармоо	karmoo
attraper ... (maladie)	жуктуруп алуу	dʒukturup aluu
augmenter (vi)	көбөйүү	købøjyy
augmenter (vt)	чоңойтуу	tʃoŋojtuu
autoriser (vt)	уруксат берүү	uruksat beryy
avertir (du danger)	эскертүү	eskertyy
aveugler (par les phares)	көздү уялтуу	køzdy ujaltuu
avoir (vt)	бар болуу	bar boluu
avoir confiance	ишенүү	iʃenyy
avoir peur	коркуу	korkuu
avouer (vi, vt)	моюнга алуу	mojʉnga aluu
baigner (~ les enfants)	сууга түшүрүү	suuga tyʃyryy
battre (frapper)	уруу	uruu
boire (vt)	ичүү	itʃyy
briller (vi)	жаркырап туруу	dʒarkɯrap turuu
briser, casser (vt)	сындыруу	sɯndɯruu
brûler (des papiers)	күйгүзүү	kyjgyzyy
cacher (vt)	жашыруу	dʒaʃɯruu
calmer (enfant, etc.)	тынчтандыруу	tɯntʃtandɯruu
caresser (vt)	сылоо	sɯloo
céder (vt)	жол берүү	dʒol beryy
cesser (vt)	токтотуу	toktotuu
changer (~ d'avis)	өзгөртүү	øzgørtyy
changer (échanger)	өзгөртүү	øzgørtyy
charger (arme)	октоо	oktoo
charger (véhicule, etc.)	жүктөө	dʒyktøø
charmer (vt)	өзүнө тартуу	øzynø tartuu
chasser (animaux)	аңчылык кылуу	aŋtʃɯlɯk kɯluu
chasser (faire partir)	кубалап салуу	kubalap saluu
chauffer (vt)	ысытуу	ɯsɯtuu
chercher (vt)	... издөө	... izdøø
choisir (vt)	тандоо	tandoo
citer (vt)	сөзүн келтирүү	søzyn keltiryy
combattre (vi)	согушуу	soguʃuu
commander (~ le menu)	буйрутма кылуу	bujrutma kɯluu
commencer (vt)	баштоо	baʃtoo
comparer (vt)	салыштыруу	salɯʃtɯruu
compenser (vt)	ордун толтуруу	ordun tolturuu
compliquer (vt)	татаалдантуу	tataaldantuu
composer (musique)	чыгаруу	tʃɯgaruu
comprendre (vt)	түшүнүү	tyʃynyy

compromettre (vt)	беделин түшүрүү	bedelin tyʃyryy
compter (l'argent, etc.)	эсептөө	eseptøø
compter sur …	… ишенүү	… iʃenyy
concevoir (créer)	түзүлүшүн берүү	tyzylyʃyn beryy
concurrencer (vt)	атаандашуу	ataandaʃuu
condamner (vt)	өкүм чыгаруу	økym tʃɪgaruu

conduire une voiture	айдоо	ajdoo
confondre (vt)	адаштыруу	adaʃtɪruu
connaître (qn)	таануу	taanuu
conseiller (vt)	кеңеш берүү	keŋeʃ beryy
consulter (docteur, etc.)	кеңешүү	keŋeʃyy

contaminer (vt)	жуктуруу	dʒukturuu
continuer (vt)	улантуу	ulantuu
contrôler (vt)	көзөмөлдөө	køzømøldøø
convaincre (vt)	ишендирүү	iʃendiryy

coopérer (vi)	кызматташуу	kɪzmattaʃuu
coordonner (vt)	ыңтайга келтирүү	ɪŋtajga keltiryy
corriger (une erreur)	түзөтүү	tyzøtyy
couper (avec une hache)	чаап таштоо	tʃaap taʃtoo

couper (un doigt, etc.)	кесип алуу	kesip aluu
courir (vi)	чуркоо	tʃurkoo
coûter (vt)	туруу	turuu
cracher (vi)	түкүрүү	tykyryy
créer (vt)	жаратуу	dʒaratuu

creuser (vt)	казуу	kazuu
crier (vi)	кыйкыруу	kɪjkɪruu
croire (vi, vt)	ишенүү	iʃenyy
cueillir (fleurs, etc.)	үзүү	yzyy
cultiver (plantes)	өстүрүү	østyryy

253. Les verbes les plus courants (de D à E)

dater de …	күн боюнча	kyn bojʉntʃa
décider (vt)	чечүү	tʃetʃyy
décoller (avion)	учуп чыгуу	utʃup tʃɪguu
décorer (~ la maison)	кооздоо	koozdoo

décorer (de la médaille)	сыйлоо	sɪjloo
découvrir (vt)	таап ачуу	taap atʃuu
dédier (vt)	арноо	arnoo
défendre (vt)	коргоо	korgoo
déjeuner (vi)	түштөнүү	tyʃtønyy

demander (de faire qch)	суроо	suroo
dénoncer (vt)	чагым кылуу	tʃagɪm kɪluu
dépasser (village, etc.)	өтүп кетүү	øtup ketyy
dépendre de …	… көзүн кароо	… køzyn karoo
déplacer (des meubles)	ордунан жылдыруу	ordunan dʒɪldɪruu
déranger (vt)	тынчын алуу	tɪntʃɪn aluu

| descendre (vi) | ылдый түшүү | ıldıj tyʃyy |
| désirer (vt) | каалоо | kaaloo |

détacher (vt)	чечип алуу	ʧeʧip aluu
détruire (~ des preuves)	жок кылуу	ʤok kıluu
devenir (vi)	болуу	boluu
devenir pensif	ойлонуу	ojlonuu
deviner (vt)	жандырмагын табуу	ʤandırmagın tabuu

devoir (v aux)	тийиш	tijiʃ
diffuser (distribuer)	таратуу	taratuu
diminuer (vt)	кичирейтүү	kiʧirejtyy
dîner (vi)	кечки тамакты ичүү	keʧki tamaktı iʧyy

dire (vt)	айтуу	ajtuu
diriger (~ une usine)	башкаруу	baʃkaruu
diriger (vers ...)	багыттоо	bagıttoo
discuter (vt)	талкуулоо	talkuuloo

disparaître (vi)	жоголуп кетүү	ʤogolup ketyy
distribuer (bonbons, etc.)	таркатуу	tarkatuu
diviser (~ par 2)	бөлүү	bølyy
dominer (château, etc.)	көтөрүлүү	køtørylyy
donner (qch à qn)	берүү	beryy

doubler (la mise, etc.)	эки эселөө	eki eseløø
douter (vt)	күмөн саноо	kymøn sanoo
dresser (~ une liste)	түзүү	tyzyy
dresser (un chien)	үйрөтүү	yjrøtyy

éclairer (soleil)	жарык кылуу	ʤarık kıluu
écouter (vt)	угуу	uguu
écouter aux portes	аңдып тыңшоо	aŋdıp tıŋʃoo
écraser (cafard, etc.)	тебелөө	tebeløø

écrire (vt)	жазуу	ʤazuu
effacer (vt)	өчүрүү	øʧyryy
éliminer (supprimer)	жок кылуу	ʤok kıluu
embaucher (vt)	жалдоо	ʤaldoo

employer (utiliser)	пайдалануу	pajdalanuu
emporter (vt)	алып кетүү	alıp ketyy
emprunter (vt)	карызга акча алуу	karızga akʧa aluu
enlever (~ des taches)	кетирүү	ketiryy

enlever (un objet)	алып таштоо	alıp taʃtoo
enlever la boue	тазалоо	tazaloo
entendre (bruit, etc.)	угуу	uguu
entraîner (vt)	машыктыруу	maʃıktıruu
entreprendre (vt)	чара көрүү	ʧara køryy

entrer (vi)	кирүү	kiryy
envelopper (vt)	ороо	oroo
envier (vt)	көрө албоо	kørø alboo
envoyer (vt)	жөнөтүү	ʤønøtyy
épier (vt)	шыкалоо	ʃıkaloo

équiper (vt)	жабдуу	dʒabduu
espérer (vi)	үмүттөнүү	ymyttønyy
essayer (de faire qch)	аракет кылуу	araket kıluu
éteindre (~ la lumière)	өчүрүү	øtʃyryy

éteindre (incendie)	өчүрүү	øtʃyryy
étonner (vt)	таң калтыруу	taŋ kaltıruu

être (vi)	болуу	boluu
être allongé (personne)	жатуу	dʒatuu
être assez (suffire)	жетиштүү болуу	dʒetiʃtyy boluu
être assis	отуруу	oturuu

être basé (sur …)	негиз кылуу	negiz kıluu
être convaincu de …	катуу ишенген	katuu iʃengen
être d'accord	макул болуу	makul boluu
être différent	айырмалануу	ajırmalanuu

être en tête (de …)	баш болуу	baʃ boluu
être fatigué	чарчоо	tʃartʃoo
être indispensable	зарыл болуу	zarıl boluu
être la cause de …	… себеп болуу	… sebep boluu

être nécessaire	керек болуу	kerek boluu
être perplexe	башы маң болуу	baʃı maŋ boluu
être pressé	шашуу	ʃaʃuu
étudier (vt)	окуу	okuu

éviter (~ la foule)	качуу	katʃuu
examiner (une question)	карап чыгуу	karap tʃıguu
exclure, expulser (vt)	чыгаруу	tʃıgaruu
excuser (vt)	кечирүү	ketʃiryy

exiger (vt)	талап кылуу	talap kıluu
exister (vi)	чыгуу	tʃıguu
expliquer (vt)	түшүндүрүү	tyʃyndyryy
exprimer (vt)	сөз менен айтып берүү	søz menen ajtıp beryy

254. Les verbes les plus courants (de F à N)

fâcher (vt)	ачуусун келтирүү	atʃuusun keltiryy
faciliter (vt)	жеңилдентүү	dʒeŋildentyy
faire (vt)	жасоо	dʒasoo
faire allusion	кыйытып айтуу	kıjıtıp aytuu

faire connaissance	таанышуу	taanıʃuu
faire de la publicité	жарнамалоо	dʒarnamaloo
faire des copies	көбөйтүү	købøjtyy
faire la guerre	согушуу	soguʃuu

faire la lessive	кир жуу	kir dʒuu
faire le ménage	жыйнаштыруу	dʒıjnaʃtıruu
faire surface (sous-marin)	калкып чыгуу	kalkıp tʃıguu
faire tomber	түшүрүп алуу	tyʃyryp aluu

faire un rapport	билдирүү	bildiryy
fatiguer (vt)	чарчатуу	tʃartʃatuu
féliciter (vt)	куттуктоо	kuttuktoo
fermer (vt)	жабуу	dʒabuu

finir (vt)	бүтүрүү	bytyryy
flatter (vt)	жасакерденүү	dʒasakerdenyy
forcer (obliger)	мажбурлоо	madʒburloo
former (composer)	түзүү	tyzyy

frapper (~ à la porte)	такылдатуу	takıldatuu
garantir (vt)	кепилдик берүү	kepildik beryy
garder (lettres, etc.)	сактоо	saktoo
garder le silence	унчукпоо	untʃukpoo

griffer (vt)	тытуу	tıtuu
gronder (qn)	урушуу	uruʃuu
habiter (vt)	жашоо	dʒaʃoo
hériter (vt)	мураска ээ болуу	muraska ee boluu

imaginer (vt)	элестетүү	elestetyy
imiter (vt)	тууроо	tuuroo
importer (vt)	импорттоо	importtoo
indiquer (le chemin)	көрсөтүү	kørsøtyy

influer (vt)	таасир этүү	taasir etyy
informer (vt)	маалымат берүү	maalımat beryy
inquiéter (vt)	көңүлүн бөлүү	køŋylyn bølyy
inscrire (sur la liste)	жазып коюу	dʒazıp kodʒʉu
insérer (~ la clé)	коюу	kojʉu

insister (vi)	көшөрүү	køʃøryy
inspirer (vt)	шыктандыруу	ʃıktandıruu
instruire (vt)	үйрөтүү	yjrøtyy
insulter (vt)	кордоо	kordoo

interdire (vt)	тыюу салуу	tıjʉu saluu
intéresser (vt)	кызыктыруу	kızıktıruu
intervenir (vi)	кийлигишүү	kijligiʃyy
inventer (machine, etc.)	ойлоп табуу	ojlop tabuu

inviter (vt)	чакыруу	tʃakıruu
irriter (vt)	кыжырын келтирүү	kıdʒırın keltiryy
isoler (vt)	бөлүп коюу	bølyp kojʉu
jeter (une pierre)	ыргытуу	ırgıtuu

jouer (acteur)	ойноо	ojnoo
jouer (s'amuser)	ойноо	ojnoo
laisser (oublier)	калтыруу	kaltıruu
lancer (un projet)	жандыруу	dʒandıruu
larguer les amarres	жөнөө	dʒønøø

laver (vt)	жуу	dʒuu
libérer (ville, etc.)	бошотуу	boʃotuu
ligoter (vt)	байлоо	bajloo
limiter (vt)	чектөө	tʃektøø

lire (vi, vt)	окуу	okuu
louer (barque, etc.)	жалдап алуу	dʒaldap aluu
louer (prendre en location)	батирге алуу	batirge aluu
lutter (~ contre …)	согушуу	soguʃuu
lutter (sport)	күрөшүү	kyrøʃyy
manger (vi, vt)	тамактануу	tamaktanuu
manquer (l'école)	калтыруу	kaltıruu
marquer (sur la carte)	белгилөө	belgiløø
mélanger (vt)	аралаштыруу	aralaʃtıruu
mémoriser (vt)	эстеп калуу	estep kaluu
menacer (vt)	коркутуу	korkutuu
mentionner (vt)	айтып өтүү	ajtıp øtyy
mentir (vi)	калп айтуу	kalp ajtuu
mépriser (vt)	киши катарына албоо	kiʃi katarına alboo
mériter (vt)	акылуу болуу	akıluu boluu
mettre (placer)	коюу	kojuu
montrer (vt)	көрсөтүү	kørsøtyy
multiplier (math)	көбөйтүү	købøjtyy
nager (vi)	сүзүү	syzyy
négocier (vi)	сүйлөшүүлөр жүргүзүү	syjløʃyylør dʒyrgyzyy
nettoyer (vt)	тазалоо	tazaloo
nier (vt)	тануу, төгүндөө	tanuu, tøgyndøø
nommer (à une fonction)	дайындоо	dajındoo
noter (prendre en note)	белгилөө	belgiløø
nourrir (vt)	тамак берүү	tamak beryy

255. Les verbes les plus courants (de O à R)

obéir (vt)	баш ийүү	baʃ ijyy
objecter (vt)	каршы болуу	karʃı boluu
observer (vt)	байкоо	bajkoo
offenser (vt)	көңүлгө тийүү	kønylgø tijyy
omettre (vt)	калтырып кетүү	kaltırıp ketyy
ordonner (mil.)	буйрук кылуу	bujruk kıluu
organiser (concert, etc.)	уюштуруу	ujuʃturuu
oser (vt)	батынып баруу	batınıp baruu
oublier (vt)	унутуу	unutuu
ouvrir (vt)	ачуу	atʃuu
paraître (livre)	жарык көрүү	dʒarık køryy
pardonner (vt)	кечирүү	ketʃiryy
parler avec …	… менен сүйлөшүү	… menen syjløʃyy
participer à …	катышуу	katıʃuu
partir (~ en voiture)	кетүү	ketyy
payer (régler)	төлөө	tøløø
pêcher (vi)	күнөө кылуу	kynøø kıluu
pêcher (vi)	балык улоо	balık uloo

pénétrer (vt)	жылжып кирүү	dʒıldʒıp kiryy
penser (croire)	ойлоо	ojloo
penser (vi, vt)	ойлонуу	ojlonuu
perdre (les clefs, etc.)	жоготуу	dʒogotuu
permettre (vt)	уруксат берүү	uruksat beryy
peser (~ 100 kilos)	... салмакта болуу	... salmakta boluu
photographier (vt)	сүрөткө тартуу	syrøtkø tartuu
placer (mettre)	жайгаштыруу	dʒajgaʃtıruu
plaire (être apprécié)	жактыруу	dʒaktıruu
plaisanter (vi)	тамашалоо	tamaʃaloo
planifier (vt)	пландаштыруу	plandaʃtıruu
pleurer (vi)	ыйлоо	ıjloo
plonger (vi)	сүнгүү	syngyy
posséder (vt)	ээ болуу	ee boluu
pousser (les gens)	түртүү	tyrtyy
pouvoir (v aux)	жасай алуу	dʒasaj aluu
prédominer (vi)	үстөмдүк кылуу	ystømdyk kıluu
préférer (vt)	артык көрүү	artık køryy
prendre (vt)	алуу	aluu
prendre en note	кагазга түшүрүү	kagazga tyʃyryy
prendre le petit déjeuner	эртең менен тамактануу	erteŋ menen tamaktanuu
prendre un risque	тобокелге салуу	tobokelge saluu
préparer (le dîner)	даярдоо	dajardoo
préparer (vt)	даярдоо	dajardoo
présenter (faire connaître)	тааныштыруу	taanıʃtıruu
présenter (qn)	тааныштыруу	taanıʃtıruu
préserver (~ la paix)	сактоо	saktoo
pressentir (le danger)	сезүү	sezyy
presser (qn)	шаштыруу	ʃaʃtıruu
prévoir (vt)	алдын ала билүү	aldın ala bilyy
prier (~ Dieu)	дуба кылуу	duba kıluu
priver (vt)	ажыратуу	adʒıratuu
progresser (vi)	илгерилөө	ilgeriløø
promettre (vt)	убада берүү	ubada beryy
prononcer (vt)	айтуу	ajtuu
proposer (vt)	сунуштоо	sunuʃtoo
protéger (la nature)	коргоо	korgoo
protester (vi, vt)	нааразычылык билдирүү	naarazıtʃılık bildiryy
prouver (une théorie, etc.)	далилдөө	dalildøø
provoquer (vt)	көкүтүү	køkytyy
punir (vt)	жазалоо	dʒazaloo
quitter (famille, etc.)	таштап кетүү	taʃtap ketyy
raconter (une histoire)	айтып берүү	ajtıp beryy
ranger (jouets, etc.)	катып коюу	katıp kojuu
rappeler	... эстетүү	... estetyy
(évoquer un souvenir)		

réaliser (vt)	ишке ашыруу	iʃke aʃıruu
recommander (vt)	сунуштоо	sunuʃtoo
reconnaître (erreurs)	моюнга алуу	mojынga aluu
reconnaître (qn)	таануу	taanuu
refaire (vt)	кайра жасатуу	kajra dʒasatuu
refuser (vt)	баш тартуу	baʃ tartuu
regarder (vi, vt)	көрүү	køryy
régler (~ un conflit)	чечүү	tʃetʃyy
regretter (vt)	өкүнүү	økynyy
remarquer (qn)	байкоо	bajkoo
remercier (vt)	ыраазычылык билдирүү	ıraazıtʃılık bildiryy
remettre en ordre	иретке келтирүү	iretke keltiryy
remplir (une bouteille)	толтуруу	tolturuu
renforcer (vt)	чындоо	tʃındoo
renverser (liquide)	төгүп алуу	tøgyp aluu
renvoyer (colis, etc.)	артка жөнөтүү	artka dʒønøtyy
répandre (odeur)	таратуу	taratuu
réparer (vt)	оңдоо	oŋdoo
repasser (vêtement)	үтүктөө	ytyktøø
répéter (dire encore)	кайталоо	kajtaloo
répondre (vi, vt)	жооп берүү	dʒoop beryy
reprocher (qch à qn)	жемелөө	dʒemeløø
réserver (une chambre)	камдык буйрутмалоо	kamdık bujrutmaloo
résoudre (le problème)	чечүү	tʃetʃyy
respirer (vi)	дем алуу	dem aluu
ressembler à ...	окшош болуу	okʃoʃ boluu
retenir (empêcher)	кармап туруу	karmap turuu
retourner (pierre, etc.)	оодаруу	oodaruu
réunir (regrouper)	бириктирүү	biriktiryy
réveiller (vt)	ойготуу	ojgotuu
revenir (vi)	кайтып келүү	kajtıp kelyy
rêver (en dormant)	түш көрүү	tyʃ køryy
rêver (faut pas ~!)	кыялдануу	kıjaldanuu
rire (vi)	күлүү	kylyy
rougir (vi)	кызаруу	kızaruu

256. Les verbes les plus courants (de S à V)

s'adresser (vp)	кайрылуу	kajrıluu
saluer (vt)	саламдашуу	salamdaʃuu
s'amuser (vp)	көңүл ачуу	køŋyl atʃuu
s'approcher (vp)	жакындоо	dʒakındoo
s'arrêter (vp)	токтоо	toktoo
s'asseoir (vp)	отуруу	oturuu
satisfaire (vt)	жактыруу	dʒaktıruu
s'attendre (vp)	күтүү	kytyy

sauver (la vie à qn)	куткаруу	kutkaruu
savoir (qch)	билүү	bilyy
se baigner (vp)	сууга түшүү	suuga tyʃyy
se battre (vp)	мушташуу	muʃtaʃuu
se concentrer (vp)	оюн топтоо	ojʉn toptoo
se conduire (vp)	алып жүрүү	alıp dʒyryy
se conserver (vp)	сакталуу	saktaluu
se débarrasser de ...	... кутулуу	... kutuluu
se défendre (vp)	коргонуу	korgonuu
se détourner (vp)	жүз буруу	dʒyz buruu
se fâcher (contre ...)	ачуулануу	atʃuulanuu
se fendre (mur, sol)	жарака кетүү	dʒaraka ketyy
se joindre (vp)	кошулуу	koʃuluu
se laver (vp)	жуунуу	dʒuunuu
se lever (tôt, tard)	туруу	turuu
se marier (prendre pour épouse)	аял алуу	ajal aluu
se moquer (vp)	шылдыңдоо	ʃıldıŋdoo
se noyer (vp)	чөгүү	tʃøgyy
se peigner (vp)	тарануу	taranuu
se plaindre (vp)	арыздануу	arızdanuu
se préoccuper (vp)	сарсанаа болуу	sarsanaa boluu
se rappeler (vp)	унутпоо	unutpoo
se raser (vp)	кырынуу	kırınuu
se renseigner (sur ...)	билүү	bilyy
se renverser (du sucre)	чачылуу	tʃatʃıluu
se reposer (vp)	эс алуу	es aluu
se rétablir (vp)	сакаюу	sakajʉu
se rompre (la corde)	үзүлүү	yzylyy
se salir (vp)	булгап алуу	bulgap aluu
se servir de ...	пайдалануу	pajdalanuu
se souvenir (vp)	эстөө	estøø
se taire (vp)	унчукпоо	untʃukpoo
se tromper (vp)	ката кетирүү	kata ketiryy
se trouver (sur ...)	жатуу	dʒatuu
se vanter (vp)	мактануу	maktanuu
se venger (vp)	өч алуу	øtʃ aluu
s'échanger (des ...)	алмашуу	almaʃuu
sécher (vt)	кургатуу	kurgatuu
secouer (vt)	силкилдетүү	silkildetyy
sélectionner (vt)	ылгоо	ılgoo
semer (des graines)	себүү	sebyy
s'ennuyer (vp)	зеригүү	zerigyy
sentir (~ les fleurs)	жыттоо	dʒıttoo
sentir (avoir une odeur)	жыттануу	dʒıttanuu
s'entraîner (vp)	машыгуу	maʃıguu

serrer dans ses bras	кучакташуу	kutʃaktaʃuu
servir (au restaurant)	тейлөө	tejløø
s'étonner (vp)	таң калуу	taŋ kaluu
s'excuser (vp)	кечирим суроо	ketʃirim suroo
signer (vt)	кол коюу	kol kojuu
signifier (avoir tel sens)	билдирүү	bildiryy
signifier (vt)	маанини билдирүү	maanini bildiryy
simplifier (vt)	жөнөкөйлөтүү	dʒønøkøjløtyy
s'indigner (vp)	нааразы болуу	naarazı boluu
s'inquiéter (vp)	толкундануу	tolkundanuu
s'intéresser (vp)	… кызыгуу	… kızıguu
s'irriter (vp)	кыжырлануу	kıdʒırlanuu
soigner (traiter)	дарылоо	darıloo
sortir (aller dehors)	чыгуу	tʃıguu
souffler (vent)	үйлөө	yjløø
souffrir (vi)	кайгыруу	kajgıruu
souligner (vt)	баса белгилөө	basa belgiløø
soupirer (vi)	дем алуу	dem aluu
sourire (vi)	жылмаюу	dʒılmadʒuu
sous-estimer (vt)	баалабоо	baalaboo
soutenir (vt)	колдоо	koldoo
suivre … (suivez-moi)	… ээрчүү	… eertʃyy
supplier (vt)	өтүнүү	øtynyy
supporter (la douleur)	чыдоо	tʃıdoo
supposer (vt)	божомолдоо	bodʒomoldoo
surestimer (vt)	ашыра баалоо	aʃıra baaloo
suspecter (vt)	күмөн саноо	kymøn sanoo
tenter (vt)	аракет кылуу	araket kıluu
tirer (~ un coup de feu)	атуу	atuu
tirer (corde)	тартуу	tartuu
tirer une conclusion	тыянак чыгаруу	tijanak tʃıgaruu
tomber amoureux	сүйүп калуу	syjyp kaluu
toucher (de la main)	тийүү	tijyy
tourner (~ à gauche)	бурулуу	buruluu
traduire (vt)	которуу	kotoruu
transformer (vt)	башка түргө айлантуу	baʃka tyrgø ajlantuu
travailler (vi)	иштөө	iʃtøø
trembler (de froid)	калтыроо	kaltıroo
tressaillir (vi)	селт этүү	selt etyy
tromper (vt)	алдоо	aldoo
trouver (vt)	таап алуу	taap aluu
tuer (vt)	өлтүрүү	øltyryy
vacciner (vt)	эмдөө	emdøø
vendre (vt)	сатуу	satuu
verser (à boire)	куюу	kujuu

viser ... (cible)	мээлөө	meeløø
vivre (vi)	жашоо	dʒaʃoo
voler (avion, oiseau)	учуу	utʃuu
voler (qch à qn)	уурдоо	uurdoo
voter (vi)	добуш берүү	dobuʃ beryy
vouloir (vt)	каалоо	kaaloo

www.ingramcontent.com/pod-product-compliance
Lightning Source LLC
Chambersburg PA
CBHW071326090426
42738CB00012B/2808